高校社科文库
University Social Science Series

教育部高等学校
社会科学发展研究中心

汇集高校哲学社会科学优秀原创学术成果

搭建高校哲学社会科学学术著作出版平台

探索高校哲学社会科学专著出版的新模式

扩大高校哲学社会科学学科科研成果的影响力

赵胜才/著

论区域环境法律
On the Regional
Environmental law

光明日报出版社

图书在版编目（CIP）数据

论区域环境法律 / 赵胜才著. -- 北京：光明日报出版社，
2009.10（2024.6重印）

（高校社科文库）

ISBN 978 - 7 - 5112 - 0438 - 7

Ⅰ.①论… Ⅱ.①赵… Ⅲ.①区域环境—环境保护法—研究
Ⅳ.①D912.604

中国版本图书馆 CIP 数据核字（2009）第 189474 号

论区域环境法律

LUN QUYU HUANJING FALÜ

著　　者：赵胜才

责任编辑：田　苗　　　　　　　　责任校对：徐为正　尚瑞雪
封面设计：小宝工作室　　　　　　责任印制：曹　净

出版发行：光明日报出版社

地　　址：北京市西城区永安路 106 号，100050

电　　话：010-63169890（咨询），010-63131930（邮购）

传　　真：010-63131930

网　　址：http://book.gmw.cn

E - mail：gmrbcbs@ gmw.cn

法律顾问：北京市兰台律师事务所龚柳方律师

印　　刷：三河市华东印刷有限公司

装　　订：三河市华东印刷有限公司

本书如有破损、缺页、装订错误，请与本社联系调换，电话：010-63131930

开　　本：165mm×230mm

字　　数：240 千字　　　　　　　印　　张：13.25

版　　次：2009 年 12 月第 1 版　　印　　次：2024 年 6 月第 2 次印刷

书　　号：ISBN 978 - 7 - 5112 - 0438 - 7 - 01

定　　价：65.00 元

CONTENTS 目　录

第一章

导　言

第一节　问题的提出及研究背景

我们现在所处的时代是以信息化和全球化为特征的时代。在信息化和全球化时代到来之际、在环境问题越来越变得全球化的今天，研究区域环境法律是否有意义？直白一点说，局部性的环境法律问题是否还具有研究的意义与价值，研究区域性环境问题无论在理论上还是实践中是否有意义？这是研究区域环境法律所不能回避的问题。结论是肯定的，在环境问题全球化的情况下，区域环境问题及其法律有着更加独特的研究价值。首先，环境问题的全球化是指环境问题已经由区域性、局部性环境问题扩展到全球范围成为人类社会共同面对的问题。一般而言，全球环境问题的具体表现形式是全球变暖、臭氧层耗竭、酸雨危害加剧、土地荒漠化、土壤污染、生态系统退化和生物多样性的丧失等现象。事实是，环境问题全球化是由区域性环境问题演化而来的，是由无数的区域环境问题结合而成。首先，从全球环境问题产生的因果关系上分析，环境问题的全球化是环境问题由区域性向全球性发展的阶段和进程。其次，环境问题的全球化并没有使区域环境问题消失。换句话说，全球环境问题并没有使得区域环境问题失去其特殊性，相反，全球环境问题使得区域环境问题变得更加严重，区域性环境问题已经演化为全球环境问题的主要表现形式，如流域污染、湖泊生态破坏、土壤污染、荒漠化等区域性生态环境问题，区域环境问题无论从其周期、污染范围、影响时间上愈发变得频繁、范围更大、强度增加，有些甚至演化成为区域性环境灾难。例如，我国近期的蓝藻事件、流域污染等区域环境污染证明这一点，2009 年上半年的极端气候所造成的危害和损失也说明了这一点。正如我国环境问题和其它专家预言，我国已经进入区域性环境污染和环境灾难的高发期。第三，区域环境问题与全球环境问题存在着直接的联系。必须避免这样一种简单的认识，似乎全球性环境问题已经完全覆盖了区域性环境问题，提及区域环境问题像是一种舍本求末的范式。对此，《我们共同的未来》有着清晰的认识和描述，《我们共同的未来》认为："这些相关的变化将全球的经济和全球的生态以新的形式连接在一起。我们过去一直关注经济发展给环境带来的影响，现在我们被迫对于生态压力——土壤、水域、大气和森林的退化对经济前景产生的影响予以关注；从不久以前，我们又被迫面对各国经济上的互相依赖急剧增加这个现实，我们现在被迫习惯于各国在生态上的日益增加的互相依赖性。生态和经济越来越紧密地交织在一起——在局部地区、国家和全球范围内——成为一张无缝的因果网。"① 因此，可以得出这样的结论：在全球环境问题因果关系锁链上，区域是全球环境变化关系网上的关键环节。第四，区域环境问题与全球环境问题存在互相影响的关系。一方面，区域环境问题受全球环境变化的影响使得区域性环境问题愈发显得突出，如全球气候变暖使得土壤荒漠化的速度加快变得更加明显。在干旱、半干旱地区，水污染和水资源的短缺两大问题在全球变暖趋势的控制下直接威胁人类的生存；另一方面，区域环境问题使得全球环境问题更加恶化，如局部的土地沙化、森林砍伐、农药滥用以及工业污水灌溉导致的土壤污染不断扩展使得这个问题上升为全球性环境问题。《我们共同的未来》对这种演化关系进行进一步的分析："局部地区资源的耗竭可以造成更大范围的贫困化。高地农民对森林的砍伐可以造成低地农场的水涝；工厂污染使当地渔民的捕鱼量减少。这种可憎的局部循环现在在全国和地区范围内出现，旱地退化使千百万环境难民越过国境到处流浪。拉丁美洲和亚洲的森林砍伐造成了山脉下坡和河流下游国家更多的洪水甚至破坏性洪水；酸雨和核尘埃越过了欧洲的边界。类似的现象正在全球范围内出现：物种消失、全球的变暖、臭氧的耗竭以及国际范围贸易的有害化学品进入国际贸易的食物中。在下个世纪，造成人口迁移的环境压力可能急剧增加，而阻止这种迁移的屏障可能比现在还要坚固。"② 简言之，研究区域环境法律不论在深入认识区域环境问题的本质，以及环境问题全球化条件下区域环境问题的特殊性都显得十分必要。

区域是人类社会存在的方式。区域在环境法律中并不是一座无人问津的孤

---

① 世界环境与发展委员会：《我们共同的未来》，王之佳等译，吉林人民出版社，2005 年，第 6 页。

② 世界环境与发展委员会：《我们共同的未来》，王之佳等译，吉林人民出版社，2005 年，第 7 页。

岛。区域问题在作为人类共同应对环境问题的重要文件之一的《21 世纪议程》中占有极为重要的地位，在《21 世纪议程》中，区域是国际环境法律执行和实施的空间范围，同时也是共同应对环境问题、处理环境争议的重要机制，区域突出区域环境问题特殊性，使得环境法律更具有针对性，局部性的解决环境问题使得环境法律规范目标明确，该文件的各个章节中几乎毫无例外地涉及区域，以下条款是该文件的必备内容之一："其他国际、区域和次区域组织也应该对此作出贡献。此外，还应该鼓励最广大的公众参与，鼓励非政府组织和其他团体积极参加工作。在双边基础上和在可行情况下，在分区域、区域间、区域或全球范围内进行国际合作和协调，其作用是支持和补充沿海国本国的努力，以推动沿海和海洋区的综合管理和可持续发展。"一般而言，高层级的管理机构侧重核心问题，且对普遍性的问题情有独钟，也许是为了保持环境管理的统一性的缘由，普遍性的问题在越高的环境管理层级变得更加抽象，本文并非一般性的否认这种趋势，在区域环境法律看来，这种抽象是以牺牲环境问题的特殊性和针对性为代价的。联合国环境规划署作为协调世界环境问题解决的主要机构，或许是对于普遍性范式的反思，则反其道而行之，环境规划署认识到通过区域解决环境问题的优势，竭力促成以区域方式解决区域环境问题和世界环境问题，联合国环境规划署的这种努力取得令人瞩目的成就。根据联合国环境规划署的《区域海洋项目》的安排，在各个海域国家的共同努力下已经制定出地中海、波斯湾、中西非、东南太平洋、南太平洋、红海、亚丁湾加勒比海、东非和黑海等 9 个区域性海洋公约。

区域是许多新兴学科的增长点。美国科学家瓦尔特·艾萨德《区域科学导论》的问世标志着区域学科的产生。瓦尔特·艾萨德认为，区域科学是用近代计量分析和传统区位分析结合起来的方法，由区域（空间）的诸要素及其组成所形成的差异和变化的分析开始，对不同等级和类型区域的社会、经济发展和环境保护等问题进行研究的科学。从瓦尔特·艾萨德的上述言语中，不难看出区域和差异性之间的联系，差异性是区域环境法律的主要特点，是研究区域环境法律的主要范式。区域科学是一门将区域作为一个有机整体（自然、社会、经济综合体）进行研究的科学，揭示区域矛盾和区域分异规律（自然、社会、经济以及综合方面）为目标，为区域的社会、经济发展提供科学依据的新兴学科；区域科学的发展深刻地影响着其他学科的发展，地理学、区域经济学、经济地理学、生态学、景观生态学等为代表的学科将区域科学研究领域推向一个高峰，区域也为这些学科提供了新的研究领域和新的研究方法，区域科学的迅速发展并且成为我国社会科学和自然科学研究前沿领域之一，2006年，区域（空间）科学被评选为我国理论界十大理论热点之一。

经济区域是区域的重要形式。经济区域是区域大家族的一个重要的分支，是一个国家解决国家社会经济差异和发展不平衡的行之有效的方式。区域经济政策与法律在我国经济建设和社会发展过程中占据重要的地位，并深刻地影响着我国生态环境的演化过程。建国以来，区域经济政策一直是我国经济政策和社会发展计划不可或缺的组成部分，是我国实现社会经济发展、增强国力的主要手段，区域政策和战略对我国区域环境资源的影响是无法估量的，而且这个影响还在继续发挥着作用，不同时期的区域政策各有其自身的特点。张可云教授认为："1949 年以来，中国的区域战略的演变受到许多因素的影响，其中体制因素起了关键作用；在不同经济体制时期，区域战略重点有所不同。不同的区域战略所运用的区域政策工具不尽相同。"[①] 回顾区域经济政策历史对于区域环境法律有着重要的意义，因为这些过去的、现在的政策仍然对我国环境和生态产生着影响。人类行为对环境的影响不会随着人类行为的停止而终结，有些对环境的破坏是不可逆的、永久性的，在生态学理论体系中，区域是一个不断发展演化的空间过程，今天的经济区域是从过去经济区域中发展而来的。需要指出的是，我国过去的区域政策的侧重点在于区域的经济发展，环境包括自然资源不过是实现其经济目的的约束性条件而已。1972 年之前，环境保护在区域经济政策中几乎被忽略，在以后的区域政策中虽然将环境保护与区域经济发展联系起来，不幸的是，环境一直作为实现经济发展的基础性要素，在环境保护与经济发展的天平上，环境保护往往成为经济发展的牺牲品，将区域的经济发展与环境保护结合起来就成为实现区域可持续发展的关键，这一理念已经成为环境法学、区域经济学等学科的共识。

区域是一个国家和地区生态环境在空间和物质上的存在形式。众所周知，我国是一个幅员辽阔、人口众多、生态环境多样、经济发展极不平衡的国家，与之相应的环境问题更显出特殊性、复杂性。《全国生态环境保护纲要》对于我国生态环境有过中肯的分析和清醒的认识：全国生态环境状况仍面临严峻形势。目前，一些地区生态环境恶化的趋势还没有得到有效遏制，生态环境破坏的范围在扩大，程度在加剧，危害在加重。突出表现在：长江、黄河等大江大河源头的生态环境恶化呈加速趋势，沿江沿河的重要湖泊、湿地日趋萎缩，特

---

① 张可云：《区域经济政策》，商务印书馆，2005 年，第 439 页。

别是北方地区的江河断流、湖泊干涸、地下水位下降严重，加剧了洪涝灾害的危害和植被退化、土地沙化；草原地区的超载放牧、过度开垦和樵采，有林地、多林区的乱砍滥伐，致使林草植被遭到破坏，生态功能衰退，水土流失加剧；矿产资源的乱采滥挖，尤其是沿江、沿岸、沿坡的开发不当，导致崩塌、滑坡、泥石流、地面塌陷、沉降、海水倒灌等地质灾害频繁发生；全国野生动植物物种丰富区的面积不断减少，珍稀野生动植物栖息地环境恶化，珍贵药用野生植物数量锐减，生物资源总量下降；近岸海域污染严重，海洋渔业资源衰退，珊瑚礁、红树林遭到破坏，海岸侵蚀问题突出。生态环境继续恶化，将严重影响我国经济社会的可持续发展和国家生态环境安全。在特定区域范围内解决环境与发展的问题几乎成为人们的共识。近年来，环境保护部门和经济管理部门意识到区域环境保护与经济发展之间的矛盾，国家环境保护总局根据国家法律开始实施区域限批措施，对于行政、生态等环境污染严重恶化的区域实施区域限批，限制该地区工业投资以遏制该区域环境生态恶化的趋势。此后，国家环境保护总局提出让松花江流域休息十年的呼吁。但是，现实却令人不解，一个区域在被宣布区域限批不到半年的时间就又被宣布解除，而为什么松花江流域要十年时间环境生态才能恢复？而河北唐山等地区仅仅过了半年时间就被解除区域限批，被舆论界形容为"环保风暴"的区域限批似乎没有达到人们所希望的行之有效的环境法律功能，从以后区域限批执行状况来看，区域限批几乎成为环境影响评价程序的前置步骤，只要合乎程序就可以放行，长此以往，区域限批很可能流于形式。短短的两年时间，区域限批的声音与人们渐行渐远，区域限批没有作为一项富有生命力的制度存在下去，原因固然很多，就理论层面上分析，缺乏系统的区域环境法律理论支持，不能不说是主要原因。

环境法律与环境管理中的一个重要的问题，是中央和地方政府环境管理权限的划分问题。我国下级政府的职权主要依靠上级政府来界定或者授权，我国社会主义建设初期，需要集中国家的人力财力物力进行建设，并且取得举世瞩目的成就。但是，这种体制并没有因为我国经济体制的转型而进行相应的变革，在我国目前的环境管理体制的舞台上，经济发展和环境保护在区域中还存在着诸多矛盾。如何规范各级地方政府和中央政府在区域环境管理中的职权不仅是宪法行政法学应该着力解决的现实问题，也是环境法律应该探寻的内容。

我国"十一五"规划为区域环境与经济协调发展提出新的发展模式。区域经济环境的可持续发展在"十一五"规划中成为人们关注的焦点。"十一五"规划建议第二十条规定："根据资源环境承载能力、现有开发密度和发展潜力，统筹考虑未来我国人口分布、经济布局、国土利用和城镇化格局，将国土空间划分为优化开发、重点开发、限制开发和禁止开发四类主体功能区，按照主体功能定位调整完善区域政策和绩效评价，规范空间开发秩序，形成合理的空间开发结构。"这一规定将区域经济发展和区域环境保护结合起来，这仅仅是一个宏观的规定，如何使之体系化、程序化？如何明确各级政府环境管理职责及权限？如何细化各个主体功能区域？依然需要环境法律和其他法律来完成，在这个过程中，区域环境法律的理论建设是实现这一目的的必要条件和理论基础。

第二节　区域环境法律的研究目的

上面简单地介绍了区域环境法律研究的背景，现在要讨论研究区域环境法律的意义或者目的。

区域环境法律是以研究由于各个区域自然环境状况的差异、人类社会存在的方式不同而导致各个区域人类与环境多种多样的关系，突出各个区域环境问题的特殊性。换言之，环境在区域环境法律中不是同质的，差异性、多样性是区域环境的主要特征，因而，环境法律不应是毫无差别的法律规范，而是充分体现出人类与环境关系多样性和差异性。一言以蔽之，区域环境法律是以差异性为研究对象和目的。现在，各个学科区域研究的成果为脉络揭示差异性是区域环境法律的研究目的和对象。由于区域和许多学科的天然关系，很难用简单的模式形容区域与各个学科的联系和地位，区域在各个学科中有着不同的地位，同时各个学科为研究区域环境法律提供了多重的视角。

区域科学又称空间科学（spatial science），区域科学是将区域作为一个有机整体（自然、社会、经济综合体）进行研究的科学，以揭示区域矛盾和区域分异规律（自然、社会、经济以及综合方面）为目标，为区域的社会、经济发展提供科学依据。区域科学主要研究：（1）人类活动与地理环境的关系；（2）区域差异；（3）地域（区域）社会、经济生产综合体。其中，区域差异的研究是区域科学的核心问题，着重研究差异的表现形式及实质内容；差异产生原因；差异产生、形成、发展、变化的机制；差异对地区经济、生产力发展方向、布局结构等方面的实质意义。一般认为，区域科学研究的目的可以归结为：从区域发展理论——最佳区位选择——区域发展战略——区域发展模式，最终提出区域发展对策。但是，这个研究思路和研究目的并没有把环境或者生态在区域发展的地位和作用科学地体现出来，换句话说，区域环境与区域经济发展的联系没有表现出来。需要指出的是，在区域环境法律中，区域的环境特点和环境问题是研究区域环境法律的基础条件，根据各个区域的环境差异性和与之对应的环境问题，制定相应的环境法律，实现区域的可持续发展，进而在全国乃至全球范围实现区域的可持续发展，在生态系统的各个层级上解决环境问题以达到全球生态系统的可持续发展。

差异性是区域环境法律最为重要的特性和理论支柱。目前的环境法律体系，主要以环境要素、部门化和环境基本法所构成的框架式环境法律为特征，注重环境要素、注重环境管理对象，而没有将区域环境的差异性凸显出来，区域环境法律研究的目的简单地说就是用环境法律确认这种差异性，并通过环境法律的形式解决和处理区域环境问题。

在区域地理学派的视野中，区域就是地理学全部，美国区域学派的领军人物哈特向斩钉截铁地说，地理学就是研究区域差异。在地理学中，差异性被表述为地域分异规律，地域分异规律是经典地理学的主要理论。白润光教授将地域分异规律总结为："地域分异规律是由地球的行星性质（大小、形状、运动）和地球表面性质（海陆分布，地壳运动）所决定的地球表层环境及其组成要素在空间上的变化规律。它主要受四个方面的影响，一是地理纬度，它决定各地接受太阳辐射的差异；二是海陆分布，它决定水分输送的多寡和干湿变化；三是海拔高度，它对水分和辐射都有影响；四是地表的物质组成和地壳运动，它们主要影响地表的资源条件和土壤植被环境。"[①] 伍光和教授则将地域分异规律简明地概括为："地理环境整体及其组成部分的特征，按照确定的方向发生分化，以致形成多级自然区域的现象，称为地理环境的地域分异。" 一般而言，将地域分异规律的主要成因归结为两个方面：一是太阳能沿纬度分布以及由此产生的自然现象沿纬度方向发生变化；二是海陆分布、大地构造和地貌差异引起的区域环境变化。地域分异规律对于认识和理解区域地理环境有着特殊的指导意义，我国国土南北相距 5500 公里，东西时差约 4 小时，我国地处欧亚大陆，东临太平洋，地域分异规律在我国地理环境的作用十分明显，区域性地域分异更加突出。

环境问题归根到底是人与自然关系的失衡所致，需要看到的是，人类与自然环境的关系并不是单一的，而是复杂多样的，复杂的环境问题需要从区域这个角度认识环境法律，这是研究区域环境法律的客观自然基础，也是实现可持

---

① 白光润：《地理科学导论》，高等教育出版社，2006 年，第 84 页。

续发展的环境法律价值所在。不幸的是，环境要素立法和部门环境法律则将人类与环境千差万别的联系简化为环境要素和管理关系，忽视了环境的差异性、人类生存方式的差异性、环境问题差异性和解决环境问题的差异性。我国环境法律立法的实践也说明了这一点，我国环境法律从开始到本世纪初，一直以环境要素立法为主流，我国环境法律立法高速发展的 10 年，也是我国环境污染最为严重的 10 年，当然，导致环境严重恶化的原因是多方面的，但是，立法理论上的误导不能不说是其中的主要原因之一。严酷的生态环境现实迫使我们将视野投向区域，通过区域认识环境问题就是反思现存环境法律体系的必然结果，区域给我们提供一个客观认识人类与环境关系的平台或者是范式，使得我们可以从不同的层次、空间、时间上了解人与自然环境的较为具体环境关系。应该强调的是，目前的环境问题主要以环境污染、生态破坏为主，环境法律也将关注点集中于较为浅近环境问题诸如防治环境污染、生态保护等方面。但是，环境问题成因和解决离不开地理环境这样的大背景，可持续发展理论要求我们必须在更加广泛的视野里认识环境问题和解决环境问题。比如，同样是水资源保护，同样是在一条流域（生态系统）中，不同的地理区域需要不同的保护方法，三江源区域的水资源保护和长江中下游的水资源保护的内容迥然不同，三江源环境保护主要依据我国《自然保护区条例》将三江源地区划分为核心区、缓冲区和实验区来保护，这样可以最大限度地保护三江源地区生态功能。简单地说，保护三江源的储水、产水功能，在长江中下游则主要是适用《水法》、《水污染防治法》，侧重于工业、农业、城市污染防治，污染不仅仅包括面源污染也包括点源污染，为什么没有将长江流域作为一个生态系统而适用同样的法律呢？究其原因，区域环境、生产方式、人们的需求等方面的差异是根本原因。

区域环境差异性的另一个理论为大国区域经济发展理论。该理论可以归结为经济区域的差异性，区域经济的差异性与环境问题的产生和解决有着直接的关系，从理论体系构建上衡量，差异性是不受欢迎的，甚至是传统经典理论体系的天敌。传统经济理论认为区域间的经济差异是均衡机制失灵的表现，在经济增长过程中，随着统一市场的形成和经济一体化的实现，区域间的差异将自然而然的消失，事实上，世界上中等规模以上的国家经济根本不存在这样的状况，这一理论致命的错误前提在于将一个国家的经济视为同质的一元经济，忽视国家社会经济（经济区域）的基本情况。我国经济发展深刻地说明了这一点。从我国民族构成来看，我国有 56 个民族，各个民族的社会经济发展阶段相距甚远；我国幅员辽阔，区域之间经济社会发展极不平衡，经过建国以来近半个世纪的建设形成了我国目前的区域经济格局。目前，我国区域经济格局由四大经济区域组成，即西部地区、中部地区、沿海发达地区和东北地区。经济发展的多元化是我国的经济结构主要特征，我国区域经济政策一个主要目的就是促进各民族、各个区域的协调发展，缩小民族之间、区域之间的经济社会差异，达到共同协调发展的目的。要保持各个民族、各个地区之间的协调发展，科学发展观认为只有将区域的环境保护与经济发展结合在一起才能达到这一目的。改革开放以来，我国社会经济高速发展，取得令世人瞩目的成就，但是区域之间的经济差距不但没有缩小反而进一步加大，从这一点上至少可以说明，一种机制很难解决所有经济问题，根本问题或者关键在于区域经济社会的差异性。进而，区域性的环境问题没有得到解决而演化成为全国性的环境问题，威胁着国家的生态环境安全，在区域间经济差距加大、区域环境问题日渐突出的情况下，协调区域内、区域间环境保护与经济发展不仅仅是经济政策和法律一个着力解决的问题，也是环境保护法律应该面对的任务。

差异性是确定环境管理层级的主要依据。从环境管理的层级来看，探讨区域环境法律可以为划分各个层级环境管理权限提供理论依据。在环境法律演化的历史进程中，初期的环境问题局限于有限的区域范围或者说环境问题属于局部性、地方性问题，环境管理事宜被当作地方性事物而由地方政府管理。直到20世纪六七十年代，随着人类环境意识的提高和环境问题影响范围的不断扩大，人们不再满足由地方政府管理环境事务，同时，人们出于对地方政府追求经济发展和消极对待环境问题的担忧，要求联邦政府管理环境事务的呼声越来越高，这是美国《环境政策法》出台的主要背景。美国的环境管理模式由地方管理转向由联邦和州共同管理的模式，联邦与州的环境管理权限一直徘徊在联邦主义和州自治之间，美国的环境管理重心经历了由地方政府管理——联邦政府管理的进程。目前美国环境管理出现一个新的呼声，其主要观点是要求州和地方政府享有更多环境管理的权限，弱化联邦政府在环境管理中的地位和作用。

伴随着我国经济持续20多年的高速发展，环境问题日益严重已经到了危害人们的身体健康甚至生命和社会经济正常运行的程度，究其原因是多方面的，中央和地方在环境管理上的职责不清、经济和环境利益不协调是环境管理混乱的主要原因。当区域性环境问题（环境灾难、污染、生态恶化等现象）出现时，人们总是将矛头指向当地政府，将环境污染与地方政府的无所作为联系在一起，很少从制度和体制上找根源。其实，事情远非这样简单，我国是单一制国家，地方政府的权力由中央政府来规定，地方政府扮演着既是中央政策的执行者又是地方环境事务管理者的双重身份，上级居于主导地位，在这种环境管理体制下将过错归结给地方政府显然有失公平。我国实行的是单一制国家体制，环境法律和其他法律的立法模式一样，我国《环境保护法》第7条规定："县级以上人民政府环境保护行政主管部门，对本辖区的保护工作实施统一监督管理。……县级以上人民政府的土地、矿产、林业、农业、水利行政部门，依照有关法律对资源的保护实施监督管理。"这样的规定将三个关键的问题忽视了：其一，没有考虑到各个区域环境问题的差异性，各个区域环境问题相差甚远，无论是经济区域、行政区域还是环境生态区域，各个区域都有自己独特环境问题的特点；其二，环境生态区域往往与行政区域和经济区域在空间上处于"错位"状态，从环境管理的角度来看，理想的区域环境管理应该在行政管理范围与环境生态区域（生态系统）空间范围上一致的状态下实现；其三，环境管理层级关系过于简单。没有解决区域或者说生态系统和行政系统的层级对应关系，在环境管理的权限上下一样的局面，在一定的区域层级关系存在着互相包容的关系，高一级的行政管理区域范围包含着下一级区域，这样为日后的环境管理职责不清等埋下伏笔。就区域科学原理而言，应该建立区域的层级关系，并且使之与环境行政管理的层级相对应，因而，区域环境问题的研究有助于为划分中央与地方环境管理权限提供很好的认识视角。

区域环境及其空间性和差异性等特征越来越成为环境法律学者关注的焦点。我国很多环境法律学者开始认识到区域在环境法律中的意义和地位。蔡守秋教授在其著作《调整论》中专门讨论人与自然地域的关系，并且指出环境资源法所调整的人与自然的地域关系，大量表现在对人的具体行为的地域限制上，而在立法上的体现就是自然保护区法律法规。通过设置区域保护环境是很多国家环境法律的内容，日本通过划分区域制实现行为的限制保护区域环境，美国早期也利用区域制度规划建设城市。吕忠梅教授则在其著作《环境法律新视野》中用了大量篇幅分析我国水资源管理的弊病，对由于环境要素管理和行政管理交叉不清的弊端进行了深刻的剖析，其中，最有启发意义的是对国际环境法中区域性立法作了深刻的阐述，从区域环境法律的特征到形成条件作了系统简练的阐述，不仅如此，吕忠梅教授还将多样化这个特征为国际区域环境法律定性，应该说这些研究工作是区域环境法律研究的难得成就，为区域环境法律的深入研究奠定了坚实的理论基础。金瑞林教授在他主编的《20世纪环境法学研究评述》中指出，需要对我国环境立法是以污染源防治为要素、还是以控制管理对象为要素进行研究。最近，环境法律的研究和立法已经延伸到流域、自然保护区和生态功能保护区，强调环境的区域性和区域的差异性已成为环境立法和环境法律研究的主线。

从我国环境法律立法实践来看，自从 20 世纪 70 年代（斯德哥尔摩世界环境大会）以来，我国环境法制建设从艰难中起步，到了 90 年代我国环境法制建设驶上立法快车道，环境法律的立法和修订的速度明显快于其他部门的法律。到目前为止，我国环境法律可以用门类齐全来形容，一个较为系统完善的环境法律体系已经构建而成，但是，我国目前的生态环境现状就好像是对现有环境法律的嘲讽。以水为例，由环境要素为基础而制定的《水法》（2002 年修订）、《水污染防治法》（1996 年修订）、《水污染防治法实施细则》等法律法规没有遏制住不断加剧的水污染状态，现在的水环境到了"有水皆污"的境地，原因何在？应该说原因众多，人们常常将责任归结为现行的环境法律原则性过强，但缺乏针对性、地方政府执法不力、没有实施水流域的统一管理等原因，但是，作为区域环境法律所要揭示的是，现行的环境法律忘记了区域性是环境的重要特征，忽略了环境区域差异性的特点。目前，黄河、长江和三江源等区域的立法已经提上议事日程，究其原因就是为了弥补环境要素立法所留下的不足，国家发展改革委最近提出太湖污染治理法规的草案，如果该草案获得通过，该法律就成为继淮河流域污染治理之后的又一个区域性环境法律，所不同的是区域性、差异性、多样化是该法律草案区别以往环境法律的主要特点。

第三节　区域环境法律的主要理论

区域是许多学科研究的领域，许多学科在区域领域获得长足的发展，如区域经济、生态学等，因而，能够指导研究区域环境法律的理论很多，它们都为我们认识区域和区域环境法律提供了良好的视野，与此同时，许多新兴科学如系统论、控制论、散耗结构理论、协同学等也被用来研究区域科学并取得令人振奋的研究成果，从目前对区域研究的主要学科和主要研究方法来看，本文将以下学科和理论作为区域环境法律的指导性理论：

第一，生态学。生态学一词由德国博物学家海克尔于 1866 年首先提出，他认为生态学是研究生物在其生活过程中与环境的关系，尤其指动物有机体与其它动、植物之间的互惠或敌对关系。随着生态学研究的不断深入，人们越来越认识到人类活动在生态过程中的巨大影响力，因而将人类活动行为纳入生态学研究的范围成为生态学研究的一个新范式，美国生态学家奥德姆将生态学定位于"综合研究有机体、物理环境与人类社会的科学。"从生态学发展出来的生态系统理论则为我们认识自然界提供了一个先进的"范式"。生态系统是生态学基础理论之一，我国生态学家李博教授认为：生态系统就是在一定空间中共同栖居着的所有生物与其环境之间不断进行物质循环和能量流动过程而形成的统一整体，生态系统由非生物环境、生产者、消费者和分解者组成。区域环境法律理论中生态系统理论已经不是完全意义上的生态系统理论，而是结合各种学科而产生的方法论，正如蔡晓明教授所指出："生态学本身是生物科学的一个分支。生态学发展到生态系统生态学突破了原来生物学范畴，与数学、物理学、化学、地理学、大气科学、系统科学和信息论等自然科学结合。它不仅是现代生物学的一个前沿学科，而且在发展中又突破了自然科学，强烈地与社会科学相互渗透和结合，出现了生态经济学、生态法学等边缘学科，突破了原有学科的界限，建立了自然科学与社会科学的联盟。从科学管理体制上打破了立于自然科学和社会科学间的屏障，消除了自然科学家与社会科学家之间的鸿沟，使他们能够共同对付人类面临的挑战。"① 区域环境法律更多地是从这个宏观的意义上应用生态学原理，不仅如此，从生态学中发展演化出来的生态系统理论，成为人们研究和探讨环境问题的范式，生态系统理论已经广泛地应用于环境管理之中，利用生态学和生态系统理论研究区域环境是地理学、生态学的基本方法。

第二，景观生态学。景观生态学是地理学与生态学结合的产物，国外一些学者将景观生态学称为地生态学，强调区域环境的差异性是景观生态学的主要特性。在景观生态学看来，景观是由不同生态系统类型所组成的异质性地理单元，区域则是由气候、地理、生物、经济和文化综合特征的景观复合体。一般而言，景观生态学的定义为："因此，概而言之，景观生态学是研究景观单元的类型组成、空间格局及其与生态学过程相互作用的综合性学科。强调空间格局、生态学过程与尺度之间的相互作用是景观生态学研究的核心所在。"② 景观生态学为研究区域环境法律提供了极佳的研究视角，因为，景观生态学的特点"在于综合了地理学的水平空间（景观）和生物学的生态垂直关联两种观

---

① 蔡晓明：《生态系统生态学》，科学出版社，2002 年，第 14 页。

② 李 博：《生态学》，高等教育出版社，2000 年，第 308 页。

点，"其基本理论就来源于景观、生态及综合系统论三个方面。景观生态学通过格局、过程、层次和尺度的方法使得我们全方位地认识和理解区域环境的演化进程和相互之间的联系，景观生态学将人的活动行为纳入研究范围，这样从根本上避免了主客观对立、避免了人与自然分离的研究范式，从区域环境的功能结构上认识区域环境演化发展规律，这种研究方法也为研究区域环境法律提供了一个可效法的方式。除此之外，最为重要的原因，也是景观生态学家一个共识，景观生态学是研究区域环境的理想出发点，有关这一点，李博教授深刻地指出：很多生态学家和景观生态学研究者深信，区域景观尺度是考虑自然资源的宏观永续利用和对付全球气候变化带来的生态学后果的最合理的尺度，景观生态学认为区域（景观）是能够反映自然生态系统和人类活动的种类、变异和空间格局特征的最小空间单位。

第三，区域环境实体论。区域环境法律理论将区域定位于一个社会、环境、生态的实体，这是区域环境法律研究方法和理论假设的前提，首先，实体论可以全面反映出区域环境的本质和特性，区域环境不是任何理论的描述而是实在的，哲学界一般将这种现象形容为一种倒退，然而实体论认为，区域实体论不排斥任何理论对区域环境的认识，绝不将某种理论作为认识区域的唯一理论而排斥其它理论。换句话说，区域实体论是建立在区域环境差异性和多样化的基础之上；其次，环境具有空间性（区域性），空间性是环境的主要特性，环境要素环境则没有将这种特性表现出来，区域环境实体论可以将环境的空间性突现出来；第三，用实体论的方法研究环境是一些新兴学科的主要特点，诸如地球科学和环境地理学均将区域环境作为一个实体来研究。朱颜明教授在《环境地理学导论》中指出："目前，虽然许多学科的内容都涉及环境，但真正把环境作为实体加以研究的主要由生物科学中的生态学、地球科学中的地理学和新近发展起来的环境科学。"将区域作为实体研究并非是以退为进的策略，而是现代科学发展的趋向，在流域研究中将流域作为一个整体研究，中国科学院院士陈宜瑜认为："流域是地球表层相对独立的自然综合体，流域以水为纽带，将上下游、左右岸连接为一个不可分割的整体。以流域为单元进行综合管理是实现资源、环境与经济协调发展的最佳途径，这一观点已成为各国政府和科学界的共识。"从静态和动态两个方面观察区域的结构、演化，为制定合理的环境法律、协调区域内的结构、区域间关系奠定了基础。

第四，协同进化理论。协同进化理论是环境伦理学的一个基本理论，我国环境伦理学家余谋昌、王耀先是对协同进化理论有较深研究的学者，他们认为："人与自然协同进化的环境伦理不仅坚持人与自然的相互依从，也坚持互相作用，……尊重物种间、物种与环境间、生物与生态系统间的内在协调和进化方向，在整体生态系统稳定波动范围内，修补系统内部各个组成部分的人为创伤，促进生态朝着既益于生态又益于人类的方向发展。"在区域环境中，人们的劳动、劳动成果与区域环境构成一个复合体，人们的行为和区域环境处在互相影响之中，协同进化可以说就是区域环境法律所追求的目的，是可持续发展理论在区域环境中的具体化。

第四节　区域环境法律的研究方法和其他

一、研究方法

研究方法称作方法论，也可喻为范式、范畴。其中，较为有影响的是美国科学哲学家库恩提出的范式理论，这一理论为当代社会知识界普遍认同。他认为，科学是一定社会集体按照一套公认的信念所开展的科学研究活动，科学的结构不是各种知识成分之间的逻辑关系，而是组成这种研究活动的各种要素之间的互相作用。新的范式的出现意味着用新的观点和方法去认识新旧经验和事实，通俗地说就是方法论，方法论无所不在，大到一个伟大理论的创建，小到一件工作和论文的完成无不体现方法论的存在和影响，方法论就像是一项工作的路标，指引着到达目标的路线。在哲学界，黑格尔哲学体系的方法论一直为人们所称道，正如赵敦华教授指出："黑格尔哲学的特点和优点在于它的整体性。体系的整体性不但赋予它的组成要素以确定的意义，而且确定了黑格尔在哲学史上的集大成者的地位。"① 体系性是黑格尔哲学方法论的主要特征，在法学研究中，方法论同样占据着重要的地位，武汉大学法学院开设法学方法课程，深受包括硕士研究生在内的学子们的欢迎。张文显教授指出："法学方法论，除了作为法的一般理论和法学基础理论之外，法哲学还是法学的方法论。所谓方法论是指关于方法的理论和学说。法学的历史反复表明，用于研究工作的方法是否正确和有效，对于科学研究是至关重要的。因为研究方法在很大程度上影响着主体的认知兴趣，课题设计，资料的识别与取舍，逻辑推理的方法以及评价的标准，以至决定着能否完成或顺利完成研究任务。在一定意义上，

---

① 赵敦华：《西方哲学简史》，北京大学出版社，2001年，第294页。

科学的方法是把主体与客体联系起来的桥梁、渡船、通道。在没有科学的方法就没有科学的认识这种意义上，也可以说方法是科学的生命。"① 对于环境法律来说，除了具备法学的方法论之外，还要借鉴环境科学、生态学等方法，这是环境法律应该格外加以利用的，本文的主要研究方法有：

第一，比较的方法。通过不同的法律传统和法律演化进程比对来研究本国的法律，借鉴其他国家的环境法律经验，进行比较法研究不是为了寻找放之四海而皆准的法律规范和法律原则，而是从中学习其他国家环境法律中的方法和理论，借鉴他国的方法和理论服务于本国环境法律的建设。德国法学家 K·茨威格特指出："法律的统一不能以这种简单方式来实现，即在任何问题上幻象一个理想的法律，希望加以通过。人们必须首先发现什么是对有关辖区共同的事物并将它们纳入统一法律中。在有差异的地方，必须将它们加以调和，或者是采用其中最佳的一种，或者是通过比较方法找出一个新的、比任何现有的办法较易实行的解决办法。在这里，比较法的准备工作是必不可少的；否则就不可能发现世界上不同法律制度的共同点和不同点，更不用说在现有或拟议的解决办法中决定哪一种是最佳的。"② 本文主要将美国环境法律的发展演化与我国环境法律相比较，原因主要有以下三个方面：第一，美国与我国国土面积相似，地域分异规律影响显著，环境问题千差万别，可对比性强；第二，美国是当今世界上最发达的国家之一，环境问题显露和治理比我们国家要早，有很多比较成熟的环境法律可供借鉴；第三，美国是联邦制国家，政治制度的多元化消解了许多地方环境问题的差异性，州与联邦的环境管理演化过程对于我国中央和地方环境管理职责、权限划分有很好的参照价值，进而对于建立我国环境法律的体系、区分我国环境管理中各级政府之间管理权限和责任有着十分重要的对照意义。

第二，历史的方法。区域环境管理和环境法律有其自身发展演化的过程，不同的阶段环境问题不同，环境法律也应该随之变化。从环境管理的发展进程上看，初期的环境问题主要由地方政府管辖。美国早期的环境事务一直由州和地方政府来管理，直到上个世纪中叶，联邦政府才占据环境管理的主要位置，但是，这并不是美国环境管理模式的定格，美国联邦和州的环境管理权限一直处在变化之中，每个阶段都有其自身的特点。从环境法律内容上看，美国是世

① 张文显：《二十世纪西方法哲学思潮研究》，法律出版社，2006 年，第 3 ~ 4 页。
② 转引自沈宗灵：《比较法研究》，北京大学出版社，2003 年，第 50 页。

界上最早颁布环境法律的国家,《国家环境政策法》作为美国环境法律的基本法,其模式为世界许多国家学习和借鉴,除此之外,《国家环境政策法》所规定的环境影响评价制度,为世界许多国家效仿,并作为一项环境法律的基本制度写入本国环境法律,环境影响评价制度不仅是国内环境法律的主要内容之一,也是国际环境法律的重要组成部分。此外,在流域管理领域,美国田纳西流域的管理模式为世界各国的流域管理、区域环境管理提供了一个良好的范例;美国的《水法》几经修改,反映出联邦和州在不同时期管理水资源的权利和义务;最后,美国环境标准的历史沿革对我国环境标准的制定更具有启发意义,通过对美国等国家一定历史时期环境法律的比对,可以得出环境法律演化的一般规律,对于区域环境法律研究有一定的借鉴意义。

第三,跨学科方法。环境科学就是一门跨学科性、交叉性的学科,研究和解决环境问题必然运用多学科的方法,环境法律不应该成为例外;从《增长的极限》开始,人口、资源、发展、经济等就成为环境科学研究的内容;布伦特兰夫人的《我们共同的未来》,也将人口与人力资源、粮食保障、物种和生态系统、能源、工业和城市等纳入研究范围;联合国《21世纪议程》则进一步发展了这种研究方法,将人口、资源、经济发展、贫困、贸易与环境保护等诸多问题放在环境保护和可持续发展的领域进行讨论。联合国《21世纪议程》的科学促进可持续发展(第35章)中倡导:"应该进行下列活动:(1)结合自然科学、经济科学和社会科学,加强研究,以更好地了解经济和社会行为对环境的影响以及环境退化对地方经济和全球经济的影响;(2)研究作为驱动力量的人类态度和行为,了解环境变化与资源利用的原因和后果;(3)促进研究人、经济和社会对全球变化的反应。"美国《国家环境政策法》则用法律的形式鼓励人们用多学科的方法解决环境问题。美国《国家环境政策法》第4332条第2款规定:"在进行可能对人类环境产生影响的规划和决定时,应当采用足以确保综合利用自然科学、社会科学以及环境设计工艺的系统性和多学科的方法。"其次,区域环境法律将区域环境问题作为研究对象,不是用一个环境要素替代另一个环境要素,而是将区域作为一个有机体来研究和探讨,区域的组成结构、演化进程、层级等非常复杂,需要多种学科和方法来认识和指导;再次,多学科、跨学科研究为当今科学研究的趋势,许多在过去属于不同学科重新组合起来成为一门新的学科。人口、资源与环境经济学就是很好的例证:过去,人口、资源和环境经济学分属三个不同的学科领域,在环境问题日趋严重的今天,人口、资源与环境经济学已经形成为一门正在崛起的新兴边缘学科，为了寻求环境保护、人口合理发展和资源的可持续利用之间的互相关系，探索可持续发展的路径，这三个原本互不相干的学科在环境与发展领域结合起来，这不是三个学科的简单相加，而是在实现可持续发展体系中的有机结合。在环境法律学界，许多学者认识到跨学科研究的必然性，蔡守秋教授在《论人口、环境、资源一体化问题》一文中指出跨学科、综合研究的必要性和重要性。蔡守秋教授认为："人口、环境、资源一体化问题是人类社会与自然环境共同发展的产物，是人类认识自身和自然的经验的总结；是中国现代化建设中面临的重大课题，既是以往人口、环境、资源工作的经验教训的总结，又是对今后人口、环境、资源工作的挑战和机遇；人口、环境、资源问题'综合症'是当代人口、环境、资源问题的主要特点，当代人口、环境、资源问题'综合症'的实质是三者关系的失调和失衡。"文章的第二部分和第三部分分别论述了人口、环境、资源的一体化理论和对人口、环境、资源进行一体化控制的途径和措施的内容，文章还认为一体化理论是当代自然科学与社会科学的综合、人与人的关系和人与自然的关系在科学研究中的综合，符合马克思主义所揭示的科学发展的方向和趋势。从另一个方面来看，区域为资源、环境、人口之间关系研究的一体化提供了理想的空间平台，在区域环境法律看来，区域是一个由资源、人口和区域环境组成的实体，各个区域的区域环境、自然资源和生产组织方式诸方面均存在不同，由此而产生的环境问题也各不相同，区域可持续发展的实现应当建立在区域的特殊性基础之上。

二、创新性

创新是科学得以发展的动力，创新也是衡量博士论文的主要标准，甚至有人将创新性作为博士论文最为重要的标准。李怀祖教授在《管理研究方法论》（第二版）一书谈到博士论文创新性时指出："创新是博士论文的灵魂，称得上科学研究成果的论文，一定要有创新性，即有新发现（findings）和经过论证的研究假设，这是博士论文的最基本的要求，无讨价还价的余地。论文完善地论述这些创新点，一般说要回答三个方面的问题：（1）创新点是什么（what），论文要清晰地表述所提出的新发现及其主体内容；（2）为何要提出此创新点（why），论文要交代创新点提出的实际和理论背景，即说服自己也让读者感到这样的创新点的确有学术和实际意义，值得费精力去研究；（3）回答这个创新点是否成立的质疑（whether true or false），提出论证和论据来支持论文的创新点。"① 这段话既明确了创新性在博士论文中的地位，也提供了表述出博士论文创新性的方法，本文的创新性主要表现在以下方面：

1. 本文试图从区域这个角度反思现在环境法律的范式，检讨环境法律已经形成的固化法律模式。环境法律从法律中来：在民事法律中，民事环境责任、一般责任、无过错责任、严格责任将环境损害与责任联系起来；在刑事法律中，环境损害与刑事责任联系起来；在行政法律中，环境管理与环境行政责任联系起来；环境法律、环境标准和环境责任一起构成环境法律的基本范式。就法律而言，似乎环境法律已经完成了所有的步骤，而现实则是环境危害、环境污染与环境法律渐行渐远，环境问题向着更加复杂、危害更大的方向发展，现行的环境法律没有将人类的生存方式与自然环境保护衔接起来，没有反映出人类与自然环境良性互动关系。现在已到了从区域角度反思环境法律的时候，区域环境法律的提出无论成功或失败都应该算是环境法律创新的有益尝试。区域科学认为，区域是一个复合体，人类是这个复合体的组成部分，区域复合体有多种形式，其形式不同也决定了人与自然的关系不完全相同，有经济区域、行政区域、生态区域、地理区域和社区等，不同的区域反映出人类在区域环境中特殊而具体的关系，区域环境法律试图从这个角度开辟认识环境法律的新领域。

2. 利用景观生态学的原理从格局、进程、层次和尺度四个方面讨论区域环境法律。邬建国教授的《景观生态学》一书将格局、进程、层次和尺度列为该书的副标题，景观生态学就是从这四个方面分析和研究区域生态环境的规律和演化过程，横断科学的出现使得我们在学术研究中能够用多重角度对一个问题展开研究，这种做法为学术界所接受并广泛地运用于各自学科的研究之中。在法律中，我们过多地使用法律的模式研究环境法律，如权利、义务、责任等；在环境法律中，环境要素、环境管理、生态管理、环境经济等都被拿来用于环境法律领域中。从环境法律的发展趋势来看，区域环境法律也是这一潮流中的弄潮儿，区域环境法律不是简单地否定以往的环境法律研究方法和成就，而是在区域中展开、分解，使其具体化，从结构上分析不同层次环境法律的权利、义务和责任，尤其侧重政府间环境管理的层级和权限划分，侧重于不同条件下环境法律的灵活性和多样性的探索。

3. 注重尺度在环境法律中的应用。尺度是景观生态学中的一个基本概念，

---

① 李怀祖：《管理研究方法论》（第二版），西安交通大学出版社，2006 年，第 284～285 页。

景观生态学尺度是对研究对象在空间上和时间上的测度，分别称为时间尺度和空间尺度。尺度方法用于环境法律可以让我们将区域划分为不同的种类、演化进程和层次，选择不同的法律规范来调整区域的环境演化，确定与之相应的政府管理层级和管理权限；时间尺度可以使得我们认识区域环境的演化进程，对于环境行为规范的应用具有指导意义。总之，尺度理论有助于我们认识每个区域的社会经济发展状况，是将环境法律具体化的有效方法，是制定可行环境法律的科学保障。

概言之，区域实体论、景观生态学的方法论、尺度方法是本文的主要创新点，用哲学语言描述就是差异性和多样性。

三、国内外研究状况和文献资料

美国科学家瓦尔特·艾萨德的《区域科学导论》一书的出现，标志着区域科学的产生，区域，时下成为一个时髦的概念，区域频繁地出现在各个学科和研究课题中，区域科学是 2006 年中国十大理论热点之一。从地理学、系统论、生态学、生态系统理论、区域经济学、环境科学和景观生态学等角度研究区域的科学理论和文献众多，其中，区域经济学、经济地理学、景观生态学等已经取得长足的进步，可供借鉴的资料很多，对于区域问题的研究，就如同一位学者所说的，现在的研究工作不是你能搜集多少资料的问题，而是你有多少时间去处理这些资料的问题。

在环境法律领域，1982 年的《内罗毕宣言》、《我们共同的未来》等都开始对区域环境法律予以关注，联合国《21 世纪议程》集中体现了区域环境法律的研究成果和应用，鼓励通过区域解决环境问题为国际社会的共同观念。联合国《21 世纪议程》提倡国际间合作解决区域环境问题，认识到区域解决环境问题的优势："正如基斯和谢尔顿所指出的，对于整个国家共同体适用的原则和标准在区域层面上执行可能会更有效。在认识到区域性环境公约在处理特定区域一些具体的重要问题上的潜力后，许多全球性公约现在开始鼓励国家签署区域性协定。这些区域性协定有时被签署作为全球公约的补充。"从这段话中可以看出，在国际环境法律层面上，学者已经意识到区域环境法律的特点和意义，区域性环境法律是国际环境法律发展的一个重要方向。联合国环境规划署组织编写的《全球环境展望》（第四版）中以区域的视野审视全球各个地区环境问题及其对策，美国环境法律学者也开始反思美国环境法律所走过的路程以及经验教训。

区域性环境法律是一个大国环境法律的基本内容。我国国土广大、生态系统种类繁多、区域环境差异性较大，因而区域性环境法律就成为我国环境保护法律的主要内容之一。我国涉及区域环境法律的主要法律法规有：《自然保护区条例》、《近岸海域环境功能区管理办法》、《风景名胜区管理暂行条例》、《水法》、《水污染防治法》等，这些法律法规是研究区域环境法律的立法依据。总体上说，区域环境法律研究依然处在起步阶段，由于研究区域环境法律的切入点不同，这些研究主要以地方性环境法律研究为主，缺乏区域环境这个实体定位很难将研究全面深刻地展开。蔡守秋教授、汪劲教授在他们的研究中均在地方环境立法中涉及到区域环境法律的内容，在环境法律领域的主要研究成果有吕忠梅教授的《长江流域水资源保护立法研究》、汪劲教授的《地方立法的可持续发展评估：原则、制度与方法》、蔡守秋教授的《可持续发展与环境资源法制建设》和《国土法的理论与实践》；在经济法领域，有文振邦、付子堂教授的《区域法治建构论——西部开发法治研究》和李玫的《大湄公河次区域经济合作法律问题研究》等，就环境法律实践来看，环境法律已经将区域作为环境法律的研究对象，如《黄河法》、《长江法》、区域限批、生态功能区和三江源区域环境保护等为研究区域环境法律提供了第一手资料。

四、几个关键术语的解释

如前所述，区域是许多科学研究的领域，区域中术语较多，很多仅仅是叫法不同，而所反映的内容则是基本一致。区域环境法律中有几个频繁使用的术语，如土地、国土、大地、区域、景观等，本文对这些概念都作了较为详细的介绍和解释。为了避免不该出现的概念上的混乱，先简要解释一下：

1. 土地：在法学中，土地是财富、是权利的客体，在区域环境法律中的土地概念是直接利用地理学的术语。有关土地的概念和解释很多，笔者认为我国地理学家赵松乔、陈传康等人的观点最具代表性，他们认为"'土地'是一个综合的自然地理概念，它是地表某一地段包括地质、地貌、气候、水文、土壤、植被等多种自然因素在内的自然综合体。每个自然因素在整个自然地理环境中以及农、牧、林业生产中，各有其重要作用，但只有全部自然因素的综合作用才是最重要的。'土地'的性质，也取决于全部组成要素的综合特点，而不属于其中一个单独要素。陆圈、气圈和生物圈相互接触的边界——大致从植被的冠层向下到土壤的母质层，是各种自然过程最为活跃的场所，有人称之为

'活动层'，这也就是'土地'的核心部分。"① 从人类活动对土地的影响程度衡量，目前的地球表层已经没有一块土地是纯粹的自然综合体，从这个意义上讲，地球表面上的土地是一个自然社会的综合体，瓦格宁根土地评价学派直接将土地表述为"土地是地球表面的一个区域"；在区域环境法律中，土地概念的使用，则倾向于赵松乔教授的观念；在区域环境法律理论看来，土地与区域不过是等量齐观的内容的不同解释和名词。

2. 区域：一个普通的概念，也是一个包涵着多重涵义的概念，不同的学科有不同的特点。胡兆量教授等有一个简明的区域概念："区域又称地区、地域、互动空间，简称面。区域是对全局说的，与全局比较，区域有局部性。区域的基本特征是物质性、系统性、可度量性和历史性。"② 这个概念强调区域与全局的联系，区域的存在虽然千差万别，但是并不妨碍区域之间、区域与全局之间的联系和全局对区域的影响和作用；区域的历史性，任何一个区域都是自然历史的沉积，作为人类存在方式的人文区域则是人类智慧与劳动的积累，正如革命导师马克思所指出的："人们自己创造自己的历史，但是他们并不是随心所欲地创造，并不是在他们自己选定的条件下创造，而是直接碰到的、既定的、从过去继承下来的条件下创造。"

3. 景观：生态学和地理学中的术语，与区域、土地的概念相似，景观有特定的表述，一般而言，景观是对一定地理区域的地形、地貌等自然环境的描述。景观又有狭义和广义两种涵义，邬建国教授认为："在生态学中，景观的定义可概括为狭义和广义两种。狭义的景观是指在几千米至几百千米范围内，由不同类型的生态系统所组成的、具有重复性格局的异质性地理单元。而反映气候、地理、生物、经济、社会和文化特征的景观复合体相应地称为区域。"③ 从这个定义可以看出：在一定条件下，区域和景观可以互相替换，它们的研究对象是重合和一致的。

4. 土地、景观、区域之间的关系。通过上述的比对可以得出这样的结论：尽管各个学科研究重点不同，三者所反映的内容基本上是一致的。荷兰地理学家 I·S·宗纳维尔有过精辟的论述："在本书里，我们认为在整个系统意义上（实用的整体意义上）'土地'与景观同义。"④ 在区域环境法律中，土地、景

---

① 伍光和等：《综合自然地理学》（第二版），高等教育出版社，2004 年，第 152 页。
② 胡兆量等：《地理环境概述》（第二版），科学出版社，2006 年，第 112 页。
③ 邬建国：《景观生态学》，高等教育出版社，2004 年，第 2 页。
④ ［荷兰］I·S·宗纳维尔：《地生态学》，李秀珍译，科学出版社，2003 年，第 12 页。

观和区域三者的概念是相同的，需要加以区别的是，由于各个学科研究目标、内容、方法的不同，这些概念在各个学科中侧重点不同，差异使得这三个概念在各个学科中各有特色。

第二章

区域、环境的概念与演化

　　区域和环境在一定意义上讲，是两个不同学科的不同术语对同一事物的描述。大概是由于历史和学科的鸿沟使得这两个名词成为完全不同的概念，从学科历史发展而言，区域一词最早来源于地理学，区域作为地理学研究的对象有着久远的历史，而环境概念与新兴的环境科学一样是新近才出现的概念，也许是地理学和环境科学出现和发展的阶段不同，这两个概念似乎分属两个不同的学科。实际上，区域和环境这两个概念存在着千丝万缕的联系，全面认识、理解和分析区域、环境这两个概念是研究区域环境法律的开始，就这两个概念出现的时间顺序而论，区域概念的历史更为古老一些，为了方便起见，本文还是从环境概念开始论述。

第一节　环境概念的沿革

一、环境概念在环境法律中的地位与作用

1. 环境的概念

　　环境一词是环境科学、环境法律等学科中的核心概念和术语。"所谓环境，是指与体系有关的周围客观事物的总和，体系是指被研究的对象，即中心事物。环境是一个相对的概念，它以某项中心事物作为参照系，因中心事物的不同而不同，随中心事物的变化而变化，中心事物与环境之间存在着对立统一的相互关系。"① 对于环境科学而言，环境概念只要能反映出环境概念的基本内涵，或者说反映出人类对其生活的环境的理解水平，这样的环境概念就是一个科学的概念；而相对于环境法律来看，环境概念的主要意义在于，环境概念

---

　　① 杨志峰等：《环境科学概论》，高等教育出版社，2004 年，第 3 页。

和术语的界定直接影响环境法律的立法、执法、保护对象和所要实现的目的。虽然，环境在我国环境法律中有明确的界定，但是这个概念是直接借用环境科学中的环境概念，我国《环境保护法》第 2 条为环境所下的定义是："本法所称环境是指影响人类生存和发展的各种天然的和经过人工改造的自然因素的总体，包括大气、水、海洋、土地、矿藏、森林、草原、野生生物、自然遗迹、人文遗迹、自然保护区、风景名胜区、城市和乡村等。"而在俄罗斯环境法典中，环境一词与我国环境法律的环境一词有相同之处，其共同点在于认为环境是由人工环境和自然环境共同组成，需要说明的是，俄罗斯环境法律中的环境概念更加系统化。《俄罗斯联邦环境保护法》第 1 条规定：

环境——自然环境要素、自然客体和自然人文客体以及人文客体的总和；

自然环境（以下亦称自然）——自然环境要素、自然客体和人文客体的总和；

自然环境要素——总和起来为地球上的生命存在提供良好条件的土地、地下资源、土壤、地表水和地下水、大气、动植物界和其他生物体，以及大气臭氧层和地球周围的宇宙空间；

自然客体——自然生态系统、自然景观及其保留自身天然属性的组成部分；

自然人文客体——因经济活动和其他活动受到改变的自然客体，和（或）人为造就的并取得自然客体属性的和具有休闲及保护意义的客体；

人文客体——人为了社会需要造就的不具有自然客体属性的客体；

自然生态系统——自然环境中有着广阔地域境界的客观存在部分，在其中，生物（植物、动物和其他生物体）和非生物因子，作为统一的相关整体，通过物质和能量的交换，相互作用和彼此制约；

自然综合体——由地理特征和其他相关特征结合在一起的，在功能上天然相互联系的各种自然客体的综合体；

自然景观——未受经济活动和其他活动改变的、由同一气候条件形成的一定类型的地形地貌、土壤、植物结合成一体的区域；

从我国环境保护法中第 2 条环境概念的比对可以看出：俄罗斯环境法对环境概念的规定是比较详细的、系统的、科学的，这里的环境概念既是各个不同学科对环境的概念，也是环境科学、生态学和地理学对环境概念的综合。同时，为环境概念下定义是大陆法系的传统，显示出环境概念在大陆法系环境法律中的地位与意义，环境概念的定义是大陆法系环境保护法的组成部分。对于普通法系来说，环境概念对环境法律显得并不十分重要，在英美环境法律书籍中，我们甚至找不到环境一词的学理解释，但这并不意味着美国环境法律实践不重视具体环境概念及内涵，恰恰相反，美国环境法律判例和特定环境法律法规中，环境概念被规定得如此之精细。美国《联邦水污染控制法》第 1321 条第 1 款对油类、排放、船舶、公用船舶、所有者或运营者、人等 24 个术语用法律语言明确地规定了每一个术语的内容，就连"美国"这一最为熟悉的概念都做了法律上的规定，① 不仅如此，美国环境法律中的环境概念通过司法解释满足社会发展和保护环境的需要，例如，美国联邦政府 1899 年颁布的《河流与港口法》，最初制订该法的目的是为了保护美国可以通航的水域，经过一个多世纪的司法解释，该法的水域环境已经从可以通航的水域扩展到任何与河流有地理上联系的水域。

环境概念在环境法律审判中同样也遇到这样的情况。1990 年，澳大利亚昆士兰州的"女王诉墨菲案"中，争议是因一片滨海土地上产卵的海龟是否属于该地环境的一部分而起，昆士兰州的环境法律中有环境概念的规定，但是该法律环境概念的内容却无法解释海龟是否属于环境的一部分这个关键问题。根据王曦教授介绍，澳大利亚各州的环境保护法律中都有关于环境概念的解释，例如：新南威尔士州环境法律中的环境的概念："环境指的是地球的各个组成部分，包括（a）土地、空气和水；（b）各层大气；（c）所有的有机和无机的物质和所有生物；（d）人类制造的或修改的结构和区域，以及包括（a）至（c）所列各个组成部分在内的相互作用的自然生态系统。"② 遗憾的是，笔者一直未能找到昆士兰州环境法律中的有关环境概念，可以肯定的是，昆士兰州的环境概念存在着缺陷，或是对环境概念的理解分歧较大，该案一直打到澳大利亚最高法院，最终以海龟属于该地区环境的一部分而结束，通过这个典型的案例可以看出，普通法法律体系对环境概念的重视程度以及环境概念在环境法律中的功能。

2. 环境概念在环境法律中的地位

环境概念是环境法律的逻辑基础。环境概念映射出人类与环境的关系、人类认识环境的水平。环境法律上的环境概念就是以人类对环境的认识为基础，

---

① 该法律对美国一词的解释是指各个州、哥伦比亚特区、波多黎各共和国、北马里亚纳群岛共和国、关岛、美洲萨摩亚、弗吉尼亚岛和太平洋托管地。

② 转引自王 曦：《国际环境法》，法律出版社，1998 年，第 5 页。

1972 年，在瑞典首都斯德哥尔摩召开的人类历史上第一次环境会议通过了《人类环境宣言》。该宣言宣示出这样的信念："人类既是他的环境的创造物，又是他的环境的塑造着，环境给予人以维持生存的东西，并给他提供了在智力、道德、社会和精神等方面获得发展的机会。生存在地球上的人类，在漫长和曲折的进化过程中，已经达到这样一个阶段，即由于科学技术发展速度的迅速加快，人类获得了以无数方法和在空前的规模上改造其环境的能力。人类环境的两个方面，即天然和人为的两个方面，对于人类的幸福和对于享受基本人权，设置生存权利本身，都是不可缺少的。"这一阐述从哲学的角度概括了人类与环境的关系，明确环境在人类发展中的地位，阐明了人类活动与环境之间的关系。实际上，每一次重大的国际性环境会议通过的文件无不反映出人类对环境和环境关系的新认识。

对于大陆法系来说，环境概念处于环境法律体系的核心地位，是环境法律的逻辑前提和基础。上海交通大学的王曦教授对环境概念在环境法律中的地位和作用有过精辟的阐述："综上所述，法学中的环境概念是环境概念的本义和环境科学中的环境概念在法学领域中延伸。法学的环境概念既包含着环境概念的本义，又吸取了环境科学中环境概念的基本成分。更重要的是，法学的环境概念反映了法律的特殊要求，具有自己的基本特点。"[1] 除去严谨的学科环境概念外，环境法律中常用环境概念的定义主要是从哲学角度规定的，如前所述，环境是以某一中心为参照，突出了我们将人类视为世界中心的观念，环境一词不仅反映出人类对环境的认知程度，也反映人类对人类自身与自然关系的认识，环境概念是一个不断发展的概念，这种认识反映到环境法律中其意义是不言而喻的。

科学的环境概念深刻地反映和影响着环境法律的方法和内容。许多学者和国际机构对环境与环境法律的关系都有过不同程度的论述，联合国环境规划署的《环境法教程》对这个问题有过深刻的注解："环境的定义为保护环境而制定和实施法律奠定哲学基础。从界定环境一词的方式可见界定者对环境不同方面的价值的认识和政策制定者对环境的理解，尤其是对环境中人类所处位置的理解。环境的定义还反映环境立法的焦点和国家关于保护环境的承诺。因此，以界定环境的定义作为开始是十分必要的。"[2] 是的，环境概念应该成为环境

---

① 王　曦:《国际环境法》(第二版)，法律出版社，2005 年，第 7 页。
② 王　曦编译:《联合国环境规划署环境法教程》，法律出版社，2002 年，第 1 页。

法律的逻辑起点，我国环境法律的立法发展脉络也深深地映射出这样的轨迹，例如，我国《环境保护法》第2条对环境的定义："本法所称环境是指影响人类生存和发展的各种天然的和经过人工改造的自然因素的总体，包括大气、水、海洋、土地、矿藏、森林、草原、野生生物、自然遗迹、人文遗迹、自然保护区、风景名胜区、城市和乡村等。"这样的环境概念的界定在我国以后的环境法律中得到了充分的贯彻，如《大气污染防治法》、《草原法》、《森林法》、《海洋法》、《水法》、《水污染防治法》、《水土保持法》等就是依照环境要素而制定的环境法律，我们将其简称为环境要素立法。所谓环境要素是指："构成人类环境整体的各个基本单元。可分为自然环境要素和社会环境要素。前者包括水、大气、土壤、岩石、生物和太阳辐射等；后者包括城镇、工矿区、村落、道路及其它人工建筑物等。也有人把环境要素分为生物环境要素和非生物环境要素。前者包括动植物和微生物；后者包括水、大气、土壤、岩石、太阳辐射等。环境是一个由各种环境要素组成的互相联系、互相依赖、互相渗透、互相制约的整体。只要其中一个要素发生变化，就会引起其他要素的相应变化。环境要素已成为认识环境、评价环境和改造环境的基本对象。"①从哲学意义上讲，我国环境法律中的环境概念不仅是环境概念的定义，也反映了我们对环境的基本认识和理解，是我们认识保护环境、评价环境的基础。正如汪劲教授所指出："这样，给环境下定义就成为环境立法所要解决的立法技术问题之一，因为环境的定义直接影响着环境立法的目的、范围及其效果，并且反映着一定时期人类对环境概念内涵和外延的思想认识。"② 确定了环境的概念，接下来就是环境的划分种类，环境种类的划分对于环境法律与环境管理意义非凡，众所周知，在环境科学中有很多的环境种类划分标准，有以空间、环境要素、环境主体等为划分对象的，比如，杨志峰教授把环境主体、环境空间作为环境分类的方法。目前，环境法律则是主要以环境要素为对象，就环境划分的依据和标准而言，目前在环境科学界，并不存在公认的环境划分依据，换言之，环境要素只不过是其中的一种环境种类划分方法而已。

我们知道，当代环境概念强调环境相互联系的特征，环境法律（环境要素立法）则在很大程度上将环境的这种特性给忽略了，环境要素立法忘记了环境要素概念本身所强调的，即环境是由各个环境要素组成的互相联系、互相

---

① 方如康主编：《环境学词典》，科学出版社，2003年，第9页。
② 汪　劲：《环境法学》，北京大学出版社，2006年，第2页。

依赖、互相制约的整体。我国台湾学者陈慈阳先生将环境概念的关注点集中于环境概念的具体性和关联性。陈慈阳教授写道："上述一般性的广义环境定义如以高度抽象化之概念来描述，则可以将环境视为生命体彼此关联性之整体与周围空间之关系。由于如此高度的抽象描述环境，对环境政策与环境法并无实际效用，亦即此意义下环境概念由于过于广泛，恐将无法构建出一个可与其它公共任务相区别之特有的环境保护地位。因此在环境法学上主要仍是以狭义之环境概念为讨论对象，亦即指人类自然生存基础与空间，特别是包含环境之媒介物，即土壤、空气、水、生态及其彼此之间的关联性，以及人类与其之关联性亦包含人类与其所创设环境与自然生态所形成的关系。此与广义环境概念论述上最大不同之关键在于，狭义的或环境法学上之'环境'概念较强调与'人'相关之环境内涵，亦即以人之生活与生存基础出发，来说明欲保护之环境的概念，此时亦同时指出保护环境最核心之任务在于确保人类之生存与生活。"[①] 陈慈阳先生的这段话包含这样的意义，第一，就环境法律而言，环境概念应该是具体而不是抽象的，无论是国际环境法律还是国内环境法律，环境法律中的概念应该是确定的；第二，环境法律的环境概念是与人类生活有直接关联的。环境法律不应成为环境伦理学，用来判断人类行为的对错与否的标准，而是具有确定内容的法律规范，且用环境法律将人类的具体行为与具体的环境问题衔接起来，这样的环境法律才有可能是明确的、具体的。程慈阳教授虽然指出时下环境法律中环境概念的缺陷，但是，他依旧将环境要素作为立法依据。从逻辑上推演，环境要素是没有差别的，在环境要素立法下的大气，北京和武汉的并无差别；而环境要素立法犯了一个以偏概全的错误，突出环境要素而忽视其他环境存在形式，当今世界上，环境法律中的很多法律是以环境要素为保护对象和界定的。需要在这里特别指出的是：在环境科学中存在着多种环境划分方法和标准，虽然目前尚没有被广泛接受的唯一环境分类方法，但有一点是可以肯定的，即环境要素不是唯一的环境划分方法或者种类，遗憾的是，环境法律忘记了一个重要的环境分类——区域。从区域所涵盖的环境内容上讲，区域可以准确地表现出环境具体性、空间性和关联性，区域与陈慈阳教授所提倡的环境法律的环境概念有很多的相同之处，甚至，笔者认为区域就是陈慈阳教授所希翼的环境法律精确概念的同义语。

---

① 陈慈阳：《环境法总论》，中国政法大学出版社，2003 年，第 9 页。

二、环境概念的演化

早期环境伦理中的环境概念。科学发展史证明没有一成不变的概念，环境概念也不例外，本文曾多次重申这样的观点，环境概念反映了人们对自然世界的认识、反映了人类对人与自然之间关系的理解。在人类从蒙昧走向文明的进程中，人类从来没有停止过思考人类与自然的关系，尤其近现代的环境问题使得人们将越来越多的注意力集中在人类与环境关系问题上，这种变化即便在短短的几十年之间，也存在着泾渭分明的区别。1972 年，人类召开了第一次环境会议，到了 1992 年，环境会议就成为环境与发展大会。在环境伦理学发展的过程中，出现了以人类中心主义、生物中心主义、生态中心主义等为代表的环境伦理哲学观，人类与自然的关系在这些思想中演绎着，环境概念随着人类认识能力的提高而不断地丰富和发展，从这个意义上讲，环境概念就是这种认识结果在文字上的体现。在这里，我们将人们对人类与环境的关系的认识归纳为人类中心主义、生物中心主义、生态中心主义和深绿色四种类型，每一种流派的环境概念是不相同的。

1. 人类中心主义的环境概念

环境概念过多关注人、人类而不是环境，这种思维方式被形容为人类中心主义，顾名思义，它的环境概念以人类为中心，强调人类与环境是一对矛盾体。我国环境法将环境定义为"可以直接、间接影响人类生活和发展的各种自然因素和社会因素的总体"，其最主要的哲学基础包含三个方面：第一，人是宇宙的中心；第二，人是一切事物的中心；第三，根据人类的价值决定自然的价值。这样的哲学观念使我们想起古希腊普罗泰哥拉的名言："人是万物的尺度，是存在的事物存在的尺度，也是不存在的事物不存在的尺度。"古希腊哲学家柏拉图将普罗泰格拉的名言转述为"我们每一个人都是存在或不存在的尺度，世界中的一切对于一个人来说不同于另一个人，正因为对一个人存在着并向他显现的东西不同于对另外一个人来说存在着并向他显现的东西。"①在人类中心主义下的环境不过是人类实现其目的的手段，大自然中的一切都是为人类而创造，人类永远是主体而环境则是客体，自然界包括环境只是人类征服的对象。初期的环境法律大都是在这样环境概念的逻辑前提下而展开的环境法律立法、执法和确定环境保护的目的。

---

① 赵敦华：《西德哲学简史》，北京大学出版社，2001 年，第 32 页。

2. 现代环境伦理学中的环境概念

环境概念发展的另一个阶段是生物中心主义。生物中心主义者主张将人类社会道德关怀的范围扩展到人之外的动物和自然界范畴，这一理论的代表人物是环境伦理学家阿尔贝特·史怀泽和保罗·泰勒，其核心观点由四个方面组成：第一，人是地球生物共同体的成员；第二，自然界是一个互相依赖的系统；第三，有机体是生命的目的中心；第四，人并非天生就比其他生物优越。生物中心主义将人类特有的伦理延伸至动植物界，注重人类与自然的有机联系，环境与人类不再是简单的主客体关系，这时环境伦理学才成为真正意义上的环境伦理学。美国环境伦理学者汤姆·雷根认为：只有满足两个基本条件才算得上是一门真正的环境伦理学，一是必须承认某些非人类存在物拥有道德地位，二是必须主张拥有道德地位的存在物不仅局限于那些拥有意识的存在物。本文按照这一标准将人类中心主义归为古典主义之列。美国法学家斯通在《树木拥有地位吗？走向自然客体的法律权利》一文中指出：我们的社会应该把法律权利赋予森林、海洋、河流以及环境中的其他所谓自然物体——作为整体的自然环境。在历史上，许多曾被认为是不可思议的观念最终都变成了法律，如十三世纪的犹太人、黑奴、妇女和儿童都获得了某些法律权利，现在该轮到大自然了。生态中心主义理念下的环境是一个互相联系、互相依赖的有机整体。"环境是指水、空气和土地以及它们之间的内部和外部的相互关系与任何一个生存的生物体。"（前欧洲共同体委员会1967年通过的一个法律文件）是这种思想在环境法律上较为有代表性的阐述。

环境概念被赋予主观价值。现代环境伦理学将自然环境引入社会思想意识以及社会制度的各个领域。当代美国著名环境伦理学家霍尔姆斯·罗尔斯顿批驳了环境价值主观论的含糊不清，因为在此之前，价值的本质在于人的主观选择，他认为价值并不完全是人类主观经历的产物，价值存在于自然环境之中，自然的价值是客观的。他指出："我们持有一种观点，一种生态学的观点，这种观点更为通达，没有人本主义和反还原论的那种沉闷的弊端。科学的发展不断揭示出后续事件（生命、人类心智）是建立在前导事件（能量、物质）的基础之上的，不管它们在多大的程度上已超越了前导事件。我们看不出有什么理由，可以说价值是在自然进化到人类（或高等动物）层次时，突现出来的不可简约的现象，而将价值重新分布到自然现象的整个连续系统中。在人类评价能力的突显的这一自然进化的高潮之处，价值是增加了，但在这以前发生的、导致这一高潮的前导事件中，价值也是一直都存在的。"① 环境、自然是否享有权利已不局限于伦理学范围。另一位著名的环境伦理学家 R·纳什在他的《伦理学的扩展和激进的环境主义》一书中回顾了美国历史上权利的概念及其由人权逐步扩展到自然界的历史事件，这个进程表明随着人类文明的发展，人类将原本游离于法律之外的对象纳入法律关系之中，他提倡将自然环境纳入法律体系之中，赋予自然环境相应的权利。

3. 大地伦理学的环境概念

在讨论区域环境法律时，不得不提及与区域环境法律息息相关的环境伦理学中的大地伦理学理论，因为无论是概念的相近性和理论的相关性，大地伦理学更加注重对土地的保护，对于区域环境的关怀。在大地伦理学看来，大地与区域具有相同的含义，环境科学同样要求我们以全方位的视野认识区域和大地，大地伦理学就是我们人类认识大地与区域的经典理论。大地伦理学是由美国著名环境伦理学家奥尔多·利奥波德倡导和提出的，他的代表作《沙乡年鉴》被人们誉为美国环境主义运动的圣经。奥尔多·利奥波德认为：大地是一个由生物和无生物组成的高度组织化的结构，这个高度组织化的结构的正常运转取决于结构的多样性、复杂性和组织各个部分的合作与竞争，人类对生物共同体的干预不应过于剧烈，人为改变的激烈程度越小，这个结构自我修复的可能性就越大。概言之，大地伦理学的精神就在于："一件事情，当它有助于保护生命共同体的完整、稳定和美丽时，它就是正确的；反之，它就是错误的。"② 在地理学中，区域与大地两个概念往往表达一个意思，有鉴于此，大地伦理学对于我们认识区域极具启发意义。区域不仅为我们认识环境提供了认识的方式，而且更为重要的是大地伦理学揭示这样一个事实：区域是具体时间空间下的自然体，我们人类与大地不是对立的，而是一个息息相关的整体，这是区域环境与环境要素的根本区别，这也是环境要素所无法反映出来的。

总之，环境概念体现人类对环境的认识水平和深度，决定了环境法律的逻辑前提，当前的环境法律过多地将自然环境要素作为环境法律的逻辑前提，而将区域这样主要的、具有环境特性又属于划分环境的主要形式给忘却了。如果按照环境科学严格地推演，环境法律中的环境概念是一个残缺不全的概念，与之相适应，环境法律也是支离破碎的环境法律体系。

---

① 转引自余谋昌等：《环境伦理学》，高等教育出版社，2004 年，第 113 页。
② ［美］奥尔多·利奥波德：《沙乡年鉴》，吉林人民出版社，2000 年，第 233~234 页。

第二节　区域概念的沿革与特性

一、地理学中的区域概念与特征

1. 地理学中区域的概念

区域是从地理学中产生和发展起来的。地理学是研究地球表面的科学，我国学者左大康认为："地理学是研究地理环境的结构、形成、演变规律、地表物质能量的迁移、转化、积累、消耗过程以及人类活动对地理环境的影响和人类利用、改造地理环境途径的一门科学。"[①] 区域与地理学的关系很难准确定义，用水乳交融来形容非常的恰当，因为，区域既是地理学研究的对象，也是地理科学的研究方法或者范式，区域地理学派成为地理学思潮中最为有影响的学派。德国著名的地理学家阿尔夫雷德·赫特纳在其《地理学：它的历史、性质和方法》一书中指出："从最古到现在，地理学的明确主题是认识地理区域之相互差异。"现代地理学创始人之一——德国地理学家李特尔说过："土地影响着人类，人类亦影响着土地"。这一名言在地理学中产生了巨大影响，这一著名论断被认为是现代地理学中人地关系论的肇始。自此，现代地理学以研究人与自然的关系得到确立，在李特尔的影响下产生了地理学中新的分支——区域地理学、系统地理学，确立了区域地理学在德国地理学研究的方向和传统。英国地理学家大卫·哈维在《地理学中的解释》中将地理学作了这样的假设："地理学着重描述和解释地球表面的地区差异。"美国地理学家、区域地理学派的领军人物理查德·哈特向在他的传世之作《地理学的性质》一书中将"地球表面不同地域的差异"作为地理学的研究对象，这部著作就是为了论证区域地理是地理学的研究对象和任务而写。区域地理学派在 20 世纪 50 年代左右由鼎盛转向式微，但这并不妨碍区域地理学派一直是地理学的最为重要的学派，区域方法是地理学研究的主要方法或者说是范式，是地理学名副其实的方法论。

白光润教授指出："区域是地理科学的关键术语。如何认识区域关系到对地理科学性质和地理科学的方法论的认识，关系到地理科学的发展。语汇上的区域是泛指的，即一定空间范围。"[②] 持同样观点还有王建教授，他认为："区

---

① 杨吾扬著《杨吾扬论文选集》，商务印书馆，北京，2005 年，第 107 页。
② 白光润：《地理科学导论》，高等教育出版社，北京，2006 年，第 156 页。

域性是地理学的本质特征，是区别于其他学科的最根本的性质。可以说，地理学就是以人类生存的地球表层环境以及人地相互作用的区域特征、区域联系与区域分异规律为主要研究对象的学科"。① 可以看出，区域是地理学研究的对象，区域方法是研究地理学的主要范式。需要强调的是，地理学对于区域研究并不是无效、徒劳的，在实践中，地理学的区域理论为二战后很多国家的恢复重建提供理论上的指导，我国的早期区域实践都是以地理学中区域理论为指引的。不仅如此，地理学的区域理论也是区域科学等基础性理论，而且，本文的理论基础之一景观生态学也是在地理学基础上发展起来的。

2. 地理学上区域的特性

那么地理学上的区域特征是什么？"地理学上的区域是地球的一个部分，是自然的一个空间范围。地理学上的区域，有广义、狭义之分，广义的区域是地球表层的一个部分，可以是自然的也可以是社会经济的，如自然区划、经济区划的各种区域。狭义的区域即指人类社会经济的空间形式。"② 地理学上的区域侧重于地理因素，本文倾向于将广义的区域概念视为地理学区域，地理学上的区域特性被表述为："（1）区域空间是具体的，它不像区位空间那样只是抽象出生产要素的距离关系，如原料地、消费地、生产地的关系等，它是具体的实在的空间和环境，与当地的自然本底环境、社会经济状况密切相关。（2）区域是连续的，它不像区位空间那样，不是一个位置点，而是一个连续的面，区域空间研究着眼于区域内部的结构关系以及相邻区域的关系。（3）区域具有演化特征，随着社会发展生产力提高，区域有自身的发展演化过程，无论是城市还是农村，与不同的社会形态和生产力发展阶段相对应有不同的区域形态结构。"③ 从区域特征的表述可以看出：第一，地理学上的区域是客观实在的自然界及其人类行为对自然界影响的一个综合体，地理学的区域特性反映地理学以研究人与自然关系的性质，涵盖了由人的因素和自然因素相互结合的特性，从最广泛的意义上讲，地理学上的区域包括政治学、法学、社会学以及经济学或者区域经济学上的区域等种类，包括青藏高原、黄土高原、华北平原等以自然要素标准所划分的区域，也包括湖北省、长三角经济区、社区等区域；第二，区域不是一个静止的、封闭的空间，区域处在发展演化着的进程中、处

① 王　建：《现代自然地理学》，高等教育出版社，北京，2001 年，第 5 页。
② 白光润：《地理科学导论》，高等教育出版社，北京，2006 年，第 156 页。
③ 白光润：《地理科学导论》，高等教育出版社，北京，2006 年，第 156 页。

在与外界不断进行交流（物质、能量和信息）的过程之中，区域有自己的演化规律，这种演化规律存在于一定的空间、时间里；第三，虽然，区域是由地理学发展演化而来，但是并非地理学专有，而是为其他学科共同所有或者涉及。笔者以为，这是区域的空间确定性、时间确定性使得各个学科的问题具体化，使得抽象的理论得以发展和应用，以至于许多学科假以区域取得丰硕成果，其突出者，区域经济学是也。正如陈国阶教授所指出的："地理学的系统性、综合性、区域性特点，实际上是许多学科共存的现象，不为地理学所特有。生物学、生态学、经济学、环境学、人类学、化学都存在系统性、综合性、区域性的特点。原子核本身是个多变量的复杂系统，也有自己的特定空间结构。"① 陈国阶教授对地理学科的开放态度符合各个学科发展的趋势，就逻辑而言，地理学发展所取得的成就为经济地理学、生态学、区域科学、环境科学进行深入探讨区域奠定了基础。

二、区域经济学中的区域

1. 区域经济学中的区域概念

区域经济学是经济学的分支，也被认为是地理学的分支，有一点共同的、也是被广泛接受的，即在区域经济学研究领域存在着经济学与地理学相互交叉的现象，区域经济学不是简单的将经济学理论应用到区域领域，相反，区域经济学打破传统经济学在空间方面的束缚，以区域经济活动为研究对象，研究区域经济的形成发展演化及其相互关系，为经济学开辟了新的领域。从这一点衡量，区域经济学对经济学的突破是革命性的，由于是以区域为研究对象而被人们定位为中观经济。在区域经济学来看，"社会经济区域包括经济区域和社会、文化区域。经济区域是人类运用科学技术、工程措施等对自然环境进行利用、改造和建设过程中形成特定性质的生产地域综合体。"② 这里要特别强调的是，在区域经济学众多观点中，对于经济区域是否客观存在，学术界有两个截然对立的观点，即主观学派和客观学派。主观学派认为，区域既不是独立存在的客体，也不是社会经济发展的产物，而是由思维构成的精神上的观念；而客观学派则认为，区域是独立存在的，是社会发展的产物。对于区域环境法律理论而言，经济区域是客观存在的，并且强调区域的客观性或者实体性，人类与环境的关系既是主观的更是客观的，主观和客观二者不能分离。一般来说，

① 中国地理学会：《地理学的发展方略和理论建设》，商务印书馆，2004年，第45页。
② 吴殿廷等：《区域经济学》，科学出版社，2004年，第2页。

"区域经济学的研究对象是区域（经济）系统，目的是促进区域发展，任务是揭示区域经济运动规律，寻求促进区域发展和可持续发展的途径。"① 陈秀山教授为区域经济学的定位是："区域经济学作为一门应用经济学，是建立在经济地理学基础上，运用经济学的基本理论和方法研究空间问题，即地理位置、自然资源环境条件对人们的经济活动和相应的资源配置过程的制约和影响，它是一门关于人的空间经济活动规律和经济的区域秩序和区域组织的科学。"② 区域经济学的这种视野是值得环境法律所借鉴的，环境法律中过分地强调对行为的控制，尤其是污染行为的控制，在区域经济学看来，合理区域经济结构是保证区域经济发展的有效方法，对环境法律来说，一个杂乱无章的区域经济、社会结构必然会产生各种环境问题（包括污染），因而，从空间格局对环境行为进行控制，应该成为区域环境法律的主要任务。

2. 区域经济学中的区位

对于区域经济学和经济地理学来说，区位是一个无法跨越和回避的术语，区域经济学有一个与区域十分近似而又占有特殊位置的术语，这个术语就是"区位"。区位可以说是研究区域经济学（经济地理学）的起点，区位理论记载了区域经济学和经济地理学发展的历史轨迹。即使今天区域经济学的理论也并没有突破区位经济的理论架构，所以区域经济学也被叫作"现代区位经济学"。从经济地理学或者区域经济学的发展演化逻辑分析，笔者倾向于将经济区位视为区域经济学的一种研究范式，现代区域经济学上的区位是由区域演化而来的，经济区位的地位就如同区域在地理学中的位置一样。李小建教授在他主编的《经济地理学》中说明了这个问题："区位（location）同位置不同，既有位，也有区，还有被设计的内涵。区位的主要含义是某事物占有的场所，但也含有'位置、布局、分布、位置关系'等方面的意义。尽管我们将区位定义为某事物占有的场所，但现代区位理论并不把诸如动物占据某特定场所繁殖、生存的行为纳入区位理论范畴，而区位定义中的某事物限度在人类为生存与发展而进行的诸活动，即人类活动或人类行为。从这个意义上讲，区位是人类活动（人类行为）所占有的场所。"③笔者认为，李小建教授对区位的概述阐述了区位的定义和性质，也有助于清楚地分清区域与经济区位的共同点和不

① 吴殿廷主编《区域经济学》，科学出版社，2003 年，第 31 页。
② 陈秀山主编《区域经济理论》，商务印书馆，北京，2005 年，第 13 页。
③ 李小建：《经济地理学》，高等教育出版社，北京，2002 年，第 25 页。

同点；从区域经济学的发展演化进程分析，区域经济学就是肇始、发展于区位。杜能的农业区位理论第一次展示经济活动在空间中的活动规律（农业活动在空间中的规律），由此开创了区域经济学研究的先河，杜能的研究方法或者说方法论被后来的经济学家所效法。韦伯的工业区位理论、廖什的市场区位理论以及后来的克里斯塔勒的中心地理学均受到启发和影响，从区域经济学研究的空间尺度变化衡量，杜能的区域理论局限于一个农庄的空间规模，韦伯的区域理论则是企业和运输成本所能达到的空间范围。黑格尔曾经说过，哲学就是哲学史，将区域经济学比喻为区位理论史并无不可。区位理论在深层次上反映出这样一个规律，人类社会经济活动就是一个不断认识、选择、适应空间的过程；用可持续发展的观点形容，就是人类社会在不断地变化自己在空间中的生存结构和模式，以期达到人类经济活动与自然空间的可持续发展，人类发展史就是在其生存发展过程中不断调整与自然的关系的过程，从而实现人类发展与自然演化的和谐，简言之，区位是人类的一种选择、一种对理想区域的追求。笔□□□区位理论对于地理学中区域理论而言，其产生与发展是革命性的，经济区位开始真正将人的行为纳入空间研究的范围。

三、生态学中的区域（生态系统）

1. 生态学中的区域

生态学相对其他学科是一门比较年轻的科学，也是一门极具发展前途的学科。美国环境伦理学家霍尔姆斯·罗尔斯顿将生态学誉为"终极的科学"，他认为生态学综合了各门科学，甚至于艺术与人文科学，因而，也就达到了科学的顶峰。科学发展的历史表明，世界上根本不存在"终极科学"，然而，生态学之所以享有如此声誉，或许是由于生态学所特有的理论、方法等品质。生态学作为一个学科名词是德国博物学家海克尔（1866 年）首先提出的，他认为生态学是研究生物在其生活过程中与环境的关系，我国著名生态学家李博先生将生态学定位于"生态学是研究生物及环境间相互关系的科学"。① 生态学与环境科学的联系非常紧密，有人曾生动地说，如果将生态学定义中的"生物"替换为人类，生态学的概念就与环境科学的概念完全一致，无怪有人认为生态学和环境科学仅是在主体上存在不同而已。从全球生态系统的尺度来看，生态学与环境科学的主体是完全一致的，即使在局部范围——区域，人类对生态系

---

① 李　博主编《生态学》，高等教育出版社，北京，2002 年，第 4 页。

统的影响无所不在，人类活动成为无法忽略的因素，现代生态学研究方向的一个突破是探索人在生态演替发展过程中的作用。生态学的发展速度及其向其他学科的渗透速度可以说是令生态学的创始人所始料不及的，到目前为止，生态学几乎渗透到各个学科之中，并催生出一些以生态学为理论基础的学科和方向，如环境生态学、生态医学、生态法学、生态哲学、生态伦理学等，而且这种趋势仍然处在上升阶段。生态学理论中最为重要的理论当属生态系统理论，这一理论也是生态学的核心理论之一，甚至有的生态学家将生态学等同于生态系统理论，并且出现了新的生态学分支——生态系统生态学。蔡晓明教授认为："生态系统生态学（ecosystem ecology）是研究生态系统的组成要素、结构与功能、发展与演替，以及人为影响与调控机制的生态科学。它是以生态系统为对象，对系统内植物、动物、微生物等生物要素和大气、水分、C、N等非生物要素及其作用进行不同层次的全方位研究。总目标是指导人们应用生态系统原理，改善和保护各类生态系统可持续发展。"生态系统成为现代生态学研究的中心内容。生态系统犹如地理学中的区域成为生态学的范畴□□论。

2. 生态系统（区域）的组成

生态系统由非生物部分（也称生命支持系统）和生物部分组成，而生物部分又由生产者、消费者和分解者构成，其定义为："生态系统（ecosystem）是在一定时间和空间内，由生物群落与其环境组成的一个整体，各要素之间藉助物种流动、能量流动、物质循环、信息传递而互相联系、互相制约，并形成具有调节功能的复合体。生态系定义的基本含义是：（1）系统是客观存在的实体，有时空概念的功能单元；（2）由生物和非生物成分组成，以生物为主体；（3）各个要素间有机地组织在一起，具有整体功能；（4）生态系统是人类存在和发展的基础。"① 生态系统理论给人们认识世界提供了新的途径和方法，生态系统理论被广泛应用于区域研究之中，正如蔡晓明教授为生态系统理论的作用所做的解释："生态系统作为一个概念单位，它的出现开辟了一条崭新的途径。尽管空间大小不同（不同尺度），性质不同（陆地的森林、草地、农田、矿区等，水域的海洋、河口、水库、湖泊等），甚至不同污染程度的生态系统间也有了可比性，如生产者种类，初级生产力、次级生产力、净化能力等，已成为环境质量评价的内容。"② 生态系统理论被广泛地应用到区域

---

① 戈　峰主编《现代生态学》，科学出版社，2002年，第277页。
② 蔡晓明：《生态系统生态学》，科学出版社，2002年，第13页。

研究之中，区域和生态系统成为同义语，生态系统理论不仅是生态学的基本理论也成为其它学科的方法论，生态系统理论被广泛应用于各个不同的研究领域，生态系统几乎成为科学研究的一种时髦的"范式"。李博院士解释道："学者在应用生态系统概念时，对其范围和大小并没有严格的限制，小至动物有机体消化道中的微生物系统、大至各大洲的森林、荒漠等生物群落，甚至整个地球上的生物圈或生态圈，其范围和边界是随着研究问题的特征而定。"① 生态系统的空间范围与地理学中区域的范围如此的近似，从研究的客观对象衡量，区域和生态系统是等同的。更确切地说，区别就在于方法论不同。本文认为生态系统就是生态学中的区域，犹如区域与地理学之间的关系一样，生态系统不仅强调生态系统中各个成员的相互作用和持久、稳定特点，也是一个反映空间概念的词语。在立法实践中，我国《自然保护区条例》（1994 年）就将生态系统作为区域看待而列入保护范围。在地理学著作中，河流、山脉、湖泊、森林、草原、海洋早已由流域生态系统、湿地生态系统、草原生态系统、海洋生态系统所替代，反之亦然，在生态学著作中河流生态系统、湖泊生态系统、湿地生态系统、沼泽生态系统、浅海生态系统、海洋生态系统等成为其研究和探索的"区域"。需要特别指出的是，在生态学研究领域除了用生态系统研究生物和环境的相互关系外，还有直接利用具体区域（空间）研究生态关系，揭示区域内生态的构成、形成以及变化状况，如生态位、生物区系、植物区系、动物区系等，其中生物区系最具代表意义。生物区系是指："在地球发展过程中形成的、在共同的空间范围中出现的生物物种和类群的总和。由于长期存在某种难以克服的障碍，促使它们在一定区域内独立地发展，甚至可以在高级分类阶元如目、纲等的水平上，形成某个区域的特殊集群总和。"② 这也充分证明陈国阶教授论断的正确，区域是地理学的概念、也是生态学的概念，是各个学科研究的领域，非某一学科所专有。

四、区域在地理学、生态学、区域经济学中的关系概述

1. 多重视野认识区域和环境

通过地理学、生态学、区域经济学各自不同的视野认识区域，区域在各个学科中的涵义、特征、作用各有其特点，反映出人们从不同学科对区域认识的结果，除以上三种区域外，还有社会学中的社区、海洋法中的领海和经济专属

---

① 李　博主编《生态学》，高等教育出版社，2002 年，第 197 页。
② 方如康主编：《环境学词典》，科学出版社，2003 年，第 100 页。

区、行政法中的行政区划等，但是，无论有多少种区域或者区域系统，其共同的特性是所有的区域都是由人类—社会—自然所构成的复合生态系统。那些长久以来被人们视作"荒野"的，人迹罕至的不毛之地，即使那些极端地区如南极洲、北极、撒哈拉大沙漠、臭氧层等，从地球生态系统的全球尺度来分析，人类的活动、存在与这些地区同样存在着互相影响的关系，人与自然的具体关系是生态系统、区域、经济区域的主线，地理学、生态学、区域经济学都以人与自然的相互关系作为研究内容。区域源自地理学、成长于地理学，演化发展、融合于各个学科之中，换言之，区域已为各个学科所使用，正如文章前面引用陈国阶先生所指出的，区域作为一个反映空间的概念不是地理学所专有，也非生态学、区域经济学专有，而是各个学科对其理论在空间领域的试用和展开。

区域不是一个学科在空间领域的简单适用，与大多数古典理论没有空间概念的"通病"不同，因为许多理论和学科为了符合学科系统内部的一致性和内在逻辑性的目的，将一个概念不加时空区别的推理。而区域有其特殊研究"区域"，换句话说，区域科学以其独特的研究领域填补传统科学的空白，使得区域性科学在对待具体研究对象时具有针对性，反映出具体问题的差异性，区域经济学的异军突起证明了区域科学在经济学中不可替代的作用。张可云教授批评传统经济学的缺点时指出：主流经济学的研究抽掉了地理位置、资源环境条件，即空间因素对人们的经济活动和相应的资源配置过程的影响，而传统的地理学缺乏运用经济学的观点和方法研究分析经济资源的利用规律，特别是在市场经济条件下，资源的配置如何受到空间因素的影响。依照当代科学哲学的观点，许多传统的学科或多或少受到这样的范式的拘束，或许传统科学的桎梏正是区域科学的沃野。杨吾扬教授在20世纪90年代发表《经济地理学、空间经济学与区域经济学》（参见杨吾扬论文选集）的文章专门探讨这三个学科的发展演化及关系，杨吾扬教授认为这三个学科存在两个方面的共性，一是它们都以经济的空间活动为对象，二是这些学科被公认与地理学和经济科学有密切关系。

2. 区域与环境的关系

简明地说，区域就是环境，环境就是区域。这样表述二者的关系并不过分，大概是由于区域过多地出现在地理学中的缘故，而环境又更多地出现在环境科学和生态学中，使得区域和环境似乎成为互相不存在联系的概念，本文上面的论述对于二者的相同之处作了阐述。事实上，这不过是各个科学研究区域和环境的侧重点不同而已。日本环境经济学家宫本宪一在他的《环境经济学》中用物质性描述环境："环境若以物质组成而论，则具有独特的性质。第一，环境既具有共同性，又具有排他性。人类为了生存，必须要具有一定成分的空气，由此看来，呼吸良好的空气是每一个人的生存权，而在同一空间生存的生物都在共同利用着空气。因此，空气不能为特定的人所独占。第二，环境是历史的积累物质，其中有些物质具有不可逆性，一旦被破坏就不能再恢复。第三，环境具有区域固有财产的性质。景观是那个城市或区域所特有的东西，不可替代。水也存在流域或水系的问题。"最后，宫本宪一总结道："综上所述，环境具有区域不均等性，具有环境舒适性的街区与不具备这种性质的街区之间会产生很大的差别。同时由于在短时间内不可能创造出良好的环境，因此失去环境舒适性的城市恢复起来也是非常困难的。"① 虽然，宫本宪一先生关于环境特性的论述看上去有点零乱，但是关于环境概念的核心意思全部表述出来了，即环境具有空间性、物质性和历史性的特点。德国伟大哲学家康德曾经说过：地理是历史开始，区域是人类最早的家园，区域是人类最早的环境，客观上，这里的区域和环境是可以相互替换的，他们共同指向人类生存的地域。

3. 区域（空间）是环境的基本属性和分类

环境一词与其他学科的术语一样，有其发展演化的过程，而且环境一词也不是环境科学的专利，在其他学科中也有环境这个术语，有的学科中环境一词与环境科学中的环境内容非常相似，让我们先对比一下地理环境的概念和特征："地理环境一般理解为围绕人类周围的自然现象的总和。其上限至大气圈的对流层顶，下限为岩石圈的上部，即有生物和液态水存在的地方。学术界理解的地理环境为自然地理环境和人文地理环境两个部分的统一体。前者包括岩石圈、水圈、大气圈、和生物圈，后者指人类的社会、文化和生产活动的地域组合，通称人文圈，又叫社会圈、技术圈、智慧圈等。地理环境的基本特征为：（1）各组成要素具有不断演进的规律；（2）具有完整性；②（3）具有地域分异性。环境学所研究的地理环境主要是指人类活动所能影响的环境。"③可以看出，首先，区域性是环境的基本特性，地理学认为由于具体环境经度和纬度的差异，导致了地球热量和水分在各个自然环境的分布不均，形成了陆地

---

① ［日］宫本宪一：《环境经济学》，朴 玉译，三联书店，2004 年，第 65 页。
② 在方如康教授主编的《环境学词典》中的原文是"具有整湾性"，经过仔细核对后发现地理学和环境学中均没有整湾性这个概念，推断是打字的错误，应该是"具有完整性"。
③ 方如康主编：《环境学词典》，科学出版社，2003 年，第 1 页。

生态系统和水域生态系统的垂直地带性分布和水平地带分布的特点，这是环境的区域性基本特点，由于区域不是静态的，而是不停运动和演化的，因而在不同时空尺度下区域生态环境特征起伏很大；再则，环境是有许多环境因素组成的复杂体系，到目前为止没有统一和公认的环境分类标准和方法，按照环境的主体、环境的范围和空间结构、环境要素或介质（常见）等标准来划分环境，需要反复说明的是，环境要素只是其中的一种方法，从科学角度衡量所有分类及其标准没有高低贵贱之分，都是人类认识研究环境的方法。作为区域环境法律理论，更加青睐于空间结构对环境的划分。

区域（空间）是划分环境种类的标准。时下的环境法律更多的是以环境要素为立法对象，这只是环境划分的一种方式，在环境科学中有多种划分方式，其中，按照空间或者区域划分也是环境划分标准之一。按照环境空间结构分类，可将环境分为居室环境、聚落环境、区域环境、地球环境和宇宙环境等，区域环境就是根据空间结构对环境划分的结果，空间标准划分出的环境与环境要素划分出的环境差距是巨大的，区域环境能够反映出环境的空间性特征，进而可以分析区域环境的结构构成等，如按照环境要素标准可以划分出大气、水、土地等环境，而无法反映出环境的空间性特征。从学科概念的递增关系上分析，即从地理环境到区域环境概念，还有一个重要过度概念即自然环境，正是这个概念将区域与环境联系在一起，所谓自然环境是指："所有支持人类生存的自然形成的物质、能量的总体。构成自然环境的物质种类很多，主要有空气、水、植物、动物、土壤、岩石矿物、太阳辐射等，是人类赖以生存的物质基础。由于地理纬度、海陆分布、海拔高度等因素的综合影响，使自然环境具有地带性、区域性和季节性变化，使得地表各地区的自然环境要素及其结构形式不同，由此导致各地区自然环境的差异。"[1] 以上是地理学中环境的概念，虽然在这两个地理环境的概念中没有出现区域一词，但是其视角还是从区域开始的。

在环境科学中，区域的定义与地理学上环境的定义存在着差别，但是，它们之间的联系和相同之处显而易见，区域环境的定义是："占有特定地域空间的环境单元。由于地表自然界的区域差异性及社会经济发展的区域差异性而形成。可分为自然区域环境（如森林、草原、草甸、荒漠、冰川、海洋、湖泊、流域、山地、盆地、平原、高原等），社会区域环境（如各级行政区域、民族

---

① 方如康等：《环境词典》，科学出版社，2003 年，第 2 页。

聚居区、城市及其功能分区等）、农业区域环境（如稻作区、牧区、农牧交错区等）、旅游区域环境（杭州西湖、广西桂林、江西庐山、安徽黄山等）。划分区域环境的目的是为了进行区域对比，并按各区特点，研究和解决有关区域规划、发展和管理诸问题。"① 从以上地理环境、自然环境和区域环境定义可以得出三个方面的启示：一是环境与区域环境存在着递进关系，区域环境更加突出环境的空间方面特性，即将区域环境视为占有特定空间的环境单元，也就是将环境以空间的形式反映出来，将一定空间形式的环境看作一个特定的环境单元或者生态系统；二是强调区域环境在自然地理上的差异性和地理位置的不同，如果说我国环境法上的环境概念仅仅给环境一个概括性的定义，区域环境不仅表现区域的空间性而且更加重视区域本身存在的特性，和区域之间由于地理位置等区域原因所产生的自然差异；三是注重不同区域之间、相同区域内存在不同的经济及其他社会形态，人类社会发展进程中，不同人种、技术、文化、社会制度和自然条件等因素在不同的区域内形成千差万别的社会形态，因此，差异性不仅是区域环境的主要特点，也是区域社会形态的主要特征。

区域映射出人类与环境的具体关系和共同存在方式；区域反映出具体社会存在形式，和与自然区域相互影响、互相作用的关系。区域经济学家埃德加·胡佛认为"区域就是对描写、分析、管理、规划或制定政策来说，被认为有用的一个地区统一体"。每个事物之所以存在，都有其存在的空间和时间，对于以"人类——环境"为研究对象的环境科学，突出区域环境在不同时空条件下的差异性应该成为环境科学在区域环境研究中的主要目的和任务。杨志峰教授认为研究区域环境应该："研究和探讨环境污染控制技术和管理手段，对不同时空尺度下环境问题的解决途径进行系统优化，推进可持续发展战略的实施。从区域环境的整体上调节控制'人类——环境'系统，寻求解决区域环境问题的最佳方案，综合分析自然自身的状况、调节能力以及人类对其进行改造的技术措施，为制定区域环境管理体制提供理论指导。"② 这无疑是区域环境法律的合乎逻辑、切合实际的理论阐述，这也正是环境法律以环境要素为立法逻辑的环境法律所缺乏的，环境法律需要从更高角度俯瞰和分析环境问题，如同区域经济学一样从中观和宏观的角度观察经济发展问题。此外，不容忽视的是，经济区域、自然区域、行政区域都是影响区域环境的制度性要素，将区

---

① 方如康等：《环境学词典》，科学出版社，2003 年，第 3 页。

② 杨志峰等：《环境科学概论》，高等教育出版社，2004 年，第 11 页。

域经济发展与区域环境保护结合起来，实现区域的可持续发展是区域环境法律的根本所在。目前，国家正在实施西部大开发、振兴东北老工业区的区域战略，这些区域战略无疑会影响该区域的自然、社会、经济的运行，我国区域经济发展战略对我国自然资源的开发、污染的治理、生态区域的保护有着重大的影响，从这一点上说，也要求区域环境法律应该以更加宽广、整体的视野观察问题并找出切实可行的对策。

截至目前为止，我国的经济区域已经发生了巨大的变化，经济发展的主力经济区，即环渤海经济区、长三角经济区和珠江三角洲经济区已经形成，如何实现这些经济区域的可持续发展？如何保护长江、黄河流域等流域？如何实施"十一五"规划中提出的优先开发区、重点开发区、限制开发区和禁止开发区的规划，以及国家环境保护总局的区域限批和主体功能区规划等，都需要区域环境法律理论的支持，而环境法律则要利用多学科、多角度的区域科学研究，为我们提供多重视野和视角，从多侧面展示区域演化、发展的规律和趋势。如同著名的地理学家詹姆斯对现代地理学发展趋势的观点：科学的一切领域正在围绕具体的问题走到一起来了。分离的过程已经为结合的过程所替代。在结合的过程中，每一门专业把自己特有的技术和概念用到诸如贫穷、人口过剩、种族关系和环境的破坏等主要难题上来。这不仅仅是对当代地理学的发展趋势的预测，也是对当代科学发展的客观认识，环境科学、地理学、经济学、法学、区域经济学等都是为了解决环境问题，研究同一个问题。如果我们遵循詹姆斯的观点，无疑对于理解和把握区域环境法律将起到启发式的指引，当然，这一评价同样适用于区域科学和区域环境法律。

第三节　区域在环境法律中的演化

一、区域与环境法律的关系

1. 早期环境法律中的区域

最初的环境问题是以区域形式出现，各种环境问题与环境灾难大都发生在一定的区域空间范围，环境问题的危害和影响范围局限在一个区域之内，如我国古代的楼兰古城、太平洋上的复活岛、古巴比伦、地中海文明、迦太基帝国和玛雅文明等许多古代文明都被环境和生态灾难掩埋在历史的尘埃之中。现代环境问题的区域性更加突出，如果我们将古代文明的兴衰史以千年为周期，那么工业革命后的环境问题则是以十年为周期；环境危害的方式多种多样，如水污染、大气污染、重金属污染等环境危害不断出现。我们所熟悉的 20 世纪的 8 大公害事件（1930 年的比利时马斯河谷烟雾事件、1940 年的美国洛杉矶光化学烟雾事件、1948 年的美国多若拉烟雾事件、1952 年的英国伦敦烟雾事件、1950 年的日本熊本水俣病事件、1955 年的日本四日市哮喘事件、1968 年的日本爱知米糠油事件和 1980 年的日本富山痛痛病事件）。这些环境灾难和危害发生在一定的区域中，其受害人也是特定区域的人，甚至在认定损害结果也是以区域为单元，例如，日本广岛地方法院在审理一起公害案件时裁决：从公害波及的范围广、受害人多的特殊性出发，每一个人的受害程度一个一个地进行判断是不容易的，不得不用一并作区域性判断来代替。

区域环境管理贯穿环境法律发展的每一个阶段。日本学者岸根卓郎在他的著作《环境论——人类最值得选择》一书中分析日本环境政策的变化时，将日本环境政策分为 4 个时期，即公害防治时代（第一期：20 世纪 60 年代），这一时代的主要特点是制定公害防止计划，公害的防止是通过防治技术来根除产业公害；地域环境管理政策时代（第二期：20 世纪 70 年代），这一时期城市的生活质量成为环境政策的主题，然而实现这一目标的法律有城市计划、河川计划和道路计划；区域环境管理政策时代（第三期：20 世纪 80 年代）这一时期的特点是实施区域环境管理计划，强调经济增长让位于环境保护；地球环境管理政策时代（第四期：20 世纪 90 年代），这一时期环境管理走向世界，其环境政策的理念是"从地球的角度考虑，从区域做起"。虽然区域只是环境管理的一个时期，但是，区域是每个时期环境管理和实施的落脚点。汪劲教授将现代环境问题的演化历程分为 3 个历史时期：即地域环境问题时期、国家环境问题时期和全球环境问题时期，其中第一个时期的"地域"完全可以由区域来代替，这个时期环境问题的主要原因是由于工业化、城市化、人口增加而带来的一系列问题，如工业生产带来的工业污染、城市生活垃圾引起的环境污染。值得提及的是，公害这个反映日本特色的环境法律术语，将环境污染与区域联系在一起。日本《环境基本法》第 1 条第 3 款规定：本法所称'公害'，是指伴随企（事）业活动及其他人为活动而发生的相当范围的大气污染、水体污染（包括水的状况或水底底质的恶化，但第 16 条第 1 款①除外）、土壤污染、噪音、振动、地面沉降（因采矿挖掘土地除外）和恶臭，并由此而危害

---

① 第 16 条第 1 款：政府应根据与大气污染、水体污染、土壤污染和噪音有关的环境条件制定出保护人的健康和保全生活环境的理想标准。

人的健康或生活环境（包括与人的生活有密切关系的财产以及动植物及其繁衍的环境）。

以区域为范围治理环境危害是日本治理环境公害的一大特点。环境公害一词可以称得上是日本环境法律对环境法律的一个贡献，早期的日本环境法律就是以公害法命名的。日本环境法学者原田尚彦在分析公害的三个特点时指出："公害必须是以地域性的环境污染以致破坏为媒介而产生的损害。尽管同样是起因于人为活动发生的损害，不是以地域性的环境污染为媒介发生的药品公害、食品公害，不在本书讨论之列。"① 按照原田尚彦的公害理论，非区域性环境污染或者损害不属于公害范围，区域空间成为公害的媒介，而相对于环境法律中的污染来说，公害的概念要比环境污染概念科学许多，我们所熟悉的环境污染概念过多强调污染的性质，而不是表明污染在时间空间特性；在环境科学上，环境污染是指"人类生产、生活活动过程中所产生的有毒有害物质引起环境质量下降而有害于人类及其他生物的正常存在和发展的现象。"② 水环境污染和大气环境污染等概念均是按照这样的范式来定义的，这个概念最大的缺点就是没有反映出环境的空间性，到底是实验室的水体还是浴池的水体、或者说江河湖海的水体，没有反映出区域环境污染的特殊性。

从环境法律管理的层级上来说，早期的环境污染被视为地方性事务而由地方政府管辖。因为，最初的环境问题仅仅是区域性的，这一时期的环境危害一般具有影响范围小、且危害结果很快消失，环境问题被看成区域性或地方性问题由各个地方政府负责管理。在美国，环境事务被认为是各州和地方政府的事务，而由各个州和地方政府管理本区域的环境资源事务。具有环境管理内容的美国联邦法律《河流与港口法》颁布于1899年，这部法律被认为是美国最早的环境法律之一，该法律禁止不经过许可向可航行的水域倾倒垃圾、污水。可以这样说，美国建国后一百多年来的环境管理一直由州和地方政府管理。前苏联及社会主义国家由于实行计划经济，环境问题一般被归结为局部性问题，局部环境问题的解决需要中央政府的批准，而且这种解决仅仅作为一种例外或计划外的问题。汪劲教授的一段话基本上涵盖了区域环境问题发展的脉络："从环境问题的沿革和发展看，它经历从一国国内某地区向其他地区发展的国内环境问题阶段；再从国内环境问题向该国所在地区、洲的洲内或洲际区域发展成

---

① ［日］原田尚彦：《环境法》，于敏译，法律出版社，1999年，第4页。
② 方如康等：《环境科学词典》，科学出版社，2003年，第9页。

为区域环境问题阶段；又从区域环境问题向整个世界发展成为国际环境问题的阶段。现在，环境问题已经跨越了国界从而发展成为全球问题。"① 但是，需要指出的是，环境问题的全球化并没有抹杀区域性环境问题，区域性环境问题是全球性环境问题上的一个环节，全球化并不是否认环境问题的区域性，有关全球化与区域环境问题将在以下章节专门讨论。

二、环境法律中的区域

1. 区域能够全面反映环境的空间性、差异性和实体性特征

区域环境具有实体性、差异性和空间性，正是区域的这些特征与环境法律结下不解之缘。区域之间的差异，包括地理、生态环境和社会经济发展等各个方面使得区域环境问题更加突出。就我国环境问题的情况来看，环境问题的地域性特征愈加突出，因为第一，我国经济发展呈现多元化的趋势，经济发展水平各不相同，各种环境问题都聚集在这个时期，区域环境问题依旧是我国环境问题的主要方面；其次，区域性是环境的主要属性之一，我们熟悉以环境要素为标准对环境进行分类，不应该忘记的是环境空间也是划分环境的标准之一。环境的区域性是指："由于纬度和经度的差异，导致了地球热量和水分在各个自然环境中的分布不同，形成了陆地生态系统和水域生态系统的垂直地带性分布和水平地带性分布的特点，这是自然环境的基本特征。不同时空尺度下的区域生态环境特征变化很大，使对环境规律的探索和运用面临困难。"② 这里环境的区域性是指自然环境的区域性，与地理学、景观生态学等学科在区域方面所取得的成就相比，环境科学对区域环境的认识似乎还在起步阶段。随着人类对环境认识的深化，环境的空间性或者区域性愈来愈得到认可，环境的区域性（空间性）特征在国际环境法律实践中也得到确认。"1996 年 8 月 8 日，国际法院在'威胁或使用核武器的合法性'问题的咨询意见中提出了一条原则，这一原则又于 1997 年 9 月 25 日在加布斯科夫—纳基玛诺工程一案的判决中予以重申，即，环境不是一个抽象的概念，而是人类包括人类后代生存的空间，是人类生活质量及其健康所依赖的空间。"③ 这个判决给我们一个确定无疑的解释，区域不仅仅是环境种类的一种，区域也是环境客观存在的具体形式，任何环境法律与环境政策的制定应该建立在环境是客观存在的物质形式之上，环

---

① 汪　劲：《环境法律的理念与价值追求》，法律出版社，2000 年，第 5 页。
② 杨志峰等：《环境科学概论》，高等教育出版社，2004 年，第 5 页。
③ ［法］亚历山大·基斯著：《国际环境法》，张若思译，法律出版社，2000 年，第 109 页。

境不是按照任何理论勾勒出来的理论体系，也不是由这种理论体系所映射出来的关系。

再者，在国际环境法律实践中，将国际环境问题划分为全球性和区域性的两类环境问题，国际社会和联合国环境规划署鼓励在区域范围内解决全球性和区域性环境问题，倡导国际社会在具体区域内采取灵活多样的方法和途径解决环境问题，这样的解决方式不仅为了摆脱用全球性规范或者办法解决特殊环境问题而导致的环境法律上的困境，同时倡导用差异性的观点分析不同区域的问题，用多元化的方法解决环境问题，这样才能体现区域环境问题的特点和区域内人民所享有的生存权和环境权的要求。联合国环境规划署在这方面有一个透彻的阐释："区域性环境公约在许多方面具有与全球性公约一致的特征。然而，正如基斯和谢尔顿所指出的，对于整个国家共同体适用的原则和标准在区域层面上执行可能会更有效。在认识到区域性环境公约在处理特定区域一些具体的重要问题上的潜力后，许多全球性公约现在开始鼓励国家签署区域性协定。这些区域性协定有时被签署作为全球公约的补充。它们也允许采用特定的区域机制来保护环境。"① 与此同时，联合国《21 世纪议程》倡议国际社会进行区域合作和通过区域解决环境问题，《21 世纪议程》在涉及每一个环境问题上，花了一定的篇幅倡导通过区域解决区域和国际性环境问题；在国内环境资源开发和保护活动中，区域政策和法律也在发挥越来越大的作用，我们熟悉的美国田纳西流域保护与开发成为区域环境保护的典范和楷模，为世界各国所效仿。

区域环境政策与法律是我国环境管理和环境法律的新亮点。2007 年初，国家环境保护总局首次实施"区域限批"措施，通过限制特定区域的投资以达到保护特定区域环境、遏制区域环境生态恶化的趋势。从"区域限批"实施以来，环保总局和地方环境保护部门开始大规模地实施这一措施，"区域限批"作为一项有效的环境法律程序已经常态化、制度化。同时，综合性区域经济环境人口政策在我国环境保护与经济发展中得到体现。我国"十一五"规划中将我国国土分为优化开发、重点开发、限制开发和禁止开发四类主体功能区，按照主体功能定位调整完善区域政策和绩效评价，规范空间开发秩序，形成合理的空间开发结构。这是我国第一次将环境保护与国土资源开发有机地结合起来，并在整个国家领土的层面开始实施。本世纪初，我国区域环境法律

①　联合国环境规划署著：《环境法教程》，王　曦译，法律出版社，2002 年，第 248 页。

的一个举措就是按照生态功能划分保护国土，2002 年国务院颁布了《全国生态环境保护纲要》。《纲要》对我国国土实施生态功能区的划分和建设，这一举措蕴含着丰富的生态学和生态系统理论，也标志着我国区域环境管理迈上一个新台阶。燕乃玲博士认为："生态功能区的划分和建设，充分体现生态系统是'生命与环境相互作用的区域'的生态学原理。正如黄炳维所指出的，现在'区域单位是作为环境和自然资源的整体来认识，在相当大的程度上它们是相互关联、互相交叉的。因此，需要将它们放在一起来研究，把地表的一部分作为人类之家来研究'。从资源角度分析自然条件、评价土地类型、探讨自然生产潜力、拟定土地利用计划，以期使自然资源得到持续保持和利用；从环境角度则是根据生态系统中非生物成分和生物成分的变化，判断其目前是否恶化以及未来恶化的可能，预测环境变化趋势，为环境评价与整治、保护提供决策依据。"① 对国土进行生态功能的划分是我国 19 世纪 50 年代以来对国土的自然综合划分和 19 世纪 80 年代农业区划的承接。

　　总之，无论从区域经济学角度，还是从生态学、环境科学的角度，区域和环境都重合在一起。区域就是具体环境，就是全球环境的组成部分，是全球生态系统不同层级上的生态系统。

三、我国目前的区域环境法律分析

　　1. 自然保护区法律中区域环境法律分析

　　利用地理空间保护环境是环境法律的一种方法，我国目前的区域环境法律主要集中在对自然区域的保护和水资源管理方面。1994 年，国务院颁布《自然保护区条例》，这是我国第一部保护自然区的法律，该法共分总则、自然保护区的建设、自然保护区的管理、法律责任和附则五章。该法所保护的对象是指："本条例所称自然保护区，是指对有代表性的自然生态系统、珍稀濒危野生动植物物种的天然集中分布区、有特殊意义的自然遗迹等保护对象所在的陆地、陆地水体或者海域，依法划出一定面积予以特殊保护和管理的区域。"该条例第十条对自然区又有进一步的明确："凡具有下列条件之一的，应当建立自然保护区：（一）典型的自然地理区域、有代表性的自然生态系统区域以及已经遭受破坏但经保护能够恢复的同类自然生态系统区域；（二）珍稀、濒危野生动植物物种的天然集中分布区域；（三）具有特殊保护价值的海域、海

---

　　① 燕乃玲：《生态功能区划与生态系统管理：理论与实践》，上海社会科学出版社，2007 年，第 33 页。

岸、岛屿、湿地、内陆水域、森林、草原和荒漠；（四）具有重大科学文化价值的地质构造、著名溶洞、化石分布区、冰川、火山、温泉等自然遗迹；（五）经国务院或者省、自治区、直辖市人民政府批准，需要予以特殊保护的其他自然区域。"从上述规定的内容可以看出，第一，这里的自然保护区实际上是指地理学上的区域，自然保护区涉及的范围仅仅限于单一的自然环境空间，而没有涉及生态系统理论的区域——人、自然、社会综合的区域。第二，自然保护区的概念小于区域环境的概念。我们知道，区域环境是占有特定地域空间的环境单元，由地表自然界的区域差异性及社会经济发展的区域差异性而形成。区域环境可分为自然区域环境，如森林、草原、草甸、荒漠、冰川、海洋、湖泊、流域、山地、盆地、平原、高原等，也可以分为社会区域，社会区域环境如各级行政区、民族聚集区、经济区域、城市等。农业区域环境，如稻作区、麦作区、牧区、经济作物区、农牧交错区等；旅游区域环境，如杭州西湖、山东泰山、广西桂林、江西庐山、安徽黄山、湖北武汉的东湖风景区、新疆喀纳斯风景区等。这些区域环境不仅包括了自然环境也包括社会环境。第三，区域环境概念中特别强调了区域是一个占有特定地域空间的环境单元，这个观点与地理学上的区域观点相一致。本文将其称为区域实体论，只有将区域建立在环境科学、地理学、生态学的理论基础上，才有可能使我们从区域环境的结构功能上考察区域环境的演化趋势。

我国自然保护区的范围局限于自然区域，这样的区域环境保护实际上就是美国和其他国家的"公园法"的翻版，其主要目的就是为了保全国土中一些特殊的自然地理区域，同时也为了使得这些区域免于经济开发和其他社会活动的影响，保持其自然生态系统和特征，维持整个国家的生态平衡。根据我国《2001年全国环境统计公报》统计显示，截止2001年底，我国已经建立各种自然保护区2194个，总面积14822.6万公顷，占国土面积的14.8%。应该看到，这样的区域环境法律的局限，对于我国这样一个人口压力大、聚集密集、工业和农业等交错在一起的情况，自然保护区的作用显然是十分有限的。从环境法学理论分析，建立自然保护区的主要目的是为了把未受到人类活动影响的原生状态土地原封不动地保存下去，因此，在自然保护区域里，环境法律限制人们从事经济活动、社会活动等一系列有可能破坏或者影响自然区的活动，将原始状态的自然区域留给后代。从一个国家环境格局乃至全球格局来衡量，自然保护区法律是必不可少的。但是，作为区域环境法律的自然保护区法的应用范围是很狭小的，我们不可能将国土全部变成自然保护区，不可能人为地阻断人与自然环境的天然联系。流域区域、湖泊、社会区域、生产生活区域甚至旅游区域亟需区域环境法律的支撑和保护，区域环境法律的重点在于人类——自然——生态——社会区域实体的和谐发展，因此，自然区保护法不能代表区域环境法律的发展方向。

2.《水法》中的区域

《水法》在我国环境法律体系中由《水污染防治法》和《水法》（水资源法）两部分构成。我国《水法》是以水环境要素为逻辑前提立法的，但是，事情还仅仅是开始，由于环境资源管理的需要，水环境要素又被分为水资源管理和水质量管理两个系统，这种将水环境要素被部门管理而分解的做法叫做部门化，部门化最大的缺陷就是将环境这个原本互相联系、互相制约、互相依存的关系割裂开了，将一个客观存在的、不可分割的区域综合体分割开来，部门化环境管理将水环境要素又分割成为两个互不相关的管理对象，这样的设计原型来自美国环境法律，美国清洁水法的管理范围只限于水质量管理。美国《联邦水污染控制法》第 1251 条的国会关于目标与政策的说明第一款规定："恢复和保持本国水体化学的、物理的和生物方面的完整性；达到该目的的国家目标"。我国《水污染防治法》中的水是指："本法适用于中华人民共和国领域内的江河、湖泊、运河、渠道、水库等地表水体以及地下水体的污染防治。"我国《水法》中的水是指："本法所称水资源，包括地表水和地下水。"这两个水的概念只是表述不一样，实际上均是指水环境要素，水环境的空间性、差异性被完全忽视了，这个规定暗含着这样一个逻辑，即一个国家的水环境是同质的、没有丝毫差别。实际上，这种假设不可能在现实中实施，我们知道，我国水质量标准将水划分为 5 种类型，《水法》忽略了水环境的空间性和实体性的基本环境特征。

《水法》和《水污染防治法》经过十几年实施后暴露出一系列问题，立法者开始意识到流域等水环境空间性的重要性，意识到水环境要素立法所带来的缺陷，我国《水法》和《水污染防治法》几经修改，开始实施以区域为单元的防治水污染和管理水资源的体制。《水污染防治法》规定，水污染防治应当按照流域或者区域统一规划的原则，该原则要求水污染防治规划应该按照流域或者区域进行规划；我国新修订的《水法》也改变了单纯的区域管理（行政区域）模式，而确立了流域管理与区域管理相结合的管理体制，新《水法》第 12 条规定："国家对水资源实行流域管理与行政区域管理相结合的管理体制。国务院水行政主管部门负责全国水资源的统一管理和监督工作。国务院水行政主管部门在国家确定的重要江河、湖泊设立的流域管理机构，在所管辖的范围内行使法律、行政法规规定的和国务院水行政主管部门授予的水资源管理和监督职责"。流域不是一个按照管理职责划分出来的区域，而是一个实实在在的自然体。就陆地而言，流域是水分循环的重要组成部分，而且陆地水循环过程在一定的自然地理单元中进行，这个自然地理单元就是流域。"具体来说，流域是指被地表水或地下水分水线所包围的区域，是一条河流或水系的集水区域，其中的土壤、岩石、水体和植被等都相互联系、相互作用，因而流域既是一个水文单元，又是一个完整的生态系统。由于陆地水文联系具有这种单元性，因而与水循环运动有关的其他自然过程或经济过程也就有了单元性。所以，流域系统是以水循环运动为纽带，自然过程和社会经济过程在流域中相互联接、相互影响而形成的一个复杂的自然社会经济综合系统。"① 但是，无论在《水法》或者是《水污染防治法》中区域的划分都是流域加管理内容构成的，这样的流域区域管理实际上还是一个条块分割的管理模式，一个用流域代替水环境要素的微缩版。如一个流域水污染由环境保护部门管理，而水资源利用、防洪等由水利部门管理，水土保持、森林、草原、渔业等又分属其他部门管理。可以说，无论《水法》还是《水污染防治法》采用的区域管理模式，应该将区域视为一个实实在在的实体（管理对象），而不应该将其分割成为"条条块块"式的管理对象，目前的区域管理不过是在一个具体流域中的环境资源管理职权的又一次划分，很难说这样的环境资源区域管理模式是按照区域理论建立起来的。事实证明，依靠一个或者几个部门实现区域环境资源管理的设想或者说思路是不科学的，与环境科学和生态学基本理论背道而驰。

---

① 杨桂山等：《流域综合管理导论》，科学出版社，2004 年，第 40 页。

第三章

区域环境法律基本理论

第一节　区域环境实体论

一、区域环境实体论概述

　　用什么样的观点看待区域是区域环境法律的核心问题，如同哲学中世界观和方法论。本文曾用较大的篇幅讨论环境和区域概念的发展和沿革，目的是为了揭示环境、区域这两个核心概念的演化过程，因为这个过程是展示人类对环境、区域的认识，更为重要的是，要探寻环境、区域之间的联系，找出区域、环境之间的共同点。与地理学中的区域学派将研究区域的差异性作为地理学的根本任务不同的是，本文的区域不仅要体现出区域的不同差异，同时，对于区域环境法律来说，更要反映出人与自然的关系以及不同时空下千差万别的关系，而这种复杂纷繁的人类与自然环境结成的关系，靠一种理论的假设和指导是无法自圆其说的。常见用于研究区域的理论有系统论、生态系统、整体论、综合体、景观生态学等方法，而且有的环境管理和环境法律的原则就直接利用这些理论中所提供的原则和方法，将一种理论无限推演到区域环境研究的各个环节，进而用理论体系取代区域的客观存在，这样的研究方法只能导致区域的客观性、差异性和空间性成为抽象的理论被固化起来，理论和方法代替了实实在在的区域，只有将区域从各种理论和观念中解脱出来，恢复其自然客观的实体属性，才能将环境科学和环境法律建立在坚实的客观基础之上。笔者将区域描述成为一个实实在在的实体，一个与人类结成一体的实体，并将这种对区域认识的视角或者理论上的借鉴称为"区域环境实体论"。

　　区域环境实体论的主要论点在于，承认区域是一个实实在在的自然实体，承认区域环境的客观性，正如革命导师列宁给物质下的哲学定义能够准确地阐释区域的本质。列宁说："物质是标志客观实在的哲学范畴，这种客观实在是人们通过感觉感知的，它不依赖于我们的感觉而存在，为我们的感觉所复写、摄影、反映。"强调区域是一个实体，目的在于说明区域是一个客观存在的社会自然实体，而不是各种理论演绎下的区域，这样方可说明人类与环境的关系或者说联系是多方面的，影响是多方面的。现在的环境法律往往简化了区域环境复杂的、多层次、多尺度的关系，例如我们所熟悉的水法律体系，就由以水污染防治和水资源保护两大体系组成，我国这种水资源管理的划分或许主要是为了和现行的管理体制对应而已，①这种环境管理体制和立法的环境理论前提，就是本文一直作为批判对象的环境要素立法逻辑。在这种逻辑下，环境是由各个要素组成的，在环境法律和管理体制下，环境要素被分割成为两个不同的东西。无论是环境要素还是其他环境种类划分方法，不过是从一个侧面反映环境实体的存在和相互关系，这种科学上、理论上所揭示的环境规律不能替代实实在在的环境实体。

从方法论来说，环境科学就是为了揭示人类存在、活动与环境自然的联系和关系，而不是以一种环境科学理论以偏概全地反映人类与环境的全部关系和联系。应该看到的是，一些学科发展往往过于珍爱理论的体系性建设而忘记了科学本身的根本任务，例如，人们将生态系统理论运用于各个领域，似乎人类与自然之间仅仅只有生态关系。在环境法律领域，我们可以看到环境学科、生态学和环境经济学等理论频繁地出入环境法律领域，但是，我们却很难见到地理学这个环境科学发源地的基础科学理论的运用，到底是学科专业化的结果，还是地理学再也不是一门"显学"的缘故？求新求异似乎成为学界的一种时尚，日本学者岸根卓郎就此现象批判道："W·A泰勒说：'现代科学的既存体制，由于现行世界形态在某些方面已经化石化，已经囿于失去有效性的现实看法，这开始妨碍人类的成长，由于专业化分离，物质机械的计算功能上行之过头，已暴露在自我毁灭的威胁中。我们自己，当陶醉于物理的科学知识个别性的力量时，科学的整体性和目的性就会极度地片断化。我们无论如何，必须整体性地寻找回归之道路！如今，人类似乎正不断进入这样的人类进化阶段，即能够改变、纠正人类存在的某一特征及其根本量（质量、电荷、空间、时间的本质——译者注）。这样科学的法则和综合关系也必须适应这种新的经验而变化。'并且，我认为，'这样的模式，以大宇宙（宇宙的意志）和宇宙（人类的意志）的因果关系（相依关系），是新的宇宙观、新的自然观。因此，立

---

① 我国水资源管理主要由水利部承担，而水污染防治主要由环境保护部门负责。

足这种宇宙观和自然观，才开辟了一切同体的这种一元论世界，在于自然（地球）的共生之下，环境问题也能根本上解决。'"① 对于区域环境法律来说，岸根卓郎教授这段话对于进一步认识区域环境法律很有意义，区域环境法律核心在于具体空间时间范围内的环境问题，换句话说，就是研究区域环境问题的差异性。但是，现代学科的发展却将环境的空间性、多样性等无情地抹杀掉了，区域环境实体论的提出，不过是对环境科学中人类与环境关系的空间性、多样性、具体性的一个有益回归，区域环境实体论是这种哲学理念的具体表现。

区域实体论可以较好地将可持续发展的理论应用到区域环境法律之中。众所周知，可持续发展是指："既满足当代人的需求，又不能对后代人满足其自身需求的能力构成威胁的发展"。这个理论从哲学的高度总结出人类发展的道路，在具体环境资源领域又被演绎成更为具体的内涵，钱易教授在他主编的《环境保护与可持续发展》一书中从四个方面深入地讨论了可持续发展的定义。在自然资源开发利用方面，世界自然保护联盟 1991 年对可持续发展的定义是："可持续的使用，是指在其可再生能力（速度）的范围内使用一种有机生态系统或其他可再生资源"。在社会发展领域，联合国环境规划署等提出的可持续发展定义是："在生存不超过维持生态系统涵容能力的情况下，提高人类的生活质量"。在经济学领域，经济学家科斯坦萨等人认为可持续发展的定义为："可持续发展是动态的人类经济系统与更为动态的，但在正常条件下变动却很缓慢的生态系统之间的一种关系。这个关系意味着，人类的生存能够无期限地持续，人类能够处于全盛状态，人类文化能够发展，但这种关系也意味着人类活动的影响保持在某些限度之内，以免破坏生态学上的生存支持系统的多样性、复杂性和基本功能。"在科学技术领域，"可持续发展就是转向更清洁、更有效的技术，尽可能接近'零排放'或'密闭式'的工艺方法，尽可能减少能源和其他自然资源的消耗。"② 蔡守秋教授在其主编的《可持续发展与环境资源法制建设》中也指出，可持续发展是一种状态，并且将可持续发展总结为发展性、持续性、整体性、协调性、多样性、和谐性、高效性、开放性、科学性、阶段性和层级性等十一个特征。

---

① ［日］岸根卓郎：《环境论—人类最终的选择》，何鉴译，南京大学出版社，1999 年，第 15～16 页。

② 钱易等：《环境保护与可持续发展》，高等教育出版社，2000 年，第 137 页。

为了使可持续发展指标化、可操作化，许多国家或者国际组织纷纷研究和建立可持续发展的指标体系，出现不少可持续发展的指标体系系统，但是，任何理论模型都不能全面准确地概括一个地区可持续发展的状态，因为我们所赖以生存的环境是实实在在的实体。区域环境实体论认为，区域是一个实在的、客观的实体，不论人们用何种模式理论将人类与自然环境的关系描绘成什么样的关系，都不可能取代人类与自然环境的实际存在着的联系。在理论上，区域实体论将人类与自然环境的关系恢复到客观的本身，为各种理论模式留有修正和进一步提高发展的余地和空间。

　　综上所述，恢复人们与区域环境的本来面目成为区域环境法律的哲学基础。区域环境实体论的提出是为了确立区域环境法律的客观理论前提，应该强调的是：一门学科为建立理论体系，必然首先建立自己的方法论，或者利用其它学科的最新研究方法与成果应用于自身的研究领域，如系统论、生态学、生态系统理论、控制论、信息论等迅速地被应用于各个学科研究中，即使有些尚不太完善的理论，例如散耗结构理论、协同学、混沌理论和分形学等理论一经提出马上被其它学科采纳并且取得一定的成就，一时间，交叉、渗透成为当代科学研究的潮流。但是，各种研究方法的采纳往往以牺牲研究客体的本来存在为代价。作为现代环境运动的经典著作，《增长的极限》揭示了人类发展与环境资源的演化规律，另一方面，《增长的极限》也同当代科学一样忽略了环境问题的特殊性，英国经济学家为此批评道："实际上，弗里曼（freeman, 1973）就将罗马俱乐部的研究评定为马尔萨斯加计算机。除了其悲观主义哲学不说，《增长的极限》倾向于更突出地强调计算机模型的威力。它和心理的模型化相反，盲目迷信用计算机处理人类问题的方式受到鼓舞：计算机拜物教者赋予计算机以有效性和独立权利，它们总起来超越了作为自己经常的心理模式。本来，计算机的有效性，完全依靠数据的性质和充满其间的假定（心理形态的）。由于计算机迷信的风行，人们不能太频繁地念叨这些。计算机模型不可能代替理论。罗马俱乐部研究的一个严重缺陷是，种种计算机模型都将世界处理为一个地理上不加区别的单纯实体。与同质性的空间大为不同，我们的世界是极端异质性的，这几乎体现在世界模型的任一关键方面，如人口增长、经济发展水平、资源损耗、粮食可得性和污染等等。在极端拥挤和处境困难的国家，例如印度、巴基斯坦、孟加拉国、印度尼西亚、尼日利亚和埃及，人口可能引起崩溃的发生。例如，差不多所有埃及人口都居住在尼罗河一带和三角洲，因为埃及其余地方不适宜人居。这个情形在孟加拉等国同样严重。大多数欧洲地区的人口现在是稳定的，而中国正在千方百计努力减少人口增长，中国为此实施了独生子女生育政策。诸如南北美洲、非洲和中东地区等大多数人口处在增长中的地区，还是人口稀疏的地方。"① 环境科学中的区域也是如此，当我们将生态学誉为终极科学的时候，人与环境的关系完全被生态学理论所演绎，似乎这个世界人与自然仅存在生态关系；当我们用生态系统理论认识和理解流域等环境时，似乎在流域中只有生产者、消费者、分解者和无机物的存在。区域环境实体论的提出就是表明区域是实实在在的客观存在，不是任何理论所能完全代替的；再者，区域环境是体现差异性的主要物质和空间表现形式，在区域环境中的人类与自然的关系才能体现出差异性、具体性，区域环境法律的任务之一就是矫正环境法律中将环境简约为环境要素，而不加区别地制定相同的环境法律规范去处理千变万化的人与环境的关系。

二、区域实体论在各个学科的表述

将社会、环境、区域视为实体，并非是区域环境法律理论的创造，许多学科也将区域视为一个自然实体来研究。被西方誉为社会学创始人的孔德将社会作为一个有机体基础进行研究，区域实体论反映了人们认识社会、环境、区域是一个不断深化的过程，为人类客观地认识自然进而建立人类与自然环境和谐相处之路奠定了理论上的基础，区域环境实体论在各个学科有不同的表述，无论各个学科的表述方式多么的不同，其共同之处都在于将区域作为一个自然的整体或者实体，区域实体论植根于各个科学领域。

1. 地球科学

地球科学是产生于 20 世纪 60 年代的一门科学，有人将地球科学的诞生归为 20 世纪 80 年代。地球科学的特点在于，第一，地球科学强调地球的整体性，将大气圈、水圈、岩石圈和生物圈视作有机联系的系统；第二，注重一定尺度下的全球变化的研究；第三，将人类行为看作影响地球变化的第三要素。《地球系统科学报告》② 所归结的："该报告主张将地球的大气、海洋和陆地作为一个大系统，综合研究其中互相联系的物理、化学和生物过程，将研究重点放在今后几十年至几百年的时间尺度。在此时间尺度内，考察人类对自然的

---

① ［英］E·库拉:《环境经济学思想史》，谢扬举 译，上海人民出版社/世纪出版集团，2007年，第168页。

② 该报告是由美国国家航空和宇宙管理局（NASA）资助的长期科研项目。

影响以及自然变化对人类的反作用。"① 可以说，由于地球科学的品质，地球科学被《21世纪议程》作为可持续发展战略的基础科学。以地球整体为研究对象，地球科学认为地球环境是指人类在其表面上生存和发展的地球表面，这个表面就是自然地理环境。刘本培教授描述道："地球环境是由地质、地貌、气候、水文、植被、动物界和土壤等组成的一个整体，这些要素并非简单地汇集在一起，或偶然地在空间上结合起来，而是在相互制约和相互联系中形成一个特殊的自然综合体。自然地理要素也不是孤立存在和发展，而是作为整体的一部分在发展变化。各自然地理要素在特定地理边界约束下，通过能量流、物质流和信息流的交换和传输，形成具有一定有序结构、在空间分布上相互联系、可完成一定功能的多等级动态开放系统。"② 让人感到意外的是，在这个宏大的地球科学体系中，区域环境不但没有被忽视，相反，还成为了地球科学的重要研究内容。在地球科学看来，区域是地球环境系统中不同层级下的空间范围，而且只有将区域纳入整个地球环境系统中，全球环境才真正具有可持续发展的意义，区域与全球环境变化相结合是地球科学的一大特征。在地球科学中，建立区域模型，通过卫星和计算机可以同步处理任何地区的信息，加速了全球变化在全球范围内的研究，将全球变化放到区域参考系。例如，在国际环境保护层面上，通过区域可以了解各国的经济行为是破坏了生物多样性，还是保护了生物多样性；各国为保护臭氧层做了哪些贡献，是否按照国际环境法律规定履行本国的义务。区域的研究依靠信息将区域和全球变化连接起来，探讨地球系统全球层次和区域层次之间的相互作用以及人类行为对全球变化的反馈。从全球尺度来看，区域就是组成地球表面的不同空间。

2. 环境伦理学

环境伦理学的本质在于将原本不属于伦理或者道德范围的自然、动物、大地等引入伦理学范畴，承认人类与自然、动植物、大地等具有某些同等的属性，希望借助道德的力量实现人类与自然的和谐，改变日益恶化的人与自然环境的关系。在这些理论和信仰中，环境与人类被视为一体，人类与大地不是互相对立的而是结成一体，这样的思想反复出现在环境伦理学中。值得推崇的是那封著名的印第安人给美国总统的信，当他们（印第安人）得知美国政府要买他们的土地时，他们给美国总统写了一封信："地球的每一寸大地对我们的

① 胡显章等：《科学技术概论》，高等教育出版社，2000年，第125页。
② 刘本培等：《地球科学导论》，高等教育出版社，2000年，第277页。

人民而言，都是很神圣的，每一根灿亮的松针，每一片海滩，黑森林中的薄雾，每一片草地，每一只嗡嗡作响的昆虫，所有的这些生物，一根草、一点露，在我们人民的记忆及经验中都是圣洁的。我们可以感受到树干里流动的树液，就像自己感受到身体内流动的血液一样。地球和我们都是对方身体中的一部份。每一朵充满香味的鲜花都是我们的姊妹，熊、鹿、鹰都是我们的兄弟，岩石的尖峰、青草的汁液、小马的体温，都和人类属于同一个家庭。小溪和大河内流着闪烁的流水，那不只是水而已，那是祖先的血液。如果我们把土地卖给你，盼你不要忘了他们都是神圣的。清澈湖泊上朦胧的倒影，映照出我们民族生活中的每一桩事件及回忆，潺潺的流水正是我们祖先的话语。所有的河流都是我们的兄弟，他们滋润了我们。河水载负我们的独木舟，河水喂食了我们的子孙。你必须善待河流，如同善待自己的兄弟一样。如果我们将土地卖给你，毋忘空气是我们的珍宝，空气与人类分享了它的灵魂。我们的祖先由出生到死亡都是和风看顾的，我们子孙的生命精髓也是和风给予的。因此，在土地卖给你们之后，你必须保留它的独立和圣洁，将它视为人们可以去品尝那沾满花香与和风的地方。我们曾经教给我们子孙的一切，你愿意继续告诉你的子孙吗？你会教导他们说大地就是我们的母亲，伤害越多，表示你轻视造物者的程度越深。"在这段如歌如泣的表述中，可以看出印第安人对大地圣洁的信念：大地是一体的，人类与大地也是一体的。

为人熟知的美国环境伦理学家利奥尔多·利奥波德，也提出共同体的概念。他认为："迄今所发展的各种伦理都不会超越这样一个前提，他的本能使得他为了在这个共同体内取得一席之地而去竞争，但是他的伦理观念也促使他去合作（大概也是为了有一个可以去竞争的环境吧：个人是一个有各个相互影响的部分所组成的共同体的成员）。土地伦理学只是扩大了这个共同体的界限，它包括土壤、水、植物和动物，或者把它们概括起来：土地。"[①] 利奥波德的人类生存的共同体中包含大地在内，人类生存的共同体不仅是人类本身而且包括人类赖以生存的土地，如果用地理学、环境科学、区域科学的角度来说明，这个共同体就是区域。

3. 环境法律司法实践

环境法律司法实践反映出环境实体论的观点。1996 年 7 月 8 日，国际法院根据 1994 年 12 月 15 日联合国大会 49/75K 号决议的要求，针对使用或者威

---

① ［美］奥尔多·利奥波德：《沙乡年鉴》，侯文蕙译，吉林人民出版社，1997 年，第 193 页。

胁使用核武器的合法性的咨询意见的要求发表了《关于威胁或使用核武器的合法性的法律咨询意见》。该意见指出："环境不是抽象的,它代表着生命空间、生活质量和人类,包括其未出生的后代的健康。各国确保在其管辖和控制下的活动,尊重其他国家的或者国家控制范围以外区域的环境的普遍义务的存在,现在已是有关环境的国际法整体的一部分。"① 从区域环境实体论角度来看这个咨询意见,环境不是抽象的而是实在的、具体的,是人类得以生存的自然实体,区域就是环境具体时间地点下的具体存在方式。国际环境法律中的特雷尔案件证实了区域实体论的逻辑。该案件发生在美国和加拿大边境地区,起因是加拿大境内的一座冶炼厂排放的二氧化硫给美国境内农民的农作物等造成损害,经过由加拿大、比利时和美国各方人员组成的仲裁法庭审理后,仲裁如下:"根据国际法原则,任何国家无权使用或允许使用其领土,以在他国领土或者对他国领土或其中的财产及国民施放烟雾这样的方式造成损害,如果这种气体造成的后果是严重的且损害能够被确凿的证据证实的话。"很多人将这个案件看成国际环境法律中处理国家间环境污染损害的"先例",为日后处理跨界环境污染纠纷提供了可供借鉴的理论。该判例包含着这样的内容,一个主权国家不仅要对其行为负责,也要对主权管辖下土地(空间)上发生的危害他国人民及其财产行为负责,因为国家是一个由土地、人民和主权构成的实体。这一判例所包含的法律原则被《里约环境宣言》接受并成为该宣言的第二条原则。第二条原则是:"根据《联合国宪章》和国际法原则,各国拥有按照本国的环境与发展开发本国自然资源的主权权利,并负有确保在其管辖范围内或在其控制下的活动不致损害其他国家或在各国管辖范围以外地区的环境的责任"。本文认为这项原则是以国家是一个由主权、人民和领土组成的实体为基础。从以上环境司法和环境法律规定来看,环境在环境法律中都是具体的,不是抽象的环境要素组成,而是具有空间性的物质实体。

4. 地理学中区域实体论

提及实体论就不能不谈到政治地理学中一个赫赫有名的人物——德国地理学家拉采尔和他的国家有机体理论。在拉采尔看来,国家首先表现为一个区域。拉采尔认为:"'每个国家都是人类的一部分,地球的一部分','属于土地的有机体',一个国家同简单的有机体一样,经过生长、衰老和死亡的过程,国家之间也像生物体一样,互相竞争,适者生存。所谓'国家有机体'

---

① 转引自王 曦:《国际环境法》(第二版),法律出版社,2004年,第51页。

就是'活的有机体在其范围内发展的地理区域。'"① 拉采尔将国家空间增长规律归纳为7条，内容如下："第一条，国家的面积大小随其文化而增长。第二条，国家的增长也是人口增长的另一明证，但其必须出现在国家增长之前。第三条，较小单位合并成的集合体发生在国家增长之前，与此同时，人与土地的关系日益紧密。第四条，边界是国家的边缘器官、国家增长和防御的承担者，并参与国家有机体的所有转化作用。第五条，国家的增长中设法把政治上有价值的地方包括起来。第六条，国家空间增长的刺激首先来自外界。第七条，在领土合并的总趋向中，随着国家的转换，其强度亦随之增加。"② 拉采尔的理论因曾被恶贯满盈的纳粹侵略扩张理论所利用，长期为政治理论界和地理学界所不齿。近年来，有一些学者在为拉采尔理论作辩护。应该指出的是，拉采尔理论的影响是非凡的，即便在《21世纪议程》中，也可以看到拉采尔理论巨大光辉的映射。《21世纪议程》在三十七章中呼吁：一个国家求取可持续发展的能力在很大程度上取决于其人民和体制的能力及其生态和地理条件。具体地说，能力建设涉及一个国家的人力、科学技术、组织、体制和资源等方面的能力。能力建设工作的基本目标就是提高评估和处理与政策选择和备选发展办法实施方式有关的关键问题的能力，所依据的是对环境的潜力和限制以及有关国家人民的需要的了解。因此，所有国家都必须加强它们的国家能力。拉采尔的国家有机体理论对于今天我们研究人类与自然环境的关系仍有指导意义，尤其是在一定空间范围内，为研究人类生存和环境的联系提供了方法论。

无独有偶，流域管理中的流域也被作为实体来对待。杨桂山教授指出：流域是地球表层相对独立的自然综合体，流域以水为纽带，将上下游、左右岸连接为一个不可分割的整体。以流域为单元进行综合管理成为各国政府和科学家的共识。同时，杨桂山教授为流域下了一个更为精确的定义："流域是指被地表水或地下水分水线所包围的范围，也即河流湖泊等水系的集水区域。流域是以水为媒介，由水、土、气、生物等自然要素和人口、社会、经济等人文要素相互关联、相互作用而共同构成的自然—社会—经济复合系统。"这两段论述中，流域不是一个单纯的水环境要素，或者水资源环境，而是一个自然综合体，我们知道，在当今环境法律体系中，包括我国环境法律和美国环境法律，

---

① 白光润：《地理学导论》，高等教育出版社，2006年，第205页。

② 参见王恩涌等：《政治地理学》，高等教育出版社，1999年，第189~195页。

人们与水环境的关系被演绎为水资源保护和水污染防治两种关系。但是，在人类处理与流域关系的成功范例中，都因将流域作为一个整体而获得成功，如我国古代的都江堰水利工程，现代的美国田纳西流域治理。田纳西流域成功的经验被总结为："TVA（田纳西流域管理局）自成立以后，以'从河流系统的每一滴水中提取最大的利益'作为其恒定的目标，统筹考虑田纳西流域的防洪、航运、供电、水质、娱乐以及土地利用，并将流域作为一个整体进行管理。"① 在这里，这个整体或者说实体不是生态系统理论、地理区域理论和其他理论所描述的，而是客观存在的、由人类—社会—经济—生态组成的复合体。

5. 经济地理学将区域视为实体论加以研究

经济地理学中有一个重要的观点就是将经济区域视为经济地域综合体。该论点是由前苏联学者提出的。该论点认为，经济地域综合体是区域经济发展中的一种重要的空间组织形式，是社会化生产的区域组织形式，经济地域综合体以专业化部门或行业为主体，由与之相连的辅助性部门和行业组成的。经济地域综合体有其自身的特点，李小建教授将其总结为："经济地域综合体是具有较高组织水平的区域空间组织实体，它有以下几个特征。第一，经济地域综合体的主体是专业化部门及其相关的综合发展部门。其目的是为区外提供某些重要的产品，进行区际产品交流，服务于全国或大经济发展的需要，从而出现地域分工。第二，经济地域综合体的专业化是建立在区域的自然资源优势基础上，所以，它的分布是以自然资源的分布为依据，一般不受行政区的限制。它的基本思想是以资源综合利用为原则，在优势自然资源集中分布的地域内，形成从资源开发、原材料生产、中间产品生产和最终产品生产的完整生产体系。第三，经济地域综合体内不仅形成完整的生产体系，还要发展完善的为区域生产和生活服务的基础设施，建设社会发展所需的教育、医疗、文化、住宅等部门。实现经济与社会发展的协调配合。第四，经济地域综合体是在科学规划指导下，有计划地建设而成的。它的专业化部门选择和相关综合发展部门的建设，社会发展部门的建设，建设地域选择，范围划定，建设步骤等都是按计划进行的。并且是以全国或大经济区的经济社会发展的整体要求为依据。"② 建立符合本国实际的经济综合体一直是我国经济区域发展所追求的目标，无论是

---

① 杨桂山等：《流域综合管理导论》，科学出版社，2004 年，第 163 页。

② 李小建等：《经济地理学》，高等教育出版社，1999 年，第 207～208 页。

改革开放以前还是改革开放以后，虽然不同时期经济区域政策与法律不同，但是并没有妨碍我国经济区域政策的追求目标。

6. 我国正在进行的国土生态功能区划也体现出区域实体论的观点

生态功能区规划是根据生态系统理论和景观生态学而对国土进行划分的。需要特别强调的是，生态功能区规划将生态系统与区域等同起来，换言之，生态系统和区域是一个概念，景观生态学认为景观（区域）是由大大小小的、在空间上互相嵌套的、成等级结构排列的生态系统组合。生态系统的原则是生态功能区划所依据的基本原则，"这一原则，要求人们从重点考虑构成生态系统的单一要素转移到一个更全面的视角，一个整体的方法。这个方法包括几个要素：

——综合生态系统的所有主要成分：大气、水、土地、生命，包括人类；

——是整体的；

——是以生态系统嵌套在生态系统之内的等级体系为基础的；

——承认生态系统是交互式的，并且一个生态系统的特征混合了另一个生态系统的特征；

——对划分生态单元有用的因素的数量和相对重要性，每一个区域都不同，不管是哪一级水平：

——是知识的整合，而不仅仅是简单的一个拼图过程；

——承认区域边界线一般是过渡段。"①

燕乃玲博士的观点阐述了这样一个科学理论，即生态功能区划根据生态学、景观生态学的基本理论构建了一个国家生态框架或者说生态区域格局，建立了一个等级分明、分门别类的国家空间关系，一个国家的生态环境关系通过区域系统宏观地反映出来，而且不同等级水平的生态系统可以描述、检测，可以根据区域分类实施不同的环境法律，使环境法律规范目的明确、具有针对性。

7. 环境地理学中的区域实体论

环境地理学，从环境科学和地理学中成长起来的新兴学科。其目的在于揭示具体区域、区域地理环境之间矛盾的实质，研究该区域人类生存与环境之间的相互关系。在研究方法上，环境地理学将环境作为一个环境实体进行结构分

① 燕乃玲：《生态功能区划与生态系统管理：理论与实践》，上海社会科学出版社，2007年，第31页。

析。环境地理学认为，环境的内部结构和相互间的作用直接制约着具体环境的功能，环境结构的配置和相互之间的联系具有圈层性、地带性、节律性、等级性、稳定性和变异性的特征。不仅如此，环境地理学家认为对于环境问题的研究，应该着眼于更深层次、更为广泛的领域来认识，他们意识到环境的客观属性和人类的主观要求之间，环境的客观发展过程和人类有目的活动之间不可避免存在着矛盾，不重视地理环境性质的研究，就不能了解环境是一个互相联系的有机整体，无法懂得一定的地理空间在一定的时间内，其承载力是有限度的，更谈不上环境也存在进化和退化的特性。环境地理学为研究区域环境法律提供了一个良好的视角和方法论，朱颜明教授写道："目前，虽然许多学科的内容都涉及环境，但真正把环境作为实体加以研究的主要有生物科学中的生态学、地球科学中的地理学和新近发展起来的环境科学。……地理学主要研究人类社会与环境的关系，其环境是以人类社会为主体的地理环境。在环境地理学的研究中，通常把环境理解为人类赖以生存和发展的所有因素（物质和能量）和条件（地质地貌、大气、水、土壤、生物）的综合。"① 将环境作为实体研究已经成为新兴学科的研究方法，这种研究方法可以避免其它学科对研究对象早已形成的定势，为重新认识和研究区域奠定哲学上的基础。

三、环境实体论在区域环境法律中的意义

本节第一部分一般性地讨论了实体论的意义，第二部分集中介绍了实体论在其他学科的简单状况，现在将探讨实体论在区域环境法律的意义。实体性就是指区域具有实体性、可见性的特点，不是一种理论的推理或者揭示，如长江流域、湖北省、三江源、长三角洲经济区等，它们是实体的，可以为人们的感官所感觉。本文多次强调，实体论并不排斥其他理论研究区域环境法律，与此相反，区域实体理论是依照生态系统、区域地理和景观生态学理论认识区域，而又不被各种理论束缚的逻辑基础。时下科学理论与方法众多，有的将一种理论无限制地推演到环境法律之中，从而忽视了区域环境的特征，如果将这种逻辑照搬到环境法律上，错误就在所难免，区域环境实体论就是将区域回归其本来面目，即区域不是抽象的空间概念、不是环境要素、不是为实现部门化管理而确定的环境管理对象，而是实实在在的地理环境和社会经济构成的综合体。区域环境法律的意义主要表现在以下几个方面：

---

① 朱颜明等：《环境地理学导论》，科学出版社，2002 年，第 1 页。

第一、实体论是环境法律综合性的客观前提。众所周知，区域中人与环境的关系是复杂的、多样的，环境法律是以环境科学理论为基础建立的，其规范了人类行为与环境之间的关系，并且对这些行为进行控制约束以达到保护环境、实现可持续发展的目的。首先，从哲学角度讲，任何理论都有局限性，换句话说，各种理论建设都处在不断发展完善的过程之中，因而环境法律也不能穷尽自然环境的全部本质或规律，环境法律所规制的行为不过是所有人类行为的一部分，这样的例子在环境法律演化过程屡见不鲜。例如，美国1899年的流域法律（港口河川法）主要是禁止人们向江河中排放化学品，而该法中所指的"水"仅仅局限于可通航的水域，后来经过司法解释将"水"扩展到生态学上水生态系统领域；而我国刑法中破坏环境资源罪原本只对破坏具有科学价值的珍贵自然资源处以刑罚处分，后来也将保护的自然资源延伸至生态学中的自然资源范畴。究其原因，区域环境实体论能够给我们一个不错的答案，即我们与区域环境结成的综合体不是抽象的理论而是客观的存在；其次，区域环境是多样的、异质的、具体的。我国幅员辽阔，有许多类型的生态系统，据统计，我国陆地生态系统共计有27大类，460个类型；湿地和淡水水域有5大类；海洋生态系统共计6个大类，30个类型。人们与区域环境的关系多种多样，也就需要环境法律具有综合性的功能，这个功能也可以表述为区域环境法律应当具有相当的弹性来解决人们与区域环境的关系。我国环境法学界已经意识到按照环境要素立法给《水法》所造成的重大缺陷，流域生态系统的立法已经展开，作为流域立法的环境科学主导思想是生态学和生态系统理论。但是，这种理论上的假设是值得怀疑的，假如我们将流域管理演绎成生产者、消费者、分解者和环境之间的关系，不过是用生态系统版本代替环境要素的版本而已。地理学的基本常识告诉我们，如果在一条江河中用生态系统理论实施统一管理，结果将令人无法接受，比如，黄河上游、中游和下游的地理和水文条件的差异根本无法制定统一的环境法律规范其水资源的保护。如果非要制定统一的环境法律的话，这些法律规范必须建立在其他法律规范所保证的条件和基础之上，否则，这种区域性法律规范便不能体现出区域环境公平性的原则，因为我们所赖以生存的环境不是任何理论的归纳和推演，而是充满差别的、客观的、实在的自然实体。

第二、环境法律的具体化。环境要素立法的一个主要失误就是将环境不加区别地要素化、同质化，而环境部门管理立法则将人类与环境关系的多样性简化为一种或者几种。当有人提出制定《流域法》时，就有这样一种看法，有

《水法》就没有必要再制定《流域法》，即使制定了《流域法》其内容与《水法》也是大同小异。如果按照这样的逻辑推演，怎么会有"一条河流一部法律的"古训呢？这种看法的逻辑前提就是水环境要素是无差别的，行为（同行业）和管理行为也是没有区别的。这样的逻辑使得环境法律在实践中丧失了处理具体环境问题的针对性，更为糟糕的是将区域环境整体人为地割裂开了。以土地环境要素法律为例，马克思把土地概括为"一切生产和一切存在的源泉。"① 瓦格宁根学派的土地概念为人们所熟知，该学派认为"土地包括地球特定的地域表面以及大气、土壤及基础地质、水文和植被，还包含这一地域范围内过去和现在人类活动的种种结果，以及动物对目前和未来人类利用土地所施加的重要影响。"我国环境法律中与土地相关的有《草原法》（1985年）、《防沙治沙法》（2001年）、《农业法》（1993年）、《森林法》（1984年）、《水土保持法》（1991年）、《土地管理法》（1986年）以及正在制定中《土壤污染防治法》等，这些法律共同的缺陷在于将土地视为同质的、没有空间时间差异的物质，而这种同一性的设定并非没有意义，因为均质的环境要素是环境法律行为规范获得合理性的前提，无差别的环境就是环境管理程序和环境法律行为规范同一性的逻辑前提。强调区域的实体性，就是突出区域环境问题、解决方式的具体性和灵活性，即制订有针对性的环境法律行为规范，而不是提出放之四海皆准的行动倡议。

蔡守秋教授调整论的主要内容是将环境法与其他法律、环境法学与其他法律学科联系起来和区别开来的理论；是说明环境法本质、特点和规律，以及对环境法的长远和总体发展起指导作用的理论；是体现环境法的基本价值取向和基本法律规范的理论，是将环境道德与环境法制结合起来的理论。调整论揭示了环境法的根本目的和基本功能——协调人与自然的关系、实现人与自然和谐共处；揭示了环境法的本质特点和内在发展规律——将调整人与人的关系与调整人与自然的关系有机地结合起来。调整论抓住的是人类社会的永恒主题和社会发展的基本矛盾，即人与自然的关系和矛盾，因而是对环境法起长期作用、总体作用的理论。蔡守秋教授强调："调整论认为，环境法律关系是环境法作用于'社会和自然这一综合体'，环境法从静态到动态的贯彻结果，环境法律关系不仅仅是一种反映人的思想或意志的思想关系、意志关系，也是一种反映物质现象、物质成果的现实关系。马克思主义认为，法律关系既不能从它们本

---

① 转引自冯志明：《资源科学导论》，科学出版社，2004年，第149页。

身来理解，也不能从所谓的人类精神的一般发展来理解，相反，它们源于物质的生活关系；人类社会是由人化的自然和自然化的人所组成的综合体，人是自然性和社会性的统一，社会关系不仅仅包括各种人与人的关系，也包括人与自然的关系。环境法律关系源于现实的、外在的、客观的人与自然的关系和与环境资源有关的人与人的关系，是现实中的人与自然关系和与环境关系有关的人与人的关系的法定化。"①

第二节　区域异质性理论

一、区域异质理论的概述

1. 异质性是区域环境法律的主要理论依据

异质性也称差异性，是区域环境的主要特点。强调异质性对于环境法律来说就意味着承认环境问题的差异性、解决环境问题的差异性和环境法律规范的多样性或非一致性，这些都与现代法学理论相违背，或许是受现代哲学思潮的影响。时下，异质性成为哲学和理论界追捧的热点，就哲学及其方法论的发展而言，异质性思潮是对现代哲学的否定，对理性与科学万能的否定，这种倾向有其深刻的历史渊源。刘放桐教授在剖析近代西方哲学的缺陷和矛盾时，深刻地指出："近代西方哲学在取得光辉夺目的进步时，即已包含了严重的缺陷和矛盾，由此孕育着深刻的危机。这首先表现为：对理性的倡导由于走向极端而变成了对理性的迷信，理性万能取代了上帝万能导致了理性的独断；用理性主义精神构建的哲学体系往往变成了凌驾于科学和现实生活之上的思辨形而上学体系。……理性被绝对化与 17 世纪以来理性在各个领域的胜利直接相关。以理性为基础的数学和实验自然科学的光辉成就，使许多西方思想家相信理性具有无上的权威。他们由此把理想当作一种普遍有效的尺度和万能的工具，似乎一切都可以而且应当由理性来建立，一切可以而且应当由理性来判决，任何科学都由理性概念构成，都是以是否符合理性的要求为真伪标准。任何社会现象和社会问题也都应由理性来认识和解决。社会秩序应当是理性秩序，理想的社会只能是理性社会，而一切思想和文化体系也同样应当是理性体系。"② 事实上，这种理性万能论在现代社会已经遭到失败。但是，它的哲学基础理论依然

---

① 蔡守秋：《环境资源法教程》，高等教育出版社，2004 年，第 81 页。
② 刘放桐：《新编现代西方哲学》，人民出版社，2000 年，第 7 页。

影响着各个学科，要摆脱对理性万能的膜拜和束缚，就需要强调理性的时间性和空间性，即任何理论和模式都是在一定条件下生成的，离开具体的时空将理性变成放之四海而皆准的真理是科学所不允许的。再则，强调差异性就成为挽救这种哲学颓势的灵丹妙药，差异性是区域环境法律理论在哲学上的概括。

需要指出的是，倡导对事物差异性研究的不仅仅是哲学和社会科学，确切地说，对差异性更多的研究来自现代地理学。如前所述，研究和探索区域差异一直是地理学的主题，区域地理学派的哈特向曾经就地理学试图建立一个科学的地理学体系，而取代对具体区域研究的思想进行了严厉的批判。笔者认为，哈特向的观点是对盲目崇拜理性作用的否定，进而言之，区域学派认为社会、经济、人文的差异都来自地理上的差异性。差异性是认识、理解和解决区域环境问题的关键。

二、地域分异规律（大国理论）

1. 差异性规律的概述

差异性在地理学上表述为地域分异规律。地域分异规律是地理学主要规律之一，它贯穿于地理学的发展演化过程。著名地理学家赫特纳在论述地理学的主题时说："地理学是研究地区和地方差异及其空间关联的科学"。而另一位著名地理学家哈特向则直截了当地指出："把地理学看作地球表面地区差异研究的概念，在常识上由众所周知的事实证明是正确的：世界上不同地区的事物各有不同，而且这些不同在某种方式上也是互有因果联系的。在智力思维和实际目的上，为了了解不同地区的性质，都经常需要认识和了解这些不同是什么，其间又是怎样联系着的。"为了准确地描述区域在地理学中的地位，哈特向将地理学与历史学作了比较："与历史学相比较，可以最透彻地理解地理学的性质；与历史单元或历史时期相比较，可以最透彻地理解地理空间——区域的性质。"① 1925 年，美国地理学家索尔首次提出的地域分异的概念，后来被地理学界接受并成为地理学的基本规律和经典理论。此后，地域分异理论成为研究地理学的基本方法，这种以区域差异为地理学研究对象的代表性思想，影响地理学至今，是地理学中区域地理学派主要思想。地域分异规律主要是用来研究自然地理区域，但也不局限于范围。地域分异规律认为，地理环境的地域

---

① ［美］理查德·哈特向：《地理学的性质》，叶光庭译，商务印书馆，1994 年，第 4 页。

分异不仅存在于自然地理环境中，也存在于经济社会诸方面，而且还认为，经济社会的地域分异都是在地理地域分异的本底上出现的，这样的论点是区域经济学和国际贸易学说得以存在发展的基本论点。

2. 地域分异规律的内容

地域分异在地理学上是指"地理环境整体及各组成成分的特征，按照确定的方向发生分化，以致形成多级自然区域的现象，被称为地理环境的地域分异。导致这种分异的原因，即是地域分异因素。而制约或者支配这种分异的规律，则称为地域分异规律。地域分异与整体性乃是地理环境的基本特征，地域分异现象如此普遍，以致地球表层不可能存在任何两个自然特征完全一致的区域。"① 在现实生活中我们不难发现，我们生活的这个世界没有一处地方是完全一致的，即便是在生态系统理论揭示的流域生态系统的流域各个部分中，同样也是不相同的，就像我们没有发现纹理完全一致的树叶一样。地域分异规律的成因是地球的天文特性，如星球的大小、形状和运动方式（地球的自转和公转）以及地球表面性质，如海陆分布、地壳运动等所决定，上述特性决定了地球表面环境和构成要素在空间上分布的变化，这意味着地球是由不同区域的自然环境所组成的，人类没有生活在均质的环境之中，而是生活在千差万别的区域环境里。对于地域分异规律的形成因素，有的学者将其归为地带性和非地带性两类，有的学者认为有三个因素，有的认为有四个方面的因素。白光润教授将地域分异规律成因概括为四个方面因素：第一，纬度地带性。它是指地球表层环境要素和地理景观沿着纬度方向有规律的变化，这是由地球和太阳之间的运动位置关系和地球的形状所决定的，地球表面接受太阳辐射的多少与该地区所处的纬度直接相关，太阳辐射到地球的能量是地球表面地理变化过程的能量基础；第二，海陆梯度地带性。由于大海和陆地不同的地理性质互相作用而产生的地理环境由沿海向陆地有规律的递变，这种变化现象的成因是海陆两大物质体系的差异引起的物质循环和能量转换；第三，垂直带性。这个因素的主要含义是区域地理环境的变化受海拔高度影响，陆地上的主要原因是地面受热后长波热辐射随着高度递减的程度和山体与同高度大气层热交换减弱的程度，远远超过太阳直接短波辐射高度递减的变化，气温随高度递减，影响地理环境的变化程度。第四，非地带性。上述三个因素之外的影响地理环境变化的因素，称为非地带性，其原因是地壳运动和地表物质组成的差异。

---

① 伍光合等：《综合自然地理学》（第二版），高等教育出版社，2004年，第40页。

本文下一章具体介绍我国区域地理环境的基本情况。我国地理区域的分类，是对土地环境差异性的大尺度上的归类，就区域环境法律而言，这种区别有助于认识地理区域差异，从环境管理和环境法律上分析，有助于将环境问题系统化和简约化。当代世界的环境问题，诸如气候变化、臭氧层破坏、生物多样性锐减和海洋污染等，以及我国水污染、土壤污染、耕地剧减、区域性环境灾难频发的现象都是在地理区域这个本底背景下发生的，虽然表面上看，似乎都是一致的，实际上各个地方的环境问题发生的机理和危害均不相同，青岛海域的藻类和太湖上的蓝藻，形成和危害均不一样。

异质性还表现在自然资源领域，自然资源作为地理环境的一部分，具有地理环境所具有的基本特点，如，自然资源不是均匀地分布在地表上，而是具有区域性的特点，不同的区域具有不同的自然资源种类，且在自然资源的成因上深受区域地理环境的影响，与区域在地理上形成一个整体；即便是同种自然资源其存储量、品质也大不相同，自然资源的稀缺性正是环境资源地域上的差异性所致。

景观生态学被奉为研究区域环境法律的指导理论，异质性是景观生态学的重要概念，有别于生态系统理论。众所周知，生态系统理论建立在同质性的基础上，因而异质性是景观生态学有别于其他学科方法论的主要特征。景观生态学认为："景观生态学研究主要基于地表的异质性信息，而景观以下层次的生态学研究则大多数需要以相对均质性的单元数据为内容。景观异质性包括时间异质性和空间异质性，更确切地说，是时空耦合异质性。空间异质性反映一定空间层级景观的多样性信息，而时间异质性则反映不同时间尺度景观空间异质性的差异。正是时空的两种异质性的交互作用导致了景观系统的演化发展和动态平衡，系统的结构、功能、性质和地位取决于时间和空间异质性。所以，景观异质性原理不仅是景观生态学的核心理论，也是景观生态规划的方法论基础和核心"[①] 异质性在景观生态学中占有重要的地位，有的人将异质性作为景观生态学最本质的属性。在景观生态学看来，景观是由异质要素组成，且是景观结构的主要特征，结构的功能和演化与景观的异质性有直接的关系，影响资源、物种或干扰在景观中的运动。肖笃宁教授对异质性的产生作了如下分析："异质性是系统（如景观）或系统属性（如土壤水分含量）的变异性，在生物系统的各个层次上都存在。在景观层次上，异质性主要来源于自然的干扰、人

---

① 肖笃宁等：《景观生态学原理及应用》，科学出版社，2003 年，第 6 页。

类的活动和植被的内源演替，体现在景观的空间结构变化及其组分的时间变化上。由于时间异质性在生态学中研究得已很广泛（如植被演替），因而在景观生态学中对异质性的讨论主要集中在空间异质性。"在谈到空间异质性在生态学研究的意义时，肖笃宁教授认为空间异质性可以"（1）满足不同生态位的需要，有利于不同物种存在于空间的不同位置，从而允许物种共存；（2）影响群落的生产力和生物量；（3）导致群落内物种组成结构的小尺度差异；（4）控制群；（5）对生态稳定性有重要作用。简言之，空间异质性是指生态学过程和格局在空间分布上的不均匀性和复杂性，可理解为空间斑块性和梯度的总和。斑块性主要强调斑块的种类组成特征及其分布配置关系，比异质性的概念更具体。而梯度是指沿某一方向景观特征有规律性地逐渐变化的空间特征，如海拔梯度、海陆梯度和边缘—核心区梯度等。应当指出，异质性、斑块性和空间格局是一组互相联系、意义接近而略有区别的常用概念，它们最主要的共同点都是强调非均质性和对尺度的依赖性。"① 景观生态学的异质性揭示了区域在空间分布的非均质性和非随机性的特点，简言之，区域的异质性来源于区域基本生态过程和物理过程在时间和空间上的共同作用，区域和区域之间的演化过程是不一致的。因此，差异性是区域环境的客观特征的话，用差异性认识理解区域则是人们认识环境的一种理念，差异性是认识区域环境的根本方法、范式。

三、社会经济发展不平衡

异质性也称差异性，如果说上一节的差异性主要是对区域客观上的差异性的描述，那么这里说的差异性主要是指其在社会形态上的千差万别。差异性是一个国家或者区域的社会经济文化等各个方面存在与发展的正常状态，这种现象在经济学上被称为社会经济发展不平衡现象。对于一个幅员辽阔、人口众多、多民族的国家来说，这种差异性表现在地理区域、人口、社会、文化和经济各方面，这里主要讨论经济方面的差异。传统经济学理论认为，一个国家的经济为同质的，各个地区经济发展的不平衡是制度本身的问题。事实上，社会经济发展不平衡存在于人类社会进化过程中，各个地域、各个民族都处于不同的发展阶段和状态，即便在一个国家的经济中也会形成区域空间上的差异，形成不同的产业和经济分工以及不同的经济结构。按照区域地理学理论，区域地

---

① 肖笃宁等：《景观生态学》，科学出版社，2003 年，第 8 页。

理环境差异使得区域中的社会经济和文化各个方面存在差异，至少地理环境差异是产生社会经济文化差异的最大背景性因素。传统或经典经济学理论一般忽视经济规律与空间的联系，这就为区域经济学和经济地理学的发展和产生奠定了基础，区域经济学的出现填补了经济学和地理学之间的空白。陈秀山教授解释道："经济学（这里主要是指主流经济学）研究的是资源配置过程中人们的经济活动规律，即稀缺性的选择问题，而传统经济地理学研究的资源的分布、经济活动的自然环境条件及如何利用问题。在相当长的历史时期内，这两门学科是相互独立的，主流经济学的研究抽掉了地理位置、资源环境条件，即空间因素对人们的经济活动和相应的资源配置过程的影响，而传统的经济地理学缺乏运用经济学的观点和方法研究分析经济活动的利用规律，特别是在市场经济条件下，资源的配置如何受到空间因素的影响。区域经济学作为一门应用经济学，是建立在经济地理学基础上，运用经济学的基本理论和方法研究空间问题，即地理位置、自然资源环境条件对人们的经济活动和相应的资源配置过程的制约和影响，它是一门关于人们的经济活动规律和经济的区域秩序和区域组织的科学。"① 区域经济学将社会经济发展不平衡和区域间的差别称为区域差异，形成区域经济发展差异的主要原因，一般区域经济学将其概括为三个方面：第一，自然环境的差异性。这个内容已经在本文讨论过多次，用经济学的语言来描述就是自然禀赋的差异性。吴殿廷教授主编的《区域经济学》这样形容："自然禀赋的差异性包括自然条件的异质性、资源的稀缺性、生产要素分布的不均衡性和不完全流动性。"第二，经济活动的不完全可分性。吴殿廷教授接着分析："毫无疑问，自然禀赋的差异可以导致区域经济分异，但并不是自然禀赋完全一致时就不产生分异。自然条件的不同、资源的稀缺性、要素分布的不均衡性和不完全流动性只是解释区域经济差异存在的一个必要条件，而不是充分条件。从不均衡性来看，它是流动性产生的前提条件，只有不均衡才会产生流动的需要，但要素的不完全流动性阻止了要素均衡的实现途径，产生了区域差异。"② 第三，空间距离的不可灭性。经济活动受到空间距离的影响，人们为了克服空间距离的限制必须花费一定的成本，一定的距离限制是衡量区域行为相关性和不相关性的基本标准，在经济地理学或者区域经济学中，研究空间距离对经济活动的影响关系成为主要的研究内容。著名的区域经济学

① 陈秀山等：《区域经济理论》，商务印书馆，2005 年，第 12 页。
② 吴殿廷等：《区域经济学》，科学出版社，2003 年，第 28 页。

者杜能和韦伯都将区域的空间因素纳入他们的研究内容中并取得成功，如杜能的农业区域论、韦伯的工业区论均为区域经济学或者经济地理学的经典理论，作为成功的研究范式，他们的研究方法和成就深刻地影响着以后区域经济学的研究与发展。

区域环境法律认为区域的差异是多方面的。诸如区域的自然地理结构、格局和社会构成等，其中人均指标是经济学家衡量区域差异的标尺之一，在区域经济学者看来，区域经济差异主要体现在全国各个区域之间人均意义上的经济发展总体水平等差别。李小建教授认为：用人均指标衡量区域经济差异的主要理由是，"第一，区域是全国经济大系统中的子系统，是相对独立的经济利益主体，因此，要比较它们之间的经济发展差异，就应该考察它们总体上的差异。第二，各个区域在地域面积、人口规模方面相差很大，如果简单地比较各个区域在经济发展总水平上的差异，结论就具有片面性。如果用人均指标就可避免这方面的问题。第三，发展经济的目的是为了提高人民的生活水平。各区域的人民都享有追求和获得同等生活水平的权利。因此，研究区域之间的经济发展差异，就应该考察对人民生活水平变化有直接、密切联系的人均经济总量增长的差异。"[1] 选择一个指标衡量区域之间的差异是理论体系构建的步骤之一，但是，以人均指标为衡量标准无疑掩盖了区域的经济格局、经济发展速度和自然条件的差异，区域环境法律理论倡导用多种标尺衡量和反映区域环境及社会的差异，避免用一种尺度评价区域间的差异性，这正是区域环境法律应该避免发生的。而且，差异性绝不是对一种理论和研究范式的微调和矫正，差异性是区域环境法律的主要方法论，如同差异性在国际经济贸易中一样。作为国际经济贸易理论的主要理论"要素禀赋论"认为，两国间商品价格的差异来源于成本的绝对差异。商品成本的绝对差异是因为生产要素的供给不同和生产过程中所使用的要素比例不同两个方面的因素。假如没有差异性，国际贸易将失去存在的基础。

环境问题差异性是区域环境法律的核心。我们知道，环境问题的差异性存在于环境问题的成因、产生、解决的全过程，也可表述为贯穿于可持续发展的全过程。现代环境问题则是工业革命所带来的，也可以说是现代经济发展产生的环境问题，经济发展是环境污染、环境灾难、生态破坏等众多环境问题的主要成因。区域环境法律理论不否认环境问题产生的共同性，同理，环境问题及

---

① 李小建等：《经济地理学》，高等教育出版社，1999 年，第 231 页。

解决方法的共同性也不应该否认区域环境的差异性。对于区域环境法律而言，差异性依然是环境问题的主要特点，就局部和区域而言，环境法律与政策过多地从环境危害的影响范围和管理权限上考虑问题，很少将具体区域的经济结构、经济发展和环境保护结合起来；强调部门化环境管理的统一性，很少赋予地方政府在环境综合管理以较大的灵活性和权力；另一方面，稳定性和明确性是法律规范的特征，当我们不加区别地将人类活动与全球生态环境联系在一起的时候，这里环境法律不会比环境伦理学更好。相反，就环境法律而言，法律规范就丧失了稳定性、明确性和可测量性的特点。就法律而言，法律最为基本的价值，诸如正义、公平、自由等将受到破坏。因而，在区域环境法律中，突出环境区域的实体性特征、突出区域环境问题的差异性使得环境法律规范有了明确的目标。

第三节　景观生态学

一、景观生态学的产生与发展

1. 景观生态学的概念与产生

景观生态学也称地生态学，是一门从地理学和生态学中发展起来的、方兴未艾的学科。景观术语最早出现在地理学发达的德国，"景观"在德语可以被解释为"风景"、"区域"，既有视觉感官之意也有区域的含义。左玉辉教授在其著作中将环境景观作为专章给予讨论："景观一词的原意是表示自然风光、地面形态和风景画面，作为科学名词被引入地理学和生态学，则具有地表可见景象的综合与某个限定区域的双重含义。在这里，从环境科学角度出发，我们给景观以如下的定义：景观是一个由不同土地单元镶嵌组成，具有明显视觉特征的地理实体，它处于生态系统之上，大地理区域之下的中间尺度，兼具有经济价值、生态价值和美学价值。通常将之简单地划分为自然景观和人文景观两类。"① 我国著名生态学家李博将景观定义为："在生态学中，景观的定义可概括为狭义和广义两种。狭义景观是指，在几平方公里至几百平方公里范围内，由不同生态系统类型所组成的异质性地理单元。而反映气候、地理、社会和文化特征的景观复合体称为区域。狭义景观和区域可统称为宏观景观。广义景观则是指出现在从微观到宏观不同尺度上的，具有异质性或缀块性的空间单

---

① 左玉辉：《环境学》，高等教育出版社，2003年，第281页。

元。"① 对于环境法律研究的区域而言，使用景观或者区域一词时，更倾向于在宏观和微观两种意义上的使用。特罗尔认为，"景观是综合了地理圈、生物圈和智慧圈的人为事物的人类生活空间的总空间和可见实体。"白润光教授则对景观进行如下总结："总括以上各种说法，可以看出'景观'这一术语在地理学中包含如下含义：（1）整体性、综合性。表示诸多地理要素构成的综合体。（2）地域性。表示地表的整体形象，不能脱离实在的地表物质环境，不是抽象的空间概念。（3）形象性，或可称可视性，是可以观察到的形态，因而景观也是一种资源，在旅游地理学中，这方面的意义更为突出。"② 以上三个景观的概念分别来自环境科学、生态学和地理学，可以看出，环境科学、生态学地理学界对于景观的看法存在着细微的差异，但是有一点是共同的，即将景观看作是自然综合体。通过以上从生态学、地理学角度对景观的认识，我们发现景观和区域在一定条件下是同义语。

　　2. 景观生态学的发展现状

　　现代学科的发展是一个相互交叉、相互吸收的时代。传统的思维方式很难跟上学科发展的步伐，一个学科的原理可能成为另一个学科的方法，一个学科的方法也可以成为其他学科的理论，生态系统理论所使用的方法论被其他学科广泛地吸收，结合生态学原理和其他学科的原理演化出更新、更全面的理论也成为当代科学发展的趋势，地理学将生态学中的理论作为方法论广泛地应用，同样，生态学也将地理学中的理论实践到生态学的研究之中。景观生态学结合了生态学的生态系统原理和地理学的景观原理，将人文地理学中的人文景观和生态学中的生态系统理论相结合，一门新的学科诞生了——景观生态学。邬建国教授将景观生态学定位为："景观生态学是研究景观单元的类型组成、空间配置及其与生态学过程相互作用的综合性学科。强调空间格局、生态学过程与尺度之间的相互作用是景观生态学研究的核心所在。"③ 邬建国教授将景观生态学的研究对象和内容概括为3个基本方面："（1）景观结构：景观组成单元的类型、多样性及其空间关系。例如不同生态系统（或土地利用类型）的面积、形状和丰富度，它们的空间格局及能量、物质和生物体的空间分布等，均属于景观结构特征。（2）景观功能：即景观结构与生态学过程的相互作用，

① 李博等：《生态学》，高等教育出版社，2000 年，第 308 页。
② 白润光：《地理学导论》，高等教育出版社，2005 年，第 294 页。
③ 邬建国：《景观生态学——格局、过程、尺度与等级》，高等教育出版社，北京，2004 年，第 2 页。

或景观结构单元之间的相互作用。这些作用主要体现在能力、物质和生物有机体在景观镶嵌体的运动过程中。(3) 景观动态：景观在结构和功能方面是随时间变化而变化的。景观动态包括景观结构单元的组成部分、多样性、形状和空间格局，以及由此导致的能量、物质和生物在分布与运动方面的差异。"①景观生态学作为一门新兴的生态学和地理学的分支所展现的理论和原理深受各种学科的科学家推崇，为世界生态学界和地理学界所重视。共同的兴趣与关注促使景观生态学成为世界性学术热点，以景观生态学为题目的世界性大会频繁召开，共同讨论景观生态学的发展方向、研究内容以及学科之间相互借鉴的经验。2001 年 4 月 25 日至 29 日，第 16 届美国景观生态学年会在亚利桑那州立大学召开，来自美国、澳大利亚、比利时、以色列、中国等 20 多个国家和地区的 400 多名代表参加了此次年会。年会主题是"格局、过程、尺度和等级：人为景观与自然景观间的相互作用"，这表明了 21 世纪景观生态学的一个主要的目标就是认识空间格局与生态过程之间的关系、尺度的重要性，以及在越来越强烈的人类活动作用下所形成的异质性景观中的等级关系，这种认识的重要性不仅可以揭示自然界如何运作，而且还可以指导人类协调与自然环境之间的关系。

这次年会的主要议题集中体现在以下几个方面：(1) 格局、过程、尺度以及等级结构之间有什么相互关系，以及这些关系在人为景观和自然景观中有什么样的区别？(2) 空间异质性和等级结构是如何影响不同景观中不同尺度上的信息转换，如何测量异质性景观中的格局与过程？(3) 如何能够将有关格局——过程的相互作用、尺度推演与等级的理论与方法运用于景观管理、景观建筑、城镇规划以及自然保护中？(4) 有什么新的技术手段和方法可促进对于格局、过程、尺度以及等级间的相互关系进行研究，如何利用这些新技术和方法？(5) 长期的生态学研究在景观生态学中扮演什么角色，我们从已有的长期生态定位研究网站中获得的多年监测数据中了解到了什么？(6) 自然科学和社会科学如何更加有效地综合运用于景观生态学研究？一直在进行着的关于文化与自然间关系的讨论如何能够影响景观生态学理论与实践的发展？(7) 我们如何才能有效地将景观生态学研究与景观设计与规划进行整合？认识城市化与景观生态学之间的关系有什么重要意义？如果我们对景观生态学的

---

① 邬建国：《景观生态学——格局、过程、尺度与等级》，高等教育出版社，北京，2004 年，第 6~7 页。

理解和认识只是停留在概念和发展过程，那么，通过 2001 年美国景观生态学年会所关注的内容，便可以感受到景观生态学研究的范围和深度以及核心内容。

二、景观生态学的应用

景观生态学是从生态学和地理学中成长起来的新兴学科。将景观生态学作为研究区域环境法律的理论基础有其深刻的原因。首先，景观生态学强调区域（景观）的空间异质性，并且突出生态系统中多尺度和等级的特点。简单地说，景观生态学结合了生态学和地理学两个学科的优势，在研究区域环境方面有突出的优点，它以人类对景观的感知作为环境评价的出发点，通过自然科学与人文科学的交叉，研究人类活动与区域环境变化之间的关系，可以说景观生态学为研究区域环境问题提供了极佳的路径，不仅如此，景观生态学的研究范式也是区域环境法律应该效仿的。为了能够较为全面地展示景观生态学在区域环境法律领域的应用，笔者按照邬建国教授给景观生态学的副标题（格局、过程、尺度与等级）所提供的这四个景观生态学要点进行讨论：

1. 格局

景观生态学中格局指的是景观的空间格局，空间格局是景观结构的重要特性。肖笃宁教授指出："空间格局是生态系统或者系统属性空间变异程度的具体表现，它包括空间异质性、空间相关性和空间规模性等内容。人们熟知的空间格局有均匀分布、聚集布局、线状布局、平行布局和共轭布局。空间格局决定着资源地理环境的分布形成和组分，制约着各种生态过程，与干扰能力、恢复能力、系统稳定性和生物多样性有着密切的关系。"① 格局所反映出的区域更加接近区域客观，进而给了我们一幅全局性生态环境图画，这个图画可以在不同尺度上得到应用。目前，我国生态环境主体功能区的建设，就是以整个国家的国土构成为尺度而进行的生态功能划分，将我国生态环境状况与关系通过区域（空间）形式表现出来，从格局上将我国生态环境状况系统地凸显出来。同时，这样划分为有针对性地制定环境法律的制度设定了基础，其意义也是显而易见的。这种生态功能的划分不像生态系统那样将区域简化为生产者、消费者、分解者和无机物四部分，例如，在生态系统理论基础上制定的河流流域管理法规很有可能是千篇一律，因为生态系统理论并不强调区域的异质性和差异性，相反，如前面所指出的，生态系统的研究以同质性为基础和前提。

---

① 肖笃宁等：《景观生态学》，科学出版社，2003 年，第 8 页。

第二，景观的格局使得我们可以从整体上理解各个区域环境问题的症结所在，并找出解决环境问题的可行方案，以区域为环境管理单元解决环境问题的方法已经为水污染防治、水资源管理和废物管理所采纳。我国《水法》14条规定："国家制定全国水资源战略规划。开发、利用、节约、保护水资源和防治水害，应当按照流域、区域统一制定规划。规划分为流域规划和区域规划：流域规划包括流域综合规划和流域专业规划；区域规划包括区域综合规划和区域专业规划。"需要指出的是，这里的区域从其所涉及的内容来看是指流域，在整个区域概念系列中，流域是区域的一种，是生态系统的一种类型。

2. 过程

景观生态学的过程是指事件或现象的发生、发展的动态特征。景观生态学过程涉及很多的生态学变化状态，较有代表意义是生态系统演替。杨志峰教授为生态系统演替的定义是："生态演替就是生态系统的结构和功能随着时间推移发生变化的过程。Odum（1969）将生态系统演替与能量流动、物质循环看成是生态系统功能过程的重要组成部分。在生态演替过程中，群落的规律性、方向性研究一直是生态学家争论的焦点。生态演替一般针对生态退化和生态恢复而言的，对于生态系统演替的了解有助于我们对生态系统进行有效的控制和管理。"① 不同的生态系统有其不同的演替规律，这就要求无论对于生态系统管理或者污染治理和防治都必须与该生态系统的演替规律或者演化过程相结合，例如，我国的环境法律实践中就将生态学过程和对污染行为结合起来加以控制。《淮河流域污染治理条例》第三条规定：淮河流域水污染防治的目标：1997年实现全流域污染源达标排放；2000年，淮河流域各主要河段、湖泊、水库的水质达到淮河流域水污染治理规划的要求，实现淮河水体变清。水环境质量的恢复是人为控制和生态学过程共同的结果。今年，国家环保总局提出让松花江流域休息10年的呼吁，就是从生态学过程考虑松花江生态学恢复目的而提出，这些规定和呼吁反映出立法者和管理者已经将不同生态系统的不同生态学过程考虑进去。简短地说，就是时间尺度，将区域生态学演化过程和人们社会经济活动的时间性按照可持续发展的方式联系到一起，这是区域环境法律应该认真研究的问题，它不仅涉及到对区域环境行为的控制模式，也是立法者制定不同环境法律规范与政策的依据，只有这样的区域环境法律才真正具有针

---

① 杨志峰等：《环境科学概论》，高等教育出版社，2004年，第196页。

对性和可测量性。研究区域生态学过程的另一个目的，就是要求区域环境法律具有对区域环境问题的及时、迅速的反应能力，我国和世界各国频频修订环境法律，或者说将环境法律称为环境政策法，一个特点就是对区域环境时间尺度的应用，也是对生态环境演化的过程认识的产物。

3. 等级

等级也称层级，等级理论是系统理论和生态学理论的组成部分。层级理论认为生态系统是由若干有一定秩序的层级所组成。不同层级上生态系统特征是不同的，所产生的性质、规律和模式也有所不同，每一个层级都有自己的时空尺度，表现出不同的功能，生态系统的结构与层级是紧密结合的，每一个层级要素间存在着内部的结构，而层级与层级之间形成层级的外部结构。换句话说，不同的层级其生态学功能也不一样，人类在不同生态系统层级的活动所产生的效果也是不同的，确定合理的，相对应的行为与层级对于生态系统管理有着十分重要的意义，在生态环境管理的实践中，通过对生态系统划分层级确定不同的管理方法已经成为地理学和生态学的基本方式之一。需要说明的是，人类社会的结构存在层级关系和功能，如行政管理中中央与地方的层级关系等，将人类社会、经济政治层级与生态系统层级有效地结合在一起是区域环境法律研究所面临的课题。例如，我国自然保护区就划分为国家级、省级、市级和县级四个级别，而生态主体功能区有国家级和地方级的划分，如何协调行政层级与区域环境层级之间的关系应该是区域环境法律研究的内容，研究生态系统层级的目的就是区分不同生态系统结构上的功能区别，进而将特定的行为、社会和国家环境资源管理层级与生态系统具体层级结合起来。从哲学上分析，区别不同生态系统层级的功能实际上就是将不同生态系统的差异性表现出来。

4. 尺度

尺度是生态学和地理学的术语。景观生态学中尺度术语与地理学、环境学的尺度术语不太一致，景观生态学让尺度这个概念发扬光大，景观生态学将尺度概念创造性地运用于生态学研究领域。邬建国教授认为："广义上讲，尺度（scale）是指在研究某一物体或现象时所采用的空间或时间单位，同时又可指某一现象或过程在空间和时间上所设计的范围和发生的频率。"尺度能够体现区域环境法律的主要的特征：第一，尺度是研究区域的最佳视角。肖笃宁教授认为："大多数景观生态学家都承认，就景观生态学的本质而言可称为空间生态学，它以生态系统的空间关系为研究重点，关注尺度的重要性与时空异质性；对格局与过程空间联系的研究，可应用于不同的组织层次和分辨尺度。正是基于这种对空间关系和作用的重要性的共同关注，在研究土地（包括水域）区域问题时，使来自不同学科背景的研究者聚合到了景观生态学这面旗帜之下。"① 第二，区域尺度是区域环境法律的核心问题。如果说，本文主要以区域环境的差异性为研究方法，区域尺度则在区域的基础上细化和确定区域环境的状况，以往的环境法律最大特点就是其目标过于宏大，以至于无法反映出法律规定的行为与环境演化关系，环境法律也就失去了应该具有的针对性，而区域尺度则可以将环境问题具体化、解决方法具体化、环境法律行为具体化。第三，尺度的优势还体现在环境管理之中。邬建国教授有过精辟的论述："景观生态学观点在生态系统管理中受到广泛重视。生态系统管理的目的是保护异质景观中的物种和自然生态系统，维持正常的生态学和进化过程，合理利用自然资源，从而保证生态系统的永续性。近年来，景观生态学的原理和方法在森林开发和管理方面的应用更为广泛和深入。不少学者认为，区域景观尺度是考虑自然资源的宏观永续利用和对付全球气候变化带来的生态学后果的最合理尺度。其主要原因之一是区域景观是能够反映自然生态系统和人类活动的种类、变异和空间格局特征的最小空间单位。这显然与传统的、以物种或生态系统为中心的途径有本质的区别。"② 因此，通过尺度可以将区域环境问题确定下来，进而建立起来区域环境问题与人类行为关系模式，制定合理的区域环境法律规范应对具体的环境问题，确定合理的尺度是区域环境法律的任务所在。从这个意义上看，尺度是开启区域环境法律的一把钥匙，是区域环境法律的方法论和范式。

第四节　协同进化理论

一、协同进化论概述

在我们确定了区域及其区域环境法律的地位和特点之后，接下来的问题就是如何实现区域可持续发展的目的，区域环境的可持续发展路线图是什么？也可以表述为如何协调区域环境中的人与自然的关系。我国古代哲学思想中已经有所表述，"万物并育而不相害，道并行而不相悖"可以看成协同进化理论的

---

① 肖笃宁等：《景观生态学》，科学出版社，2003 年，第 4 页。
② 邬建国：《景观生态学——格局、过程、尺度与等级》，高等教育出版社，北京，2004 年，第 220 页。

最佳表述形式。从全球生态系统来看，我们所生存的这个世界上已经没有哪一块土地能够免于人类活动的影响，人类活动的巨大影响已经遍及世界的各个角落，即使那些人迹罕至和人类从未涉足的地区也深受人类活动的影响，即使那些让大多数人未曾谋面的动植物也被人类的活动打上深深的烙印。正如现代环境科学的启蒙者、美国著名海洋生态学家蕾切尔·卡逊在《寂静的春天》中所揭示的人类活动对环境影响一样，在人类大规模使用 DDT 杀死危害人类的害虫的同时，鸟类却成为 DDT 的受害者，应该是鸟语花香的春天沉寂在死一样的寂静之中。科学研究发现，在南极洲生活的企鹅体内也有人类活动留下的证据（企鹅体内被检测出 DDT 的残留物）。在这种情况下，如何实现区域环境的可持续发展？如何实现区域中人类与其他物种、与生态系统之间的发展？如何在区域中实现人类系统与区域生态系统的协调发展？即便可持续发展理论也没有给我们提供较为确切的答案，这种情况印证了美国法学家庞德对法的思想的形成与法的作用的社会条件所做的说明："一旦政治、商业或工业广泛而迅速地扩展，暂时致使变更法律成为人们的第一需要时，他们就会求助于哲学。"他接着说道："自然法学家总是参照当时、当地关于理想的社会秩序的构想，参照根据该理想社会秩序的法律目的的观念去估量形势、解决问题。"①人类文明促进了人类发展的同时也将人类与自然的关系演绎成一场灾难，严酷的现实使得人们又一次开始反思现有的哲学和法律体系，人们重新审视人类与自然环境的关系、人类生存的方式，探寻人类与自然关系失衡的根源所在，以探讨人类与自然关系的环境伦理学就应运而生，人们希望借助道德伦理的作用达到人与自然的和谐。环境伦理学摆脱了传统伦理学的人与人关系、人与社会关系的束缚，而将自然以及人类与自然的关系纳入到伦理学领域，协同进化理论从生态学和伦理学的角度规划出一幅人类与生态系统的关系蓝图。值得一提的是，在区域环境中，这种理论更加彰显出其优势，每一个区域都是各种生态系统互相交织在一起的实体，包括人类系统和各种生态系统。我们知道，生态系统是人类生存、发展的基础，地球上的生态系统包含各种不同种类的生态系统，生态系统是自然界独立的功能单元，各种各样的生态系统具有稳定、高效的特点，实现各种生态系统的协同进化也就成为实现区域可持续发展的具体途径。

---

① 转引自金瑞林：《20 世纪环境法学研究评述》，北京大学出版社，2003 年，第 22 页。

二、协同进化理论的概念与发展

协同进化是环境伦理学的一项基本原则。我国环境伦理学家余谋昌教授等对该问题有过较为深入的研究，根据笔者查阅的资料，国外有关讨论协同进化的环境伦理学著作文章不多，主要有佛土玛和斯莱津合著的《协同进化》、鲍考特主编的《行为进化生物学和协同进化》。他们共同的要义是，物种之间和个体之间互相受益，不同物种之间的互相蚕食实际上保护了生态。在我国，余谋昌教授是对协同进化非常关注的学者，他主编的《环境伦理学》用了一节的篇章讨论这个问题。余谋昌教授指出："协同进化概念是达尔文生物发展过程中提出来的新概念，也是伦理学的新概念，要表明一种在人与自然关系中的'利己与利他'相统一的伦理原则。协同进化也具有哲学意义，强调异中求同的认识论和整体支配并决定部分的协同学。"① 通俗地说，协同进化理论是将达尔文的生物进化理论应用于人类与生态系统之中，强调生态系统与人类系统间的相互作用，强调人类活动应该遵从生态学规律。

生物进化论是达尔文提出的，生物进化理论认为，自然界中是由适者生存的法则所支配，各种动物与物种之间为了生存而展开残酷的竞争，达尔文的理论深刻地影响着以后人类社会的思想发展，很多学者将达尔文的理论运用到社会科学中，于是，优胜劣汰、适者生存的生物规律成为社会科学的基本学说，种族主义、纳粹等理论在达尔文的进化论中找到了理论根据，这也为日后的达尔文进化理论成为批判的对象埋下伏笔。然而，在生态学看来，物种的进化存在着互相关联和互相促进的关系，是生态系统稳定和平衡的表现。在区域环境中，人类系统与生态系统的关系，人类活动一方面影响区域生态系统的演化，而区域生态系统的演化也影响着人类的活动。在这个互相影响的过程中人类活动占据主导的地位，人类活动可以参与和改造自然生态系统的结构和功能，生态学的一个分支——恢复生态学就是基于此理论而产生的。利用生态学的基本理论，人类有可能修复其活动造成的生态系统的损害，通过人类的参与和管理将受损的生态系统结构、功能和关系恢复到原来状态、或者类似于原来的状态。在环境法律中，自然区保护法、国家公园法等都体现人与自然协同进化的思想，我国已经开始的退耕还林、退耕还草、三江源地区生态保护等，可以说将人与自然协同进化的思想付诸于环境保护的具体实践。协同进化的环境伦理

---

① 余谋昌等：《环境伦理学》，高等教育出版社，2004 年，第 226 页。

不仅是人类系统与区域环境关系的行动指南，也是生态学的基本规律，余谋昌教授将其概括为："综合上述观点，人与自然协同进化的哲学概念，其根基在于协同进化的地球生态属性，它是整体支配并决定部分的生态原理在人与自然生态关系方面的应用，它也是一种新的伦理，反映人类的特征，相信人能谨慎地利用科学技术不断地促进自然过程的自然方向性与人类生活活动目的性的统一，以实现人与自然的共同创造的过程。"①

三、协同进化理论的主要内容

协同进化理论为协调人类中心主义和生态中心主义两种思潮寻找出新的途径。人类中心主义和生态中心主义是环境伦理学两个主要派别，以何者为中心是主要争论的焦点，不少环境伦理学家将协同进化论作为解决这个争论的方案，因为，协同进化理论所包含的哲学思想内容能够解决人与自然关系。余谋昌教授将其归纳为相互依存的伦理定位、共存共荣的生态基点和协同进化的环境伦理方法论三个方面：第一，互相依存的伦理定位。人类所生活的世界乃是由物种之间构成的生态系统和整个地球生态世界，与人类世界中人与人、人与社会的共同体关系有着本质上的区别，但是，也有本质上的联系。然而，我们以往只看到本质的区别，却没有看到本质联系，人类也是地球生态系统的组成部分，这种互相依存的关系内在于人类与自然生态系统的协同性和稳定性；协同性在景观生态学上表现为，生态系统之间镶嵌互补形成景观（区域）的结构多样性关系，各种景观在地球生物圈上的有机配置，形成最大的地球生态系统关系；互相依存的第二个特性是稳定性，稳定性是内在生态中的关系属性，表现为任一生物的存在，既是自在又是利它在。第二，共存共荣的生态基点。概括起来就是明智的自我保护和协同的进化方向两个方面，其核心内容是："改变那种单纯资源观和工具主义的价值观。尊重物种间、物种与环境间、生物与生态系统间的内在协同和进化方向，在整体生态系统稳态波动范围内，修补系统内部各个组成部分的人为创伤，促进生态朝着既有利于生态又有利于人类的方面发展。"② 第三，协同进化的环境伦理方法论，这种方法号召人与自然之间的"对话"、号召"双向伦理"的模式、提倡环境伦理学兼容不同环境伦理学观点。在此基础上，余谋昌教授提出了既有利于人类发展生存又有利于自然进化的"双标尺度"理论。该理论认为，人与自然协同进化是伦理学

---

① 余谋昌等：《环境伦理学》，高等教育出版社，2004年，第231页。
② 余谋昌等：《环境伦理学》，高等教育出版社，2004年，第235页。

的基础、根据和最终目标，人与自然协同进化的伦理学标准就是看人类的存在和行为是否在有利于人类的同时也有利于自然生态这两个标准。协同进化理论为一个区域内人类与自然环境协同进化提出了理论上的佐证，即在区域内，人类与自然、动物、植物以及相关的环境是可以共存共荣的，可以避免演绎出一场优胜劣汰的人与自然的生存悲剧。对于区域环境法律来看，环境法律应该涉及两个方面的领域：第一，对区域内人类行为的规范、对区域内人类环境权利的保护；第二，对区域环境的保护。

第五节　尺度理论和其他理论

一、尺度理论的概念、内容与发展

前面简要地谈论了尺度在区域环境法律中的意义，尺度方法为区域环境法律研究提供了良好的视角，由于尺度理论在区域环境法律中的地位，本文将就这个问题进行更为详细的讨论。谈及尺度一词，不由得让人记起古希腊智者普罗泰格拉的那句名言"人是万物的尺度，是存在的事物存在的尺度，也是不存在的事物不存在的尺度。"这句话是人类中心主义的经典说明，基本含义是说人是万物的尺度，这里所说的尺度则是生态学上的一个术语，尺度也是地理学研究中的一个基本术语，尺度作为景观生态学中关键术语频繁出现于景观生态学之中。对于尺度的概念、内容和特点的内涵，不同的生态学家有不同的侧重点，但是尺度所带来的创新意义是不可估量的。关于尺度的特点，肖笃宁教授等写道："尺度（scale）是地理学研究中的一个基本概念，早已得到广泛的应用。但是尺度在生态学引起重视则是近年的事情，这要归功于景观生态学的迅速发展。尺度的存在根源于地球表层自然界的等级组织和复杂性，尺度本质上是自然界固有的特征或规律，而为生物有机体所感知。"[1] 通过以上解释可以看出，尺度最早来源于地理学，兴盛于景观生态学，尺度的本质在于反映出地球生态系统各个层级上的特征。余新晓教授认为："总起来讲，尺度的存在根源于地球表层自然界的等级组织和复杂性。其本质是自然界所固有的特征或规律，而为有机体感知。因而尺度又可分为测量尺度和本征尺度，是用来测量过程和格局的，是人类的一种感知尺度，随感知能力的发展而不断发展。本征

---

① 肖笃宁等：《景观生态学》，科学出版社，2003 年，第 5 页。

尺度是自然现象固有而又独立于人类控制之外的；测量尺度相当于研究手段，隶属方法论范畴，而本征尺度则是依据的对象。尺度研究的根本目的在于通过适宜的测量尺度来揭示和把握本征尺度中的规律性。"①

余新晓教授将尺度进一步分解为空间尺度、时间尺度和组织尺度三种：第一，空间尺度是指研究对象的空间规模和空间分辨率，研究对象的变化涉及的总体空间范围和该变化能被有效辨识的最小科技范围，一般用面积单位表示。在实际的景观生态学研究中，空间尺度最终要落实到由欲研究的景观生态学过程和功能所决定的空间地域范围，或最低级别或最小的生态学空间单元；第二，时间尺度是指某一过程和事件的持续时间长短、和其过程变化的时间间隔，即生态过程和现象持续多长时间或在多大的时间间隔上表现出来。由于不同研究对象或者同一研究对象的不同过程总是在特定的时间尺度上发生的，相应地在不同的时间尺度上表现为不同的生态学效应，应当在适当的时间尺度上进行研究，才能达到预期的研究目的。反过来，不同的自然地理、演替历史和干预历史决定了森林景观斑块演替的速率和进程，也在客观上决定了研究的时间范围和观测取样间隔期的长短；第三，组织尺度是指"有人将景观生态学研究中用生态学组织层次定义的研究范围和空间分辨率称为组织尺度（organi-zational scale）。显然，由个体（individual）、种群（population）、群落（community）、生态系统（ecosystem）、景观（landscape）和区域（region）组成的生物组织等级结构系统，不同的层次对应不同的空间尺度，不同层次上各种生态过程的时间尺度也有明显差别。"② 对于景观生态学而言，景观生态学的研究尺度基本上是在中尺度范围进行，空间上从几平方公里到几百平方公里，时间上从几年到几百年，这种尺度主要以区域为研究对象。

二、尺度理论的启示

1. 尺度理论可以确定环境法律管理的具体内容

尺度理论对于区域环境法律来说，其启发和指导意义是非凡的。如前所述，区域在景观生态学看来是研究全球变化和人类对环境影响的最佳尺度，尺度理论可以将区域实体论、区域差异性和时空有宜等空间特点准确地反映出来，这种指导意义首先体现在方法论上。肖笃宁教授指出："尺度效应是一种客观存在、且用尺度表示的限度效应，例如一张三寸的照片影像很清晰，但放

① 余新晓等：《景观生态学》，高等教育出版社，2006 年，第 37 页。
② 余新晓等：《景观生态学》，高等教育出版社，2006 年，第 40 页。

大到一尺影像反而模糊了。只讲逻辑而不管尺度的无条件推理和无限度外延，甚至用微观实验的结果推论宏观运动和代替宏观规律，这是许多理论悖谬产生的重要哲学根源。有些学者和文献将景观、系统和生态系统等概念简单混同起来，并且泛化到无穷大或无穷小而完全丧失尺度性，这往往造成理论的混乱。现代科学研究的一个关键环节就是尺度选择。在科学大综合时代，由于多元、多层和多次的交叉综合，许多传统科学的边界模糊了。因此，尺度选择对许多学科的再界定具有重要意义。正是在尺度概念被广泛运用的推动下，许多传统科学开始了数理化改革，并产生了现代自然等级组织理论。等级组织是一个尺度科学概念，因此，自然等级组织理论有助于研究自然界的数量思维，对于景观生态学研究的尺度选择和景观生态分类具有重要意义（肖笃宁，1991）。"①上述这段话是治愈环境法律的目标宏大、原则性、口号性规定较多的良方。以环境法律中的环境概念为例，本文曾经就环境概念进行过讨论，目前环境法律中的环境概念依旧是一个复杂而混乱的大杂烩，既有宏观水平上环境概念的内容，也有具体环境概念的含义，如果用尺度理论来分析环境概念，情况就不会变得如此混乱不堪。因为，第一，法律行为相对是确定的，法律以行为规范的确定性为特征，我们不能将环境问题与所有的行为联系起来，这样将丧失了法律规范的基本特性，同时也不能将科学研究与行为规范等同起来。记得在美国环境科学界曾有这样一个研究课题，即研究牛打嗝呼出的甲烷与温室效应的关系，这个例子一直作为环境科学界的笑料；第二，环境总是具体的，换句话说，环境总是有一定的尺度来衡量，也许有人会用臭氧层的例子来反驳区域环境的假设，臭氧层也是有一定尺度的，以地球生态系统为尺度来看，地球就是一个巨大的生态系统，将人类特点行为与臭氧层的破坏与恢复结合起来；第三，在环境科学、生态学以及地理学界，选择什么样的尺度衡量区域环境的变化，并且找出人类活动和行为与环境之间的演变关系，一直是困扰人们的问题。对于环境法律这个问题更加显得关键，将人类行为与具体的环境保护连接起来，是区域环境法律的优势所在，是克服环境法律华而不实、实际上失去环境法律规范意义的有效途径。

美国环境法学者罗伯特·帕西瓦尔在总结美国环境法律40年的成就时认为，美国环境法律取得很大的成就，但是与美国环保局20世纪70年代设立的环境管理与环境法律的目标相比，40年以后这些目标内容的绝大部分依然在

---

① 肖笃宁等：《景观生态学》，科学出版社，2003年，第19页。

尚未解决的栏目中，原因很简单，很多环境管理的目标过于宽泛、模糊而根本无法实现，这种情况下的环境法律不会比环境伦理学更好，而且为造成更大的环境不公平创造了机会，甚至成为巧取豪夺的借口。英国学者 R·J·本奈特和 R·J·乔伊指出："由于长时间、大范围的环境干涉的无能，促使人们通过'共生'来控制人类——环境系统。"① 景观生态学独特的研究方法被认为将区域作为其研究的最为合理的尺度，景观生态学认为，区域景观尺度是考虑自然资源的宏观永续利用和对付全球气候变化带来的生态学后果的最理想尺度。其主要原因之一是区域性景观是能够反映自然生态系统和人类活动的种类、变异和空间格局特征的最小空间单元。举例来说，我国近期在治理区域环境污染的突击活动中，由于缺乏明确的科学环境法律目标，为了显示执行环境法律、治理环境污染的决心，于是乎，炸毁污染企业、拆毁污染工厂、强制性搬迁企业、断水断电措施的新闻不绝于耳，假如有了合理的时间、空间尺度等明确的治理目的，情况就不是这样极端。如太湖的污染治理，其地理尺度或者生态学空间尺度是太湖，时间尺度为 5 年，其环境政策的内容就完全不一样，如果要求在半年内治理湖泊的污染以及蓝藻事件，能够达到目标的办法只有炸毁污染企业、关停企业，如果是以 5 年为期，就可以将不同的经济、行政和市场经济方法用于湖泊的治理当中，甚至像排污交易这样极具市场诱导机制的手段也可以派上用场。

2. 尺度理论可以准确地反映出区域的差异性

尺度可以将区域环境问题的差异性较为准确地确定下来，尺度是解决差异性的有效方法之一。有人将异质性归为景观生态学最本质的属性，生态系统以生产者、消费者、分解者和环境作为模式分析生态系统的功能、结构等方面的关系，但是，生态系统却不能完全合理解释现实中的环境。以水生态系统的长江流域为例，谁是生产者？谁是消费者？谁是分解者？即使指出或者以法律的形式指出又有什么意义？异质性可以为解释这样庞大的水生态系统提供一个合理的答案，异质性也是对生态系统理论不断完善的补充，"异质性是生态学领域中应用越来越广泛的一个概念，用来描述系统和系统属性在时间和空间维度上的变异程度。系统和系统属性在时间维度上的变异实际就是系统和系统属性的动态变化，因此，生态学中的异质性一般是指空间异质性。空间异质性是指

---

① 转引自白光润：《地理科学导论》，高等教育出版社，2006 年，第 298 页。

生态学过程和格局在空间分布上的不均匀性和复杂性。"① 关于异质性的意义和作用，余新晓教授指出："景观异质性是景观尺度上景观要素组成和空间结构上的变异性和复杂性。由于景观生态学特别强调空间异质性在景观结构、功能及其动态变化过程中的作用，许多人甚至认为景观生态学的实质就是对景观异质性的产生、变化、维持和调控进行研究和实践的科学。因此景观异质性概念与其相关的异质共生理论、异质性—稳定性理论等一起成为景观生态学的基本理论。"② 尺度理论已经被广泛地运用到生态系统管理活动之中，英国生态学家 E·马尔特比的生态系统管理的十个原则之一就是：生态系统管理必须在适当的尺度内进行。她指出：生态复合体的范围大小从几平方米的沙漠绿洲到如亚马逊地区大的陆地森林。生态系统管理必须在适当的尺度范围进行才能成功。因为一个小的地方被其以外的过程和活动所影响，所以现在人们越来越欣赏一些确定的景观单元（如沿海海区和河流流域）的管理。生态系统管理必须仔细考虑一个部分（例如河流流域的上游）的过程和管理活动影响一个地区的其他部分和该地区的管理又是怎样进一步影响周边的。如何确定具体的管理尺度呢？我们知道环境要素立法和环境管理的部门化是没有办法解决这个问题，这样的法律只能设计环境法律所适用宏观上的范围，严格地说，这个范围就不是生态学或者环境科学中的水生态系统管理概念所指的范围，而是一个国家法律效力的范围。如我国《水法》第二条规定：在中华人民共和国领域内开发、利用、节约、保护、管理水资源，防治水害，适用本法。本法所称水资源，包括地表水和地下水。而利用空间尺度就可以有效地解决水环境的管理范围问题。马尔特比指出："恰当的管理范围取决于系统的结构、综合土地利用的目标，自然干扰（如火、滑坡和洪水）的范围、相关的生物学过程（例如病害、放牧和繁殖）以及构成种群的扩散特征和能力。同水密切相关的管理问题的基本单元是流域盆地，因为它给水系划界，在其内生态系统的组成成分和过程通过水的运动而联系起来。可是，地表水和地下水的集水区域可能不一定恰好重合，记住这一点很重要。对于受空气质量影响很大的地区的问题（如酸雨），'气域（airshed，同 watershed 相对）'将更合适，这就暗示源（如英国或德国的工业区）和汇（如斯堪的那维亚是受影响的流域盆地）的综合

---

① 余新晓等：《景观生态学》，高等教育出版社，2006 年，第 36 页。

② 余新晓等：《景观生态学》，高等教育出版社，2006 年，第 36 页。

管理。"① 在尺度理论的视野中，环境问题是具体的、可测量的，环境法律也将变得更有针对性，人们特定行为与具体环境的互动关系将更加明确具体。

概言之，尺度是区域环境法律的指导理论，尺度是研究区域环境问题的有效方法，尺度是克服以往环境法律中那种宏大目标弊病的良药，尺度是实现区域环境法律具体化、明确化的有效途径。

三、后现代法学与区域环境法律

1. 后现代哲学与后现代法学的内容与沿革

（1）后现代哲学的主要观点。作为后现代法学的哲学基础的后现代主义思潮，并没有一个准确的概念。《人类思想的主要观点》一书中将后现代主义的概念解释为："在艺术和设计中，后现代主义是一个最近 25 年的现象，它发源于西方但现在正传遍于世界各地。区别于现代主义是由数打独立的'流派'构成，每一流派都有一种严格的艺术信条和改变世界的计划；后现代主义是个体化的和无序的。我们今天生活于一个多元主义的社会，被出自所有时期和所有地理学和文化地域的形象和人工制品所包围。我们以前辈人不可能获得的方式知觉着人类种族的全部经验，我们拥有同时囊括过去所有的并使其显得贫乏的艺术创造手段和技术。我们是 20 世纪 60 年代如此充满活力地传播的艺术和个人放纵的继承者：哲学上的、道德上的和社会上的自由主义是新的权威。"② 虽然，就像后现代主义本身一样，我们很难找到被大家广泛接受的后现代主义哲学概念，但是，在具体对后现代的描述上可以找到一些相似之处。美国哲学促进会给后现代主义的定义③是：后现代主义（postmodernism）本来是指一种以抛弃普遍性、背离和批判现代主义的设计风格为特征的建筑倾向，后来被移用于指文学、艺术、美学、哲学、社会学、政治学、甚至自然科学等诸多领域中具有类似倾向的思潮。在欧洲，由于结构主义哲学在某些方面与人类文化的研究、文艺创作甚至建筑设计有一定联系，而德里达、福柯、巴特尔等后结构主义哲学家又都企图由批判早期结构主义的一些基本观念出发来消解和否定整个传统西方哲学（首先是'现代'哲学）的基本观念，因而后结构主义被认为是后现代主义哲学的典型形式。以伽达默尔为代表的哲学释义学把

---

① ［英］E·马尔特比等：《生态系统管理》，科学出版社，2003 年，第 32 页。

② ［英］肯尼斯·麦克利什等：《人类思想的主要观点》，查常平等译，新华出版社，2004 年，第 1145 页。

③ 转引自刘放桐等：《新编现代西方哲学》，人民出版社，1999 年，第 615 页。

理解当作一种具有历史性的主体间的视界融合，以此取代和超越建立在主客二分基础上的传统哲学的认识论，而这被认为是后现代主义倾向的一种重要体现。在美国，蒯因、罗蒂等从分析哲学中分化出来的所谓新实用主义哲学家则企图通过重新构建实用主义来批评和超越近现代西方哲学的传统，他们的哲学也被认为是后现代主义的主要形态。以上是后现代哲学的主要特点，后现代哲学对各个学科的影响是深远的，它延伸到各个科学领域，法学就是深受其影响的领域之一。

（2）后现代法学及其特征。与后现代法学相对应的现代法学，是指在现代哲学基础上发展起来的一种法学理论，其法理学逻辑基础是建立在现代哲学基础之上的，如同高中教授将现代法学与现代哲学之间的关系所做的分析："作为实在意义的法律及其制度、司法实践等，尽管是人类追求真理和幸福的社会实践，尽管它以承载着诸多价值的法治理念为指南，但它离不开建立于现代哲学理论基础之上的基本命题。事实上，现代法理学的'元话语'之根亦可以在此基础上找到答案。"① 我们知道，现在的法制理论是建立在现代哲学认识论的基本命题之上，它的主要内容由以下命题组成：第一，个人是自治的、有自觉意识的理性主体；第二，社会是一个由各种事物组成的从低级向高级进步的有机体；第三，真理是可以认识的，是可以通过实验和知识认识的。虽然各个国家的法律制度存在着差异和区别，就哲学而言，当代法律制度与思想同样是建立在现代哲学理论基础之上，在这样理论前提下的法律具有以下共同的特点，高中教授写到："西方自然科学的发展，极大地强化了西方传统的一元论认识观，以致西方社会科学的鼻祖孔德认为'既然我们在数学上不允许两个正确答案，为什么在道德、政治上就应该允许'。这样一种在现代性话语中达致顶峰的一元话语，为现代法学研究法律问题、思考并解决法律问题，提供了方法论意义上的基础。所以，哈佛大学法学院前院长Ｃ·Ｃ·兰德尔斩钉截铁地说：'法律是一门科学……这门科学所需要的一切材料均包含在这些已印刷好了的判例集中……法律是一种完整的、正式的和概念化的规则体系，它满足了法律规范的客观性和一致性需求'。"② 与兰德尔这种典型观点相反的就是后现代主义法学，后现代法学有着与现代法学完全相悖的法律观，美国法学家戴继·凯尔瑞斯认为：法律并不是自在自为、脱离政治使命的中立原则，

① 高　中：《后现代法学思潮》，法律出版社，2005年，第12页。
② 高　中：《后现代法学思潮》，法律出版社，2005年，第13页。

它本身是一面反射深层次政治冲突的镜子。法官在某种意义上确实扮演着政治性角色，尽管他们或许不愿意承认这样的事实。高中教授将后现代法学的特点总结为：（1）怀疑、嘲讽和批判现代法学对基础主义和本质主义的那种不可割舍的情结。后现代法学的兴起在某种意义上体现了一种对现代性法学所面临的基础主义危机的回应。这种现代性危机源于这样一种认识，即支撑现代法治的基石、原则，已越来越经不起推敲了。这些基础主义的概念包括中立、正义、理性、社会契约、理性主体、个人自治等。（2）藐视并挑战现代性法学话语中的确定性原则和传统范畴、宏大叙事和包括学术研究领域在内的各种不可逾越的界限和陈规。（3）认同、探求甚至拥抱法学研究中可能存在的悖论。如果说现代主义学者（包括法学家在内）致力于探求万物之基础和终极真理的原因之一在于，事物之'悖论'意味着逻辑或经验的不一致、人类理性的有限性和现代进步概念的盲目自大，因而对事物、规则或制度内部的悖论或不可通约的矛盾持恐惧和拒绝态度，那么后现代主义法学家恰恰认为事物之悖论并非洪水猛兽，而是积极地面对'悖论'甚至期待'悖论'。（4）主张含法律主体在内的'主体'不过是社会中人为构建的产物。（5）主张多元视角观，提倡知识考古学、系谱学、权力微观分析、小型叙事、悖论分析、反讽诘问、解构等方法。在后现代法学看来，不存在终极的真理，不存在正义、公平、公正这些法律特有的属性和追求的目标，差异性、多元化才是法律具有的特点。我国环境法律体系虽然也借鉴了西方环境法律的经验与教训，但是归根结底是建立在现代主义哲学理论基础上，在环境法律中的反映是强调法律和管理的统一性，对待环境问题上以环境要素（同质性）为基础，忽视环境在空间和时间上的差异等现象。所以，认识区域环境的差异性、多元化等特点，后现代法学也许会给我们一个全新的视野认识。

2. 后现代法学与环境法律

（1）我国后现代法学研究的概况。后现代法学从什么时候进入我国法律界的视野已经无从考证，对后现代法学进行广泛研究可以追溯于 20 世纪末和本世纪初，这时对后现代法学的研究席卷了我国法学界各个领域。2000 年 1 月 6 日，中国人民大学法律与全球化研究中心主办了"后现代法学与中国法制现代化"研讨会，会议分为四个主题：一是关于后现代法学的一般特征；二是关于后现代法学的跨学科研究；三是后现代法学对中国法制现代化所可能产生的影响；四是后现代法学流派研究。并出版了朱景文教授主编的《当代西方后现代法学》一书，该书刊载了我国法理学著名学者有关后现代法学的论述和见解，其中不乏有的学者对后现代法学持有警惕之心，因为接受后现代法学的观点就意味着对现有法律制度和法律理念的否定，也有对后现代法学持批判的态度，也有对后现代法学持欢迎姿态，笔者认为信春鹰研究员的以下观点应该为环境法律研究所借鉴。信春鹰研究员认为："主流法学家对后现代法学理论的反感是可以理解的。长期以来，关于现代法治的理论已经成为了一种思维定势，法律思想和实践都必须根据这种思维定势形成的标准和语言来判断。然而，新思维的产生是因为时代变了。当一个国际化的、多元化的社会挑战现存的法律秩序的时候，提出新问题。这是这个意义上，后现代法学的产生及其理论是有积极意义的。"① 环境法律的产生、发展和演化正说明了这一过程，最初的环境法律就是根据经典的人的权利、信托理论、国家警察理论等来解决环境污染、损害和环境资源保护等问题，环境法律发展的历史已经证明，现代法律理论在解决环境问题上根本性的缺陷。当代环境法律建设的经验告诉我们，很多试图将环境问题"法言法语化"的努力都没有获得成功，那些试图将环境问题纳入现有的法律制度的设想并不切合环境问题的实际；紧接着，以国家干预为代表的美国环境政策法的出现又一次将环境法律推向一个新的高峰，国家干预、国家规划等成为环境法律的主流，国家环境政策和法律制定者的宏大目标并没有取得人们预想的结果，环境恶化是总体的，好转不过是局部的。用后现代法学的观点分析环境法律的发展和演化具有积极的意义。笔者认为后现代法学的这种意义主要表现在两个方面，一是它可以让我们用新的眼光重新审视我们已经熟悉的法学理论和法律制度，二是用后现代法学为我们提供的崭新的方法论建设环境法律。环境科学告诉我们，人类与环境的关系是十分复杂的，人类与环境关系的复杂化是由人类的文化多样性、地域差异性、生产的多样性和人类需求多样性所演绎出来的。在人类发展过程中，各个地区人类发展所处的阶段也不同，人类仍然在探索与环境的联系及其相互关系，环境法律需要后现代法学研究提供新的视野，需要对现代环境法律进行反思和批判，为了建立环境法律合理的体系而努力；再者，在环境法律研究中，我们会发现总有一些学者喜欢应用美国法学家霍尔姆斯的名言："法律的本质不是逻辑，而是经验"，这句话的潜在含义是说环境法律有着与现代法律不完全一致的法律原则和原理。吕忠梅教授曾经叙述过这样一个观点：环境法律是最不讲理的

---

① 信春鹰：《后现代法学的一般特征》，转引自朱景文：《当代西方后现代法学》，法律出版社，2002 年，第 38 页。

法律。可以看出，环境法律不是完全按照现代法律原理构建出来的法律规范体系，准确地说，是按照环境问题及其解决方式而设计出来的环境法律，因此，后现代法学对环境法律的指导意义显而易见。

本文认为，信春鹰研究员对后现代法学的评价和预期也可以作为环境法律研究的指南："可以预计的是，在后现代法学与现代法学共享一片天地的舞台上，二者的论战是长期的，现代法学及其制度形态——西方现代法治的弊端已经暴露出来，但任何对这种弊端的实际改善必然发生在思想观念的转变之后。人类在探索中生活，在生活中探索。在生活中探索，就为探索限定了条件，即探索者不可能离开现在的生活方式和制度而去探索未来，现在是他们探索的基础。然而，在探索中生活是更为重要的。任何新的理论和学说，只要是能够为人类接近理想生活模式提供新的思维、新的角度，就都是具有进步意义的。当然，人们对新的思想和思维的普遍理解和选择需要一个长期的过程；但是，由于有新的思想和新的思维，人类对自己、对自然、对社会的认识都与以往不同了，在这个意义上，后现代法学不仅仅是叛逆，也是在为法治探索未来。"① 是的，区域环境法律不是为了完全颠覆现存的环境法律体制，不是为了否认人类走可持续发展的道路，相反，可持续发展是建立在不同文化、政治制度、经济制度和技术水平基础之上的，因此必然要求人们从各个角度、各个层级来发现环境问题、解决环境问题，那种寄希望于建立一劳永逸的环境法典来应对环境问题的想法是注定无法实现的，那种试图将一两种科学理论或研究方法代替人类与自然环境复杂多变的关系和存在方式显然是不切合实际的。爱因斯坦曾经说过，一切事情应该做得尽可能的简洁，但不是简单。应用后现代法学的方法论批判现存环境法律制度，矫正环境法律体制中不合理、不科学的内容、不合时宜的理论，后现代法学也就成为研究区域环境法律的基础理论。

四、多元化与区域环境法律

1. 多元化与区域环境法律概述

多元化被认为是后现代哲学的主要研究范式。后现代哲学反对用单一的、固定不变的逻辑与理论解释世界上的一切事物，在方法论上则主张多元化和差异性，这与区域环境法律的思想不谋而合。看起来似乎差异性和多元化是后现代哲学和后现代法学的专利，笔者认为这样的观点有失公允，区域环境法律强

---

① 信春鹰：《后现代法学的一般特征》，转引自朱景文：《当代西方和现代法学》，法律出版社，2002年，第40页。

调环境问题产生的多元化、解决环境问题方法的多元化和法律规范的灵活性，看上去区域环境法律的特点均来自后现代法学，或者说，区域环境法律理论的特点与后现代法学的特点相似。从本文的研究脉络来看，区域环境法律的理论并非来自后现代法学和后现代哲学，而是来源于地理学和景观生态学的基本理论，需要指出的是，区域环境法律理论所强调的差异性特征同样不来自后现代哲学。从理论的渊源而言，强调多元化、差异性研究区域是地理学中区域学派的核心观点，也是对地理学的贡献之一，如果从后现代哲学和区域地理学派产生的年代上推演，以霍特纳、哈特向为代表的地理学区域理论所表现出的所谓后现代所包含的差异性和多元化理念算起，后现代哲学的出现和区域学派观点的出现相比至少晚了近一百年的历史。就此衡量，后现代哲学和地理学区域学派的观点存在着时间上的先后顺序，后现代哲学的优势在于它是从社会科学和哲学的体系出发，对社会现象、文化、制度、思想和法律等进行了系统的方法论研究，尤其是从哲学角度宏观把握社会文化和传统的演化与发展，这是地理学派的差异性思想所不能包含的。差异性和多样性则是环境问题的基本特点，举例来说，在环境质量的标准制定中，如果我们将在全国设立统一的环境质量标准，那就意味着全国的环境本底是一致的，全国的防治污染的成本是一致的，实际上这种情况只能存在于实验室中。

　　环境问题的差异性或者多元化是区域环境法律差异性和多元化的基础。区域环境法律强调环境法律的多样性不仅基于区域环境的客观方面，同时也体现人类与环境相互作用方面。论述环境与人类关系多样性的文章较多，较为系统的论述是南京大学的左玉辉教授，他在《环境学》一书中将人类与环境的多样性分为作用界面、作用方式、作用过程和作用效果4个方面。左玉辉教授写道："（1）作用界面的多样性，人类与环境相互作用的界面分布在人类社会活动的各个方面。在生产活动中，工厂、矿藏、农田、牧场等都是人类与环境相互作用的界面；在生活中，住房、家居、电器、水、食物、市场、服务设施、交通工具等也是重要的界面；在生物领域，从分子、组织、器官系统到个体、种群、群落甚至生态系统，也都会成为人类与环境相互作用的界面；而在科研领域内，甚至大到整个宇宙、小到基本粒子的几乎所有客观事物都会成为研究对象，从而成为人类与环境相互作用的界面。……在现代科技和现代机械的支持下，人类与客观环境之间的相互作用越来越复杂，界面的多样性也日益增加。（2）作用方式多样性。在上述诸多界面上发生着多样性的作用方式。人类对环境作用的方式主要是对资源的开发利用、工农业生产、物品使用、废弃物排放、城市建设、乡村建设、道路建设和科学研究等，有些时候是直接作用，有些时候是间接作用。（3）作用过程多样性。人类与环境相互作用的过程，大致可分为物理过程、化学过程、生物过程和生态过程。每一个过程都包含非常丰富的内容，即各自具有多样性。（4）作用效果多样性。有如此多人类与环境相互作用的界面、方式和过程，相互作用的效果就更是数不胜数了，其多样性更加丰富。"① 因此，人类与环境的关系或者存在方式的多样性不是杜撰出来的话语，而是对人类与环境关系的客观描述。

多样性还表现在自然价值的多样性方面。众所周知，由于自然界具有无限的丰富性和多样性，自然价值也就具有了无限的丰富性和多样性。余谋昌教授将自然价值的多样性做了以下三个方面表述：（1）自然物质的多样性。自然物质是自然价值的载体。地球上自然物质，可以分为四大类：物质、能量、信息和空间。物质和能量是具体的物质形态；信息和空间是物质存在形式的形态。它们是人和其它生命在地球上生存和发展的物质基础，是最终的价值或最终的资源。它们是非常丰富和多种多样的，它们所负载价值也是多种多样的。（2）自然过程的多样性。自然价值是自然历史过程的创造。自然过程是自然价值的另一个载体，它是有价值的。例如，地球物理过程、地球化学过程、生态过程等，它们是多种多样的。它们所负载的价值也是多种多样的。（3）自然价值利用的多样性。自然价值利用，这是指它作为资源的价值。自然界作为资源满足人的需要，实现人的利益，自然价值对于人类的利用具有无限的多样性，包括商品性价值和非商品性价值。

2. 多元化是研究区域环境法律的基本范式

如前所述，多元化是后现代法学研究的特点之一，这是与传统法学中一元化方式相冲突的，后现代法学倡导用多视角研究法律。高中教授归纳道："后现代法学研究者在整体上采取了某种多元视角来探究、评价现实法律制度，排斥现代主义在法律研究进路上的'从法律中了解法律'的内部视角。'内在视角'是一种以法官、律师为制度和新的研究范式，而'多元视角'则是从法律、文学、社会学、心理学等领域的众多观察者的不同角度来看待分类及其实践，体现了一种打破传统主流法学在法律方面的'条块分割、画地为牢'的僵化局面。后现代主义法学研究者们认为，处于法律制度运作中的游戏主体（法官、律师）丧失了自证其主张的合法性，其原因很简单：当局者迷，旁观

---

① 左玉辉：《环境学》，高等教育出版社，2003年，第10页。

者清。后现代法学中的'多元视角'体现为，已将法律分析的焦点从'视法律为一种一元化，并与社会文化的其他部分相分离'的现代主义思想中摆脱出来，从多元视角来看待法律。后现代法律研究者们已找到了各种可能的、选择性的法律分析范式，并且积极认同法律形式的多元存在意义和事实。"① 区域的特点决定了区域环境法律的多元化特征，还是以制定统一的环境质量标准环境为例，环境的差异性和人类与环境相互关系的多样性是实现环境标准统一的最大障碍，另外一个原因是统一环境标准则造成环境法律失去应有的弹性，再者，各个区域社会发展的差异，尤其是经济发展不平衡的存在，全国统一的环境标准无疑会使落后地区的发展雪上加霜。各个国家在制定统一的环境标准的实践就足以说明这一点，美国作为一个经济、技术发达的国家在制定统一的环境标准也是非常困难的，2007 年 12 月 19 日，为了削减温室气体效应，在全国 50 个州实施车辆气体排放标准。这个标准的主要内容是，要求全国范围内车辆行驶 35 英里油耗不得超过 1 加仑，加利福尼亚州对该项标准又一次弃权，但却不是像以前一样认为联邦标准不符合加利福尼亚州的实际而放弃。

不同的文化传统共同解决日益严重的环境问题是区域环境法律多元化的另一个特点。联合国《21 世纪议程》深刻体现了各种文化中蕴含的协调人与自然关系的价值，倡导从原住民的文化中吸收处理环境问题和与环境和谐相处的养分。多元化与一元化之争出现在许多学科之中，其共同的担心是多元化的不一致、不统一的规范、决策程序可能导致更大的混乱和不公平，实际上这种担心也成了批判多元化的依据之一；其次，另一个担心是多元化将破坏一个学科建立逻辑基础。事实证明这种担忧是多余的，无论是环境科学还是环境伦理都是由多种理论、学科构成的，作为宏大学科的环境科学的研究显示出多元化的特点。北京大学的朱苏力教授指出："应当多多掌握这种工具。因此，学者或读者不应当轻易接受仅仅某一种工具，某一种学派，而是应当反复坚持上述的过程，不断扩展自己的视野和增多自己工具箱内的工具，使自己的工具箱内样样货色具备，不仅各有各的用处，而且在某些时候用在一处。这样，当遇到新问题时，你会自然地懂得该用什么样的工具来处理这些问题。这就意味着，各种理论都有其长处和短处，没有一种可以包打天下的工具，没有一种可以以不变应万变并保证成功的力量。"② 法学当如是，环境法学更应该以此为是。胡

---

① 高　中：《后现代法学思潮》，法律出版社，2005 年，第 24 页。
② 朱景文等：《当代西方后现代法学》，法律出版社，2002 年，第 48 ~ 49 页。

显章教授指出："当代环境科学的研究，正从多学科向跨学科的整体方向发展。自然环境涉及自然界的、地质的、生物的、化学的各种因素；而环境问题是由于人类社会经济的、政治的、军事的综合作用的结果。当今人类面临的环境问题和科技、经济、政治紧密相连，不是单一分类学科所能解决的，需要运用环境科学的众多分支科学进行综合研究。"① 作为具体学科的环境伦理学是由各种思潮凝结在一起的学科，例如生态中心主义、大地伦理学、自然环境价值论和深生态主义等，这些环境伦理理论都是人类保护环境的理念和思想结晶，但是，就理论逻辑而言，它们之间的矛盾和冲突不可避免，自然，环境伦理学也就成为多元化和一元化争论的场所。我们知道，环境伦理学不是一以贯之的学说，它们之所以被称为环境伦理学，是因为将人类和传统伦理学之外的自然、动物、土地等纳入伦理学的范畴，并且用道德的力量改善人类与环境的关系。环境伦理学不是一个有着严格体系的学科，简略地说，环境伦理学是由人类中心主义、动物权利论、生物中心主义和生态中心主义等学派组成的。美国环境伦理学家贾丁斯指出："在道德哲学中，这类问题是道德一元论和多元论争论的一部分。一元论者认为只能有惟一合理和正确的道德理论，多元论者则认为可以存在多个合理的基本方法。由于环境政策上有广泛的不一致以及环境观点的多样性，最近几年有关道德多元论的讨论是哲学家们争论的热点之一。多元论对反思本教科书是有益的。道德一元论包含的一个强烈的动机是害怕变化，若没有一个统一的、一致的伦理理论，我们似乎会滑入伦理相对主义。看来或者是惟一的伦理理论，或者就放弃寻求合理的伦理学的行为。但这种非此即彼的二元论正是道德多元论所要反对的。多元论是一元论和伦理相对主义的替代选择；多元论抛弃了一元论认为伦理中正确答案的惟一性，也抛弃了相对主义所持的不存在正确答案的观点。道德多元论认为存在道德真理的多元性，它们不能（或许很不幸）统一成惟一的原则。"②

除此之外，追求理论的系统化是每一个学科奋斗的目标。这种追求必然导致一个科学理论建立在理论之间互相衔接、互相佐证的体系之上，一般而言这种理论多表现为一元化体系，并且将一个学科体系的建立作为学科成熟的标志，多元论思维范式阻碍了理论系统的建立，这似乎就像哲学界对德国伟大哲

---

① 胡显章等：《科学技术概论》，高等教育出版社，1998年，第135页。

② ［美］戴斯·贾丁斯：《环境伦理学》（第三版），林官明等译，北京大学出版社，2002年，第298页。

学家黑格尔理论的评述。赵敦华教授认为："黑格尔建立了历史上最庞大、最全面的哲学体系，这是黑格尔哲学的价值所在。我们将看到这一体系对辩证法的否定精神有所限制，体系的建构也有不少牵强附会之处和生搬硬套的弊病；即便如此，学习西方哲学史的人也不能脱离黑格尔的体系来理解他的思想。黑格尔哲学的范畴、命题和论辩都是为他的体系服务的，离开了体系的框架，它们的意义晦涩含混，甚至显得荒谬、无意义。黑格尔哲学的特点和优点在于它的整体性，体系的整体性不但赋予它的组成要素以确定的意义，而且确定了黑格尔在哲学史上的集大成者的地位。"① 用黑格尔的话说："哲学如果没有体系，就不能成为科学"。这种范式理论深刻影响了以后的人们，地理学界也不例外，有的地理学家批评哈特向的区域地理学理论妨碍了地理学追求地理科学一般法则和原理的建立，削弱了地理学的发展，对此，哈特向却有他自己独特见解。白光润教授有这样一段概述："哈特向明确指出了地理学追求法则规律的局限性，这一点他比赫特纳观点明确，并不含糊其辞、躲躲闪闪。他指出：在论题地理学体系中，导致发展科学法则的一般性研究的机会是存在的。但他又指出地理学追求一般性法则的努力是受其科学性质束缚的，看不到这一点，地理学家势必落入歧途。他指出：概念（哈特向这里讲的概念是指赫特纳把地理学作为方法学的概念）的接受并不是地理工作所必需的。但是，学者们如果因为不能了解其必要性所以不能接受那些在实践中已经被证实为地理学所必需的特征时，就会一再企图改变其主题，以适应他们对一门科学的看法。这种企图的悠久历史表明：那些想把一个方塞插入一个圆孔的人们终于遭至个人的失败和专业上的不幸。"② 为了追求一个学科的建立或者体系而抽象出一些原则正是许多学科失败的原因，环境伦理学的确立并不是建立在一统天下的伦理原则和基本理论之上，而是建立在人类对与自然关系的反思基础之上，内容上也许由多种多样的思想组成，但是，焦点是人类与自然关系。

多元化是分析、解决环境问题的有效方法。区域环境法律以区域的差异性和多元化为特征，唯有强调多元化才是达到人类与自然可持续发展道路的有效途径。博登海默曾经对呆板的法律一元化做过深刻剖析和告诫："我们应当认为这样的想法和努力是合理的和建设性的。历史经验告诉我们，任何人都不可能根据某个单一的、绝对的因素或原因去解释法律制度。一系列社会的、经济

① 赵敦华：《西方哲学简史》，北京大学出版社，2002 年，第 294 页。
② 白光润：《地理科学导论》，高等教育出版社，2006 年，第 292 页。

的、心理的、历史的和文化的因素以及一系列价值判断，都在影响着和决定着立法和司法。虽然在某个特定历史时期，某些社会力量或某些正义理想会对法律制度产生特别强烈的影响，但是根据唯一的社会因素（如权力、民族传统、经济、心理、或种族）或根据唯一的法律理想（如自由、平等、安全、或人类的幸福），却不可能对法律控制做出一般性的分析和解释。"① 在环境法律中，环境及其问题的差异性和解决环境问题方法的多样性的观点已经越来越为人们所接受。联合国环境规划署组织编写的《环境司法手册》有过一段对环境法的特殊性（差异性）中肯的评述："必须要考虑到每个国家的环境问题的特殊性，因而，环境立法和案例在不同的司法中也不相同，而且由于不同的文化和社会经济条件，法官在处理特殊环境事务时必须不时地改变自己的观点来审理案件，尽管如此，法官们仍然可以发现一些其它国家环境司法中与其管理、处理环境事务相关的有价值的启示。"

区域环境法律应该如何处理多元化带来的挑战呢？笔者认为美国环境伦理学家戴斯·贾丁斯已经给出了答案："假如我们问医生这样的问题：在你的全部治疗技能中，哪个最能保证恢复健康？最可能的答案是没有或者都是。没有一个方法在所有情况下都好，但它们每个在具体情况下都是最好。或许我们也应该这样来考虑本书中提到的环境哲学。没有哪种环境哲学在任何条件下都是正确，但每个都给环境伦理带来了一些重要的东西。每个都从不同的角度帮我们理解人在自然中的价值和位置。"② 对于区域环境法律来说，多元化不是为了攫取时髦的风尚而获得当然的话语权，多元化反映出区域环境问题的基本特征，显示出各个国家、各种文化、各族人民共同应对环境问题的信仰，是环境科学得以产生发展的根本原因和胸怀，是通过各种技术、途径解决环境问题的方法之一，是实现可持续发展的根本方式。除此之外，我国环境法学中存在着利用最新环境科学理论演绎自己理论的现象，如将市场经济体制作为环境保护的唯一，或者将生态系统理论作为流域环境保护的唯一，多元化将会使得我们获得这种诱惑的免疫。朱苏力教授的话依旧入木三分："其实，过分关心主义，在中国除了有排除异己、标新立异、跑马占地等嫌疑之外，在智识上一个更深的潜在预设或意图是有某种'主义'可能是通向真理的专列；一旦你搭

---

① ［美］E·博登海默：《法理学——法律哲学与法律方法》，邓正来译，2001年，中国政法大学出版社，第199页。

② ［美］戴斯·贾丁斯：《环境伦理学》（第三版），林官明等译，北京大学出版社，2002年，第300页。

乘上了这一专列，那么自己就比他人拥有更多的话语霸权，就可以至少在学术上（但不限于此）更多地教育或指教他人，就可以在真理之途上领先一步。每个知识人或许或多或少都有这一点心态。有点也许并无大碍。但问题在于，是否真的存在着这样一种通向真理的专列？而即使有这样的专列，是否搭乘了这一专列，就保证了你可以对一切问题都做出正确的回答？有人可以这样相信，但我认为世界上并不存在这样的专列。法律的生命还是而且也只能在于经验。最后，就算是有这样的专列，那么对于'专列'的选择也只能在你的路途中，哪怕是需要倒车。你不能总是在月台上观看、分析哪一趟是通向真理的专列吧？"① 在环境法学向国外学习先进经验的过程中，求新应该是建立在我国区域社会、经济、环境具体情况的基础上，这里或许是我们通向可持续发展的"专列"。

---

① 朱景文等：《当代西方后现代法学》，法律出版社，2002年，第50页。

第四章

我国区域的分类及环境法律意义

以上从学科意义上讨论了区域在地理学、经济学、生态学的概念和特征，地理学、生态学、生态系统、景观生态学是我们认识区域发展的主脉络。区域是自然环境存在的方式，区域也是一种人类存在的形态和发展的形态，区域是我们认识环境问题和解决环境问题的方式方法。区域的类型多种多样，划分区域的标准往往根据研究和学科的需要进行，我国地理学经过几十年的探索逐步形成的地理学分为自然地理学、经济地理学和人文地理学的格局；从环境科学的角度出发将区域分为地理区域、经济区域、行政区域，这种划分反映出区域对我国环境影响的程度。下面就从大的景观分类上介绍我国的地理区域、经济区域和行政区划的基本情况。

第一节　我国地理区域及其分类

一、中国地理区域的特征

1. 我国地理区域简述

国家地理区域是指一个国家所处地球表层的空间位置。地球是宇宙中正在运动和演化的一颗星体，她独特的圈层结构和地表环境成为我们人类赖以生存和发展的家园，人类诞生、成长都有赖于我们的母亲——地球。地球由固体地圈、大气圈、水圈和生物圈（包括有人提出将这个圈层称为智慧圈）构成。我国位于亚欧大陆东南部，东临太平洋，大部分地区处于中纬度，气候温和，最北端在黑龙江省漠河附近的黑龙江江心，位于北纬53°31′，最南端为南沙群岛的曾母暗沙，位于北纬3°51′，南北相距5500公里。南北之间太阳入射角大小和昼夜差别很大，因为太阳入射角不同，我国各地区气温差异很大；我国西端位于新疆乌恰县西侧的帕米尔高原东部（东经73°22′），东至黑龙江省抚远县以东乌苏里江汇入黑龙江处（东经135°03′），东西距离约5200公里，时差达 4 个小时。我国陆地面积约为 960 万平方公里，仅次于俄罗斯和加拿大，位居世界第三。除此之外，我国还拥有渤海、黄海、东海、南海以及台湾以东的海洋。由于我国位于地球最大的陆地和海洋之间，再加上青藏高原的影响，季风气候十分明显，季风在一年中间交替运动，对于我国自然地理环境的形成和地域差异产生了重要的影响。

从宏观上看，我国地貌总体轮廓西高东低，自西向东呈阶梯状逐级下降的态势，呈现出一种山地高原为主体的地表结构。根据地形阶梯将我国地表分为三大地理区域：第一级地形阶梯为青藏高原。该区域处于我国西部，平均海拔在 4000 米以上，为梯形阶梯的最高级，在青藏高原南部有世界上最高的喜马拉雅山，海拔平均在 6000 米以上，超过 8000 米的高峰山脉有 7 座，世界最高峰珠穆朗玛峰坐落在青藏高原南部的中尼边界上。青藏高原北侧有昆仑山、阿尔金山和祁连山，东部有岷山、邛崃山和横断山等山脉。在这些山脉之间，分布着地表起伏不大而面积广阔的高原和盆地，星罗棋布的湖泊，在高原的边缘为我国主要河流长江、黄河、澜沧江等河流的发源地，由于其特殊的地理位置这里被誉为世界屋脊。青藏高原以北、以东，地势明显下降，构成第二级地形阶梯。它以大兴安岭、太行山、巫山、雪峰山一线为界，主要由辽阔的高原和盆地组成，其间也有一系列山脉，这些盆地和高原由于地处内陆而干燥少雨，盆地中戈壁、沙漠广布，自青藏高原东缘由北而南分布着内蒙古高原、鄂尔多斯高原、黄土高原和云贵高原，这一地区地表形态差异较大，有的起伏和缓，有的荒漠广布，有的沟壑纵横。高原上山地盘亘，阴山、六盘山、吕梁山、大巴山、大娄山、武陵山、苗岭和秦岭等分布其间。从第二级地形阶梯边缘的大兴安岭至雪峰山一线以东为地形阶梯的第三级。这一区域的地形以平原、丘陵为主，从北向南分布着东北平原、华北平原和长江中下游平原，这些平原地势低平、沃野千里，是我国最重要的农业地区，这里人口众多、城镇和村落密布，工业发达、交通便利。长江以南地区多为低山丘陵，地面起伏不平，平坦的河谷平原、盆地与低缓的丘陵和低山交错，在海岸线以东就是宽阔的大陆架浅海地区。我国的近海海域包括渤海、黄海、东海、南海以及台湾以东海域。依照海域的地理位置、地理轮廓、海洋物理和生物体系以及海底地貌所表现的特性和差异所作的划分，渤海和黄河的分界线是从辽东半岛南端老铁山至山东半岛北端蓬莱角的连线；黄海与东海的分界线是西起长江口北岸启东角，东至朝鲜半岛南侧济州岛西南角之间的连线；东海与南海的分界线是从福建东山岛南端沿台湾浅滩南侧至台湾南端鹅銮鼻之间的连线。

2. 我国地理区域划分方案①

以上为我国地表地貌和海洋的基本概况。需要说明的是，在人类文明形成和发展的过程中，人类一直在不停地探索和认识自己的家园，我国古代著名的地理学著作《禹贡》就是我国古代人民对我国地理区域认识成就的体现。《禹贡》所体现的系统思想、区域方法和综合研究方法，被誉为世界地理学的启蒙之作，《禹贡》总结当时我国各地的地理特征，将古代中国划分为九个地理区域，这是九州一词的词源。通过区域认识一个地区的自然环境状况和演化规律是人类认识地理环境的主要方法，在我国自然地理区划实践中，由于人们对自然界地域分异规律认识的不同，相应地出现不同的地理区域划分方案：罗开富方案（1954）提出以自然综合体或景观作为区域对象，以植物与土壤作为景观的标志即区域标志，将全国分为 7 个区域；黄秉维方案（1958）利用地带规律和等级方法将全国划分为 6 个热量带，1 个大区，18 个地区和亚地区，28 个地带和 88 个自然省，值得称道的是，该方案对我国国土进行了等级划分；任美锷、杨韧章方案（1961）把全国分为 8 个自然区、23 个自然地区、65 个自然省；赵松桥方案（1983）将 3 大自然区（东部季风区、西北干旱区域和青藏高原）作为一级区域，在 3 个大自然区之下又划分出 7 个自然地区和 33 个自然区；顺便提及的是席承藩方案（1980），该方案与赵松桥方案的相同之处就是确认 3 大区域，并在此基础上划分出一个包括区域、温度带和区三级单位的自然区划方案。

目前，在我国较为流行的区划方案是以大区或区不列级，即以地区研究为重点将我国分为东北区、华北区、晋陕内蒙古区、长江中下游区、东南区、西南区、西北区和青藏区 8 个综合区。东北区包含黑龙江省、吉林省和辽宁省，其环境资源特征是大、小兴安岭和长白山系呈马蹄形环绕着东北大平原的西部、北部和东部，南部与我国的渤海、黄海相邻，地处温带，因而气候温和湿润，发育着黑龙江、乌苏里江、松花江、辽河、鸭绿江等水系，由于其特殊的地理特征而形成了一个完整的自然地理区域；华北区由北京、天津、河北、河南和山东构成，连接东北、西北、东南和中南等地区，东临渤海、黄河，该区域从北到西南环状分布着燕山、太行山、大别山，东部有山东丘陵，南部为广阔的黄淮海平原，本区域是我国新兴经济圈渤海经济圈的主体部分；晋陕内蒙古区，顾名思义，这一地区由山西省、陕西省和内蒙古自治区组成，地处我国

① 以上资料主要参考赵济的《中国地理学》。

第二阶梯向第三阶梯的过度地带，北部有大兴安岭、阴山、桌子山，东部有太行山，南部有大巴山、秦岭，中部是吕梁山，举世闻名的黄土高原和内蒙古高原位于该区域。另外，自东向西的大兴安岭—阴山、秦岭是本区域的重要地理界线，就自然保护而言，本区域是我国自然环境脆弱、土地退化最为严重的地区。

长江中下游区是指位于我国最大的流域长江水系的湖北、湖南、安徽、江西、浙江、江苏和上海 7 个省市，本区域自然条件优越、自然资源丰富，经济发达，在我国经济发展格局中占据重要地位。本地区地势西高东低，低山丘陵与平原相间分布，由于地处长江水系，该地区河网密布、湖泊众多、陆地水资源丰富；东南区由福建、广东、海南、台湾、香港和澳门组成，本地区地处东南沿海，北面是大陆腹地，面临太平洋，区位优势突出，其环境资源特点是以热带、南亚带气候为主，高温多雨、水热资源丰富，丘陵众多，人地矛盾突出，生物资源丰富多样，本地区海域包括南海全部和东海的一部分，因而海域辽阔，海洋资源富饶；西北区是指由甘肃省、宁夏自治区和新疆自治区组成的区域，简称为甘新宁区域，本区地处我国西部，与蒙古、俄罗斯、哈萨克斯坦、吉尔吉斯斯坦、塔吉克斯坦、阿富汗等国家和地区接壤，地域面积约占全国总面积的23%。疆域辽阔、地理单元众多为西北区的主要特征之一，西北区矿产资源丰富，但也是我国土地荒漠化严重的地区；西南区由重庆、四川、云南、贵州和广西五省市组成，本区西邻青藏高原、北部与甘肃、陕西相连，东部与湖北、湖南和广东相接，南濒北部湾，西南部与缅甸、越南、老挝交界。地理环境的主要特点是该区域占据了我国三大地形阶梯的一部分，自然景观垂直分布显著，所在区域纬度较低、热量充足，降水充沛；青藏区由青海省和西藏自治区组成，该区域的大部分处于青藏高原，西南部与克什米尔、印度、尼泊尔、锡金和不丹等国家和地区接壤，北部与新疆、甘肃相邻，东部与四川云南等省相连，由于该区域大部分在我国第一阶梯的青藏高原，青藏高原的特征也就是该区域的主要地理特征，这一地区是亚洲众多河流的发源地，享有世界第三极和亚洲水塔的称誉，为我国生态环境保护的主要区域之一。

对区域的认识是一个不断发展的过程，过去地理学的重心在于区域的自然特征、人文特点，随着现代社会环境问题的日益突出，人们将注意力集中于区域的人类与环境的关系、关注区域的可持续发展，关注将地域分异规律应用于人类与环境的关系方面。地理状况是区域环境的自然基础，从环境、生态、地理演化的时间和空间尺度上考察，无论什么样的环境问题或者环境矛盾都与地理环境有直接的联系，只是我们用很短的时间尺度审视人类与环境的关系时，地理环境状况及其结构和演化规律被当作一种背景而道具化了，在环境要素为逻辑前提的环境法律中就连这种背景也显得多余。研究地理区域对于认识和理解环境问题，找出环境问题的症结所在具有重要的价值，环境科学和可持续发展理论要求人们以更加宽广的视野观察环境问题，而不是将环境问题局限在污染治理这样狭义的领域内，即便是解决污染这样的问题也离不开对区域环境的认识。

二、地理区域与环境的联系

在中华文明发展的历史进程中，独特的地理环境对于中华文明的形成起着重要作用，人类习惯上把黄河、长江称为母亲河，反过来说，中华文明对我们生存和繁衍的地理环境也产生不可估量的影响。中华民族的辛勤劳动改变和影响着我国地理区域景观的构成和演化，形成了一些闻名遐迩的人文地理区域，改变了区域环境的格局，如著名的黄河流域农业区域、长江流域农业区域、大运河、都江堰等，这些区域成为中国古代哲学"天人合一"思想的典型表现，并被认为是人类与自然和谐关系的楷模。而且，人与环境的问题应该从更为宽阔的视野中去理解、从人与自然环境的历史中去寻找、从人类生活的具体区域中把握。

姚汉源先生在他的《中国水利发展史》中说："水利与国家的政治经济是互相促进，互相制约的。中国几千年来以农业经济为主，水利是农业的命脉；近代的能源、用水、水运交通等水利占有极为重要的地位，所以研究工农业的发展与水利的关系和互相促进、制约的规律，不能不探求历史，这些关系和规律是制定战略性规划时必不可少的。水利规划的得失影响经济发展。它既需了解现实条件，也要求诸历史经验。它既有地区性也有时代性，既不能照抄其他国家和地区的也不能照抄旧时代的，但必须了解过去的情况。"① 解决环境问题的环境法律亦如此，环境问题在不同的区域、不同的时代有不同的情况，某一地区的环境问题都是以其特定历史条件和特定区域自然条件为前提的，目前的环境问题主要是工业、城市化、人口激增等现代原因造成的，就一个区域演化发展过程衡量，过去仍旧影响着今天环境生态的变化，因此过去仍然是不容忽视的，从哲学上讲今天是昨天的继续。就环境污染而言，由于不同的地

---

① 姚汉源：《中国水利发展史》，上海人民出版社，2005年，第9页。

区、不同的工业发展，其污染物也各不相同。以固体废物防治为例，每一个区域产生的废物不同，处理方法也不一致，最近欧盟环保局采取了一项个性化处理废物的方法，就是根据不同工业、不同区域所产生的废物而采取的不同方法。

1. 古代地理环境与法律

探求自然与法律的关系贯穿于人类法律思想演化的进程。古希腊时期自然法学的代表之一斯多葛派学者认为，人的本性是整个自然和宇宙的一部分，按照自然规律生活，依照理性和宇宙的自然法生活才是正义的，自然规律和理性作为一种遍及宇宙的普遍力量是法律和正义的基础。古罗马伟大的法学家、政治家西塞罗将自然与理性等同起来。他认为："真正的法律乃是一种与自然相符合的正当理性；它具有普遍的实用性并且是不变而永恒的。通过命令的方式，这一法律号召人们履行自己的义务；通过它的禁令，使人们不去做不正当的事情。它的命令和禁令一直影响着善良的人们，尽管对坏人无甚作用。力图变更这一法律的做法是一种恶，试图废止其中一部分的做法也是不允许的，而要想完全废除它的做法则是不可能的……罗马的法律和雅典的法律并不会不同，这是因为有的只是一种永恒不变的法律，任何时候任何民族都必须遵守它。"① 可以看出，在自然法理论看来，理性或者是法律必须符合于自然才具有正当性，追求自然规律与理性的一致性可以证实法律存在的合理性，如果法律与自然规律一致的话，人们不能改变它而只能遵守。顺着这样的逻辑，古罗马著名的法学家乌尔比安则将法律完全等同于自然规律。他说到："自然法是所有动物所通有的法律。这种法律并不是人类所特有的，而是属于生活在陆地或海洋中的所有动物，也属于空中飞翔的鸟类。因此，就出现了我们称之婚姻的男女结合，也因此出现了繁衍后代和养育后代的问题。就此而言，我们可以说所有的动物，甚至包括野兽，都通晓此类法律。"② 这里乌尔比安将法律完全等同于自然规律，我国古代也有"人法地、地法天、天法道、道法自然"的立论。

法国启蒙运动时期思想家孟德斯鸠是开创研究地理环境与法律关系的第一人。作为自然法学派的思想家孟德斯鸠同样认为法律与自然规律存在某种联

---

① 转引自 E·博登海默：《法理学——法律哲学与法律方法》，邓正来译，中国政法大学出版社，2001 年，第 16 页。

② 转引自 E·博登海默：《法理学——法律哲学与法律方法》，邓正来译，中国政法大学出版社，2001 年，第 16 页。

系，孟德斯鸠没有将这一论题停留在自然和法律的关系上，而是更加进一步的讨论了地理环境与法律的形成与联系。他在《论法的精神》中指出："从最广泛的意义上来说，法是由事物的性质产生出来的必然关系。在这个意义上，一切存在物都有它们的法。上帝有他的法；物质世界有它的法；高于人类的'智灵们'有他们的法；兽类有他们的法；人类有他们的法。"① 孟德斯鸠注意研究了政治、法律和地理环境之间的关系，他强调自然环境对政治法律制度的产生发展和形成的作用，他甚至将自然环境对法律政治的作用上升为决定性的地位，在他的著作《论法的精神》的第三卷中分别讨论了法律和气候的性质的关系、民事奴隶制的法律和气候的性质的关系、家庭奴隶制的法律和气候的性质的关系、政治奴役的法律和气候的性质的关系、法律和土壤的性质的关系诸问题，这些观点后来被描述为"地理环境决定论"。

2. 地理环境决定论及其影响

"地理环境决定论"曾经风靡于地理学和社会科学的很多领域，人们用这一理论分析人类社会制度的起因、发生、发展的因果联系。作为地理环境论的坚定支持者，美国学者森普尔在他的《地理环境的影响》一书中坚持认为："人是地表的产物，是地球的子女，不仅生于地球，而且大地养育了人类，给人以工作，决定人的思想，让人类面对困难，锻炼身体，增强智慧，如航海、灌溉等各种问题。同时又暗示解决这些问题的办法，大地与人类之间的关系不仅深入骨肉，而且渗透到精神之中。"② 在我国，"地理环境决定论"基于斯大林那段著名的论断几乎没有任何市场，斯大林在《辩证唯物主义和历史唯物主义》一文中认为："地理环境无疑是社会发展的经常的和必要的条件之一，它当然影响到社会发展——加速或者延缓社会发展进程。但是它的影响并不是决定性的影响，因为社会的变化和发展比地理环境的变化发展快，不可比拟。欧洲在三千年内已经更换了三种不同的社会制度：原始公社制度、奴隶占有制度、封建制度；在欧洲东部，即在苏联，甚至更换了四种社会制度。可是，在同一时期，欧洲的地理条件不是完全没有变化，便是变化极小，连地理学也不愿提到它。地理环境的稍微重大一些的变化，都需要几百万年，而人们的社会制度的变化，即便是极其重大的变化，也只需要几百年或一两千年就够

---

① ［法］孟德斯鸠：《论法的精神》（上册），张雁深 译，商务印书馆，2005 年，第 1 页。
② 转引自白润光：《地理科学导论》，高等教育出版社，2006 年，第 202 页。

了。"① 然而，在当代环境问题日益严重的今天，"地理环境决定论"以它新的面貌出现成为一种必然。

地理与社会制度、法律存在一定的关系是毋庸置疑的，但是从古代乃至近代，人们更多地将关注点集中于地理环境对法律的作用、法律的产生和形成，而今天的环境法律主动地运用法律实现人与地理环境的和谐演化发展，避免环境问题的出现，实现可持续发展，这是当代环境法律理念与以往法律思想根本不同的地方和区别。

三、地理区域在环境法律上的意义

环境法律与地理区域的关系，主要指的是工业革命后出现的以保护地理区域为代表的环境法律，这是人类较早用区域方式保护环境的行动。当欧洲人踏上美洲这个被喻为天赐之国的土地以后，开发便伴随着一个接一个的自然破坏活动，毫无节制的伐木、对土地破坏性的淘金、大规律的屠杀野牛、海豹，致使美国这个新兴的工业国家饱受了环境灾难之苦，在 20 世纪初期，沙尘暴、河流污染已经严重地影响着美国社会经济和人民的正常生活秩序。与此同时，美国历史上出现了最早的保护自然环境活动。1872 年，美国国会通过的《黄石国家公园法》开启了联邦政府保护和管理自然资源的时代。该法律将具有以下特点的联邦区域纳入自然保护区范围：（1）基本上受自然力影响、不易察觉人类劳动痕迹；（2）极适于隐居或原始的和未确定类型的消遣活动；（3）面积至少为 5000 英亩或为实际可行的保存或无损害的利用所足够的面积；（4）具有生态的、地理的或其他的科学的、风景的历史价值。这样黄石公园就成为第一个联邦法律保护的地理区域，它的意义在于：国家公园的建立实现了"'保存风景的、自然的和历史的客体和野生动物，以无损于后代人的享用的方式为人们对它们的享用提供服务'，国会强调建立和管理国家公园为的是'全体美国人的共同利益'。国会宣布国家公园系统是国家遗产。"② 这种立法目的与当代可持续发展理论何其相似也！笔者认为《黄石国家公园法》的法律意义有以下方面：该法律将法律保护的对象扩展到了地理区域，并且认识地理区域是环境的组成部分和物质形式，将人们行为规范与特定的地理区域联系起来。更为关键的是，将一个地理区域与全体美国人民的利益用法律结合到一起，跳出狭义的环境法律模式，充分体现了环境科学所揭示的环境要素、环境

---

① 转引自白润光：《地理科学导论》，高等教育出版社，2006 年，第 203 页。
② 王　曦：《美国环境法概论》，武汉大学出版社，1992 年，第 407 ~ 408 页。

组成部分、环境系统内部及系统之间互相联系、互相制约、互相影响的关系。

应用区域形式保护环境就成为环境法律方式之一，《海洋环境保护法》是我国环境资源法律中系统运用区域管理海洋资源的法律。我国是一个海洋大国，海洋资源丰富多样，随着社会经济的发展、人口的增长，对海洋资源的开发成为我国社会主义建设不可或缺的组成部分，海洋经济占我国国民经济的重要地位，实现海洋资源的可持续发展是我国环境与资源可持续发展的有机组成部分，利用区域规范海洋环境资源的开发与保护活动成为海洋环境保护中主要内容与制度之一。我国《海洋环境保护法》第 6 条规定："国家海洋行政主管部门会同国务院有关部门和沿海省、自治区、直辖市人民政府拟定全国海洋功能区划，报国务院批准。沿海地方各级人民政府应当根据全国和地方海洋功能区域划，科学合理地使用海域。"国务院批准的《全国海洋功能区划》第 3 条则明确规定："海洋功能区划是海域使用管理和海洋环境保护的依据，具有法定效力，必须严格执行。沿海省、自治区、直辖市人民政府要根据《区划》确定的目标，制定重点海域使用调整计划，明确不符合海洋功能区划的已用海项目停工、拆除、迁址或关闭的时间表，并提出恢复项目所在海域环境的整治措施。"海洋功能区划根据海洋环境资源的特性和开发利用的需要将海洋划分为港口航运区、渔业资源利用与养护区、旅游区、海水资源利用区，工业用海区、海洋保护区、特殊利用区、保留区等 10 个主要海洋功能区。遗憾的是，我国环境法律、海洋环境保护法中没有像美国那样制定对海洋和陆地过度段的环境保护法律。

美国 1972 年的《海岸带法》（Coastal Zone Management Act）利用对地理区域管理达到保护环境的法律。美国是一个典型的海洋国家，国土处在太平洋和大西洋之间，北部的阿拉斯加北临北冰洋，有漫长的海岸线。美国政府认为美国沿海丰富的海洋资源对美国人民的现在以及将来都具有无法估量的价值，但是，人口增加和经济发展对沿海地区的生态系统已经形成严重的威胁，制定环境法律保护海洋资源就成为环境法律的基本任务。该法的海岸带简单地说就是指沿海水域和沿岸土地等，《海岸带法》的基本目的主要有：第一，为了当代人及其后代人保存、保护、开发并在可能的情况下恢复和增强海岸带资源；第二，通过发展和实施海岸带管理计划，鼓励和帮助各州有效地履行其对海岸带的职责；第三，鼓励编制特殊区域的管理计划以保护自然资源、保障沿海经济的合理增长、加强对有害地区的人民和财产的保护、改善政府决策的可预见性。我国政府多次重申我国是一个海洋国家，我国主要的经济发达区域都集中在沿海地区，但是，沿海生态系统和土地更是不堪重负，利用地理区域保护海洋和陆地的生态资源迫在眉睫，借鉴美国《海岸带法》的经验保护我国沿海地区环境不失为一个选择。在 2008 年全国人民代表大会上，海洋生物学研究员莫照兰代表提出制定《中华人民共和国海岸带法》的议案。

第二节　行政区域

一、我国行政区域的构成

行政区域也称行政区划，确切地说，行政区划是这一称谓的规范术语。之所以采用行政区域的称谓是为了与主题保持一致，与其他区域称谓之间平衡。"简单地说，行政区划（administrative division or administrative regional）就是国家对行政区域的划分，具体地说，就是根据国家行政管理和政治统治的需要，遵循有关的法律规定，充分考虑经济联系、地理条件、民族分布、历史传统、风俗习惯、地区差异和人口密度等客观因素，实行行政区域的分级划分，将国家的国土划分为若干层次、大小不同的行政区域，并在各个区域设置相应的地方国家权力机关和行政机关，建立政府公共管理网络。为社会生活和社会交往明确空间范围。行政区划是一个国家权力再分配的一种主要形式，也是国家统治集团及政治、经济、军事、民族、习俗等各种要素在地域空间上的客观反映。"① 行政区划制度是一个国家的重要制度，作为基本制度受到国家政治体制的约束。概括起来，就是联邦制或者单一制国家政治体制的限制，行政区域在这两种政治体制下的作用差距较大，如何在不同政治格局下发挥各级政府在环境管理上的积极性，以及如何合理划分各级政府在环境管理上的职权，是政治学、宪法学和行政法学所要研究的问题，也是区域环境法律研究中不可回避的关键问题，有关这个问题将在以后的章节中进行讨论和分析。

我国是世界上最早采用行政区划制度管理国家领土的国家之一，因而行政区划制度在我国有着漫长的历史。根据史料记载，我国最早的行政区划出现在战国时期，我国第一个封建王朝——秦朝开始大规模利用这一制度从事国家行政管理。公元前 221 年，秦始皇统一中国后，接受宰相李斯的建议在全国推行郡县制，将全国划分为 36 个郡，建立起了行政结构严紧、体系完备和层次明

---

①　侯景新等：《行政区划与区域管理》，中国人民大学出版社，2006 年，第 13 页。

确的行政区划，从此，我国开始实行了长达两千多年的行政区划制度。新中国成立后，我国行政区划根据社会主义建设的需要曾经历过几次较大规模的调整，现在我国行政区划的格局由我国《宪法》（1982 年）和以后的宪法修正案确定下来。《宪法》第 30 条对行政区划做了具体的规定："中华人民共和国的行政区划划分如下：（1）全国分为省、自治区、直辖市；（2）省、自治区分为自治州、县、自治县、市；（3）县、自治县分为乡、民族乡、镇。直辖市和较大的市分为区、县。自治州分为县、自治县、市"。第 31 条规定"国家在必要的时候得设立特别行政区"，这是设立香港和澳门特别行政区的宪法依据。经过多年的演化和发展，实行多年的省——县——乡三级制行政区划体制受到来自市（包括地级市、较大的市、计划单列市）这个行政级别的挑战而变得模糊不清。截止到 2003 年，我国共有北京、上海、天津和重庆 4 个直辖市，23 个省，新疆维吾尔自治区、西藏自治区、广西壮族自治区、宁夏回族自治区、内蒙古自治区 5 个自治区，以及香港特别行政区和澳门特别行政区一级区域；282 个地级市、18 个地区、30 个自治州和 3 个盟，共计 33 个二级区域；845 个市辖区、374 个县级市、1470 个县、117 个自治县、49 个旗、3个自治旗、2 个特区、1 个林区，共计 2861 个三级区域和 44041 个由镇、乡、苏木、民族乡和街道组成的四级区域。

　　行政区划从初创到成熟显示出行政区划所特有的特征。田穗生教授将行政区划的特点简要地总结为三点，即政治性、相对稳定性和渐进演化性；侯景新教授把行政区划的特点归结为 5 个方面：第一，行政区划具有政治性、政策性和阶级性；第二，行政区划的地域性和不重复性；第三是综合性；第四是行政区域具有一定的历史继承性和相对稳定性；第五行政区域是动态可变的。两者的主要内容基本上相同，后者的内容显得更为充实、具体一些。

　　以上是我国行政区域构成的基本情况和行政区域的基本特点。需要说明的是，各个学科对区域研究的视角不同，就层级而言，区域环境法律所关注的是区域环境与行政区域、行政级别与区域层级上的大致对应关系，生态学、地理学和行政区域都呈现出层级关系，地理学、生态学、景观生态学、区域经济学和行政区划对区域的划分层级、区域范围不一致，因为确定划分原则和目的是完全不同的，这样区域之间的层级关系不是对应的，即便是非常相近的学科也有所不同，例如我国《立法法》（2000 年）规定我国的立法层级共有中央级、省市级、较大的市级、自治州级和县级五个层级，除了较大的市级外，其它的均在我国宪法中有明确的规定。较大的市在《立法法》上的解释是："本法所称较大的市是指省、自治区的人民政府所在地的市，经济特区所在地的市和经国务院批准的较大的市。"我国环境法律一般均按照我国已有的行政区划框架进行立法，也就是说，遵循我国现有法律规定的行政区划或者行政层级，标准条款是："国务院环境保护行政主管部门，对全国环境保护工作实施统一监督管理。县级以上地方人民政府环境保护行政主管部门，对本辖区的环境保护工作实施统一监督管理。国家海洋行政主管部门、港务监督、渔政、渔港监督、军队环境保护部门和各级公安、交通、铁道、民航管理部门，依照有关法律的规定对环境污染防治实施监督管理。县级以上人民政府的土地、矿产、林业、农业、水利行政主管部门，依照有关法律的规定对资源的保护实施监督管理。"（环境保护法第 7 条），通过不同层级设定环境管理权是环境管理中一种常见的方法，应该指出的是，我国环境法律对不同层级设立不同的环境管理权的作法并不多见，主要集中在环境标准和环境影响评价的规定中，我国环境地方性标准的制定权限是省、自治区和直辖市行政级别，而环境影响评价将最低行政层级设定在设区的市一级。《环境影响评价法》第 7 条第 1 款规定："国务院有关部门、设区的市级以上地方人民政府及其有关部门，对其编制的土地利用的有关规划，区域、流域、海域的建设、开发利用规划，应当在规划编制过程中组织进行环境影响评价，编写该规划有关环境影响的篇章或者说明。"这就明确将环境规划编制的最低行政层级设定在设区的市一级。

简言之，我国环境法律无论在立法、司法和执法上都是在现有行政区划制度下完成的。现实地说，行政区域是环境法律的空间基础。对于区域环境法律来说，追求行政区域与环境区域体系之间相对一致、追求行政区域制度和自然环境区域制度这两个体系兼容性是核心问题之一，因为至少有两个问题直接影响环境法律运行和所要达到的目的。第一，行政区划本身科学与否直接影响环境法律的全部过程，即行政区域、生态系统（区域）和地理区域等区域范围的一致性（重合性）的程度，一致性越强，区域环境法律对区域的人与环境关系的控制程度也就越强，环境法律的效率发挥得越大，人们与区域环境的相互影响关系越明显，环境法律法规的针对性越强；第二，必须区别不同区域的差异性，顾及各个地域的地理、经济、社会、文化的特点。换句话说，环境法律必须与一定区域的环境状况相符合，否则混乱将不可避免，这样的悲剧在我国环境法律和环境管理上已经上演了不是一次了，建立适当的环境法律制度，解决各个特定区域的环境问题是区域环境法律所追求的目标。

二、我国行政区域的演化

讨论我国行政区域的演化制度对于区域环境法律有着十分重要的意义，合理的行政区划制度是环境保护法律的基础性前提，也是研究区域环境法律的目的。探讨一个区域中自然环境（地理区域）与人类生存组织形式（行政区域）之间的互相影响关系具有极为重要的实际意义。行政区域与地理区域一样也是处于不断发展演化的过程中，行政区域与地理区域的空间范围层级、变化尺度相比，行政区域的演变更加突出、频繁，行政区域的演变会直接或间接影响地理区域和其它区域的变化。行政区域演化可以给我们在另一个侧面揭示人与自然的关系在行政区划中的作用和经验。遗憾的是，从现代环境科学和生态学的原理来看，这些经验以教训性为主。如前所述，我国是世界上最早实行行政区划制度的国家之一，公元前221年，秦统一后开始实行地方两级管理制度的郡县制，将全国分为36郡，1000多个县，县隶属郡管辖，从此县成为我国行政区划管理中一个重要的管理层级并持续到当代；汉代为了加强中央集权统治，理顺行政管理关系，州作为地方行政层级出现，这样地方行政层级由过去的郡县两级演变成州郡县三级，州成为地方行政的最高级别，不过，州的地位并不像县的地位这样稳固，隋唐时期行政区划级别一度改为二级制，到了元、明、清时期，随着在行政区划上的省的出现，州作为一个行政级别基本上退出历史舞台；元明清时期在行政区划上的最大贡献就是将行省作为我国地方行政的最高一级行政区域单位或者说行政级别，一直延续至今。省级行政级别一直是我国地方行政的最高级别。这样的行政区划形式也被称为地域行政区，它的含义是下一级政区是上一级政区的地理区划，这也是我国农业社会影响下所形成的区域特征。

我国古代行政区划设置主要是为了保持中央集权的统治，违背一些地理学、生态学客观规律也就在所难免。众所周知，行政区划的设置与地理区域保持一致是行政区划的基本原则之一，在我国行政区划历史上这一原则往往被另一原则代替，为了保持中央集权的统治，避免地方政权尾大不掉，常常采用"犬牙交错"的原则，完整的地理区域被分割，相对独立的生态系统（区域）分属于不同的行政区域。由于行政区划的历史性和继承性，这些危害一直持续到我国现在的环境资源管理中，最为明显的危害就是原本一个完整的生态系统（区域）变成行政区划制度下的"公地悲剧"。如湖南、湖北的洞庭湖水域，山东、江苏之间的南四湖水域，太湖流域属于江苏、浙江两省等。我国行政区划横跨自然地理区域、生态系统的现象比比皆是，可以说，这种行政区域和地理区域"犬牙交错"做法是历代统治者治理国家、维护统治的经验，是目前造成环境保护中区域责任难以分辨的历史原因，水环境治理中出现"九龙治水"的现象至少与这种地理区域和行政区域相互交错叠加存在一定的联系。吕忠梅教授对此有过深刻的认识："在我国，国家保护自然，保护生活环境与生态环境，防止污染和其他公害是写进宪法的一项基本国策。以宪法为基础，国家也已制定了一系列法律法规，基本上实现了环境保护活动的有法可依。依据这些法律法规，中国已建立了统一管理与部门管理相结合、中央管理与地方管理相结合的管理体制。"① 它的深层次的原因既有制度本身引起的，也有历史沿革形成的，行政区划设计的不合理导致行政区划没有反映出自然地理的特征，不符合现代生态学、环境科学、区域科学的基本原理，是造成环境管理混乱的原因，甚至可以归为主要原因。吕忠梅教授接着分析："但是，现行的管理体制实际上是一个地区分割、部门分割的管理体制，加之部门立法、地方立法的权限与关系不清。尤其在生态区域性环境资源保护方面，存在的问题更加突出。从表面上看，有关法律对我国的环境保护问题已经做出了全面的规定，但实际上在立法理论与实践中，这些法律本身及其相互之间都存在着问题。（这些问题主要表现为：法律之间的关系不协调和一些管理机构的法律地位不明、职责不定，加之部门立法、地方立法，各种保护主义盛行，导致环境管理中的"九龙治水"、"十八哪吒闹海"的局面。这种管理体制中常常出现权力设置的重复和空白，只有分工没有协作或无法协作，既不能发挥各部门的作用，又不能形成整体效益，反而因为各部门的权力竞争造成对整体利益、长远利益的损害。）"② 紧接着，吕忠梅教授将淮河流域水污染治理作为失败的实例，对现行环境管理体制进行更加深刻的批判和质问。就区域环境理论而论，没有认识清楚各种区域的特点以及互相之间的联系是导致这一错误的主要原因。

第三节　我国经济区域和其他区域

一、我国经济区域的构成及特征

经济区域是一种重要的区域形式。在我国，经济区域与经济政策有着直接

---

① 吕忠梅：《中国环境法的革命》，韩德培：《环境资源法论丛》（第1卷），2001年，法律出版社。

② 吕忠梅：《中国环境法的革命》，韩德培：《环境资源法论丛》（第1卷），2001年，法律出版社。

的联系。经济区域的设立、划分等主要由经济政策调整，因此，经济政策在调控经济区域活动中扮演着政策与法律的双重角色，区域经济政策在我国国家政策中占有极为重要的地位。我国第一代领导人毛泽东主席在他的文章《论十大关系》中就讨论了经济区域之间的关系，按照现在的经济区域或者区划理论，《论十大关系》与经济区域相关的论述就有 3 个部分，即沿海工业与内地工业的关系、中央和地方的关系、汉族和少数民族的关系。在我国区域经济政策演化过程中，区域政策受到众多因素的影响，不同时期的区域经济政策的侧重点也各不相同，而且各个时期实施区域经济政策的措施也大相径庭，在这些众多因素中体制问题依然占据主导地位；在我国区域经济政策发展阶段的划分问题上存在多种方法，有的按照政治领导人来划分，[1] 有的按照社会经济体制来划分。人民大学的张可云教授将我国区域战略划分为 5 个阶段，[2] 其中改革开放前 3 个时期，改革开放后 2 个时期。第一阶段为内地建设战略阶段（1949～1964 年）。这一阶段的区域战略的重点是将内地作为区域战略的重点，内地不仅是亟需发展经济的地区，也是我国国防战略的核心区域，通过有目的的工业布局来平衡我国的生产力布局，协调沿海与内地的关系，这一时期以发展重工业为主，其中重点建设区域是东北工业区；第二阶段为三线建设战略阶段（1965～1972 年）。三线主要由四川、贵州、云南、陕西、甘肃、重庆以及湖南、湖北、河南的西部地区，该阶段的区域经济政策基本上以国防建设为主，实施区域战略转移，将我国经济活动迁移至三线地区，其它地区则建立相对独立的工业体系，这一时期的工业建设对于中西部较为落后的地区发展提供了机会，并且使得这些地区建立起门类较为齐全的工业体系。但是，在企业布局上为了实现备战目的，强调"靠山、进洞、分散"，使得建立起来的企业效益不佳，这一时期区域经济政策完全服从于国防需要；第三阶段：战略调整阶段（1973～1978 年）。该阶段为我国区域战略大规模的调整时期。由于世界政治经济格局发生深刻的变革，中美关系的改善等促使我国进行相应的经济调整，开始将经济重心向东部和沿海地区转移，从立足于战争准备的区域经济战略转向以国家经济建设方面，经济区域的布局开始走向以经济效益为中心的轨道；第四阶段：沿海发展战略（1979～1991 年）。这一战略的特点是充分利用沿海

---

[1] 武汉大学的吴传清教授在其主编的《马克思主义区域经济理论研究》一书中将我国区域经济政策按照党的领导人划分为三个时期。

[2] 参见张可云：《区域经济政策》，商务印书馆，2005 年，第 438～445 页。

地区的区位优势，发展建设外向型经济，参与国际经济竞争和国际贸易，陆续设立了深圳、珠海、汕头、厦门四个经济特区、14个沿海开放城市，并且在财政、信贷等方面给予优惠待遇。

值得一提的是，我国的区域经济战略和经济政策出现了全国经济格局的概念和意识，即经济战略开始从全部国土的战略角度规划和制定区域经济政策，"七五"计划根据各个地区的经济技术和地理位置以及国家经济发展的方向，将全国划分为东部、中部、西部三大经济地带，为各个经济地带制定不同的区域经济政策；第五阶段：协调发展战略阶段（1992年至今）。这一时期的标志性事件是，1992年我国经济体制开始由计划经济向社会主义市场经济转型，国家开始注重区域经济的协调发展，随着我国十几年的经济高速发展，区域间的经济差距越来越大，经济区域之间的协调、可持续发展成为区域经济发展的关键所在。1999年，国家正式提出西部大开发战略，2007年，国务院批准了振兴东北区域规划，至此，我国区域经济形成了中、东、西和沿海地区的宏观经济格局。此外，在这一经济区域形成演化中，市场经济机制为推动经济区域格局的形成发挥着不可替代的作用，这是我国区域经济战略和政策所从来没有的，可以预料，在未来的经济区域和区域战略及经济政策中市场经济体制还将发挥更大、更深刻的作用。党的十七大报告指出要继续实现区域发展总体战略，提出了"推动区域协调发展，优化国土开发格局"的战略。我国"十一五"规划将我国国土按照环境资源承载能力和经济发展的需要分为四种类型的主体功能区，即优化开发区域、重点开发区域、限制开发区域和禁止开发区域，这是我国首次在区域内有效地平衡经济发展与环境资源保护的关系，应该说这一阶段是我国区域发展走上可持续发展之路的开始。

以上就是我国经济区域发展的粗线条脉络，从开发资源、国防建设、经济建设一直到区域环境保护，环境、区域环境最终站立于区域经济发展和战略的平台之上。回顾我国区域经济政策的目的在于认识我国区域发展的过程和模式，因为作为过去时的区域环境政策不仅是存在过的经济政策，具有现实意义的是，这些政策在环境资源客观方面的影响和结果仍旧发挥着作用，这也是本文一直强调的观点，而且这样才能从景观的角度或者动态的角度全面理解区域及其演化过程。荷兰生态学家Ⅰ·S·宗纳维尔在《地生态学》一书中指出："我们认为在这个系统意义上（作者注解也就是在'实用的整体'意义上）'土地'与景观同义。这与FAO或瓦格宁更土地学派所倡导的定义是一致的（见Brinkman and Smyth，1973；FAO，1976）：'土地是地球表面的一个区域，其特征包括这片区域上方和下方所有足够稳定。或者周期性循环的地球圈属性，也就是包括大气、土壤及其下伏地质条件，水文，动植物种群，还有那些过去和现在对土地利用能够产生显著影响的人类活动。'" 再则，对过去经济区域发展演化的认识和理解有助于认识和理解当代经济区域的发展，深刻了解经济区域演化规律，重复这样的观点，有助于深层次认识区域环境，区域环境有自己的过去现在和将来，有其自己发展演化的方向。

经济区域是地理区域、行政区域和经济区域类型中最为活跃的区域形式，经济区域的特点表现为经济区域种类较多，结构功能差异很大，对区域环境的影响是多方面、多层次的，此外，经济区域的空间范围变化很大，级别和种类较多，而且，近年来城市及城市群在区域中作用越来越大，成为经济区域构成的核心。经济区域的设立、调整、发展方向主要受国家政策控制，经济区域对区域环境资源的影响很大，但是，我国目前尚缺乏将经济区域与区域环境资源保护与开发衔接在一起的具体法律制度，也就是说，环境法律或者区域环境法律制度的建设落后于经济区域的发展，探讨经济区域政策与区域环境协调发展是区域环境法律的任务之一。

二、其他区域类型

1. 社区的概念和特点

社区是社会学中的概念，研究社区是社会学的主要内容，作为空间概念社区兼具人群和地域两大因素。社会学的社区是指："社区是进行一定的社会活动、具有某种互动关系和共同文化维系力的人类群体及其活动区域。也有人强调'共同体'这一人群要素，认为社区通常指'以一定地理区域为基础的社会群体。'"① 不同的学者对社区认识存在一定的差别，国外社会学学者强调社区的三个要素，即社会互动、地域和共同约束。F·M·罗吉斯与 L·I·伯德格在《农村社会变迁》中指出：社区是一个群体，它由彼此联系、具有共同利益或纽带、具有共同地域的一群人所组成。

社区是一种简单群体，其成员之间的关系建立在地域的基础上。他们强调共同利益、共同地域、简单群体三个要素。我国社会学学者蔡禾在其主编的《社区概论》中为社区所下的定义："本书综合以上学者的认识，对社区给出以下定义：社区是建立在地域基础上的，处于社会交往中的，具有共同利益和

---

① 郑杭生等：《社会学概论新修》（第三版）中国人民大学出版社，2002 年，第 272 页。

认同感的社会群体，即人类生活共同体。"①　在区域这个庞大的家族中，社区在区域结构之中是最简单的，区域家族历史最悠久的区域结构形式。从某种意义上说，社区不仅是人类存在的简单形式，也是人类文明和文化得以传承的载体，这可以解释为社会学偏爱社区研究并将社区研究作为社会学常规研究对象的理由，社区包含着人类社会发展的基本要素、成分和状态。郑杭生教授将社区进行了更加细致的分析：（1）社区总要占有一定的地域，如村落、集镇等，其社区形态都存在于一定的地理空间中。然而，社区之'区'并不是纯粹的自然地理区域。从社会学的角度看这个'区'乃指一个人文区位，是社会空间与地理空间的结合。（2）社区的存在总是离不开一定的人群。人口的数量、集散疏密程度以及人口素质等，都是考察社区人群的重要方面。（3）社区中共同生活的人们由于某些共同的利益，面临共同的问题，具有共同的需要而结合起来进行生产和其他活动。在这一过程中产生了某些共同的行为规范、生活方式及社区意识，如共同的文化传统、民俗、归属感等等。它们构成了社区人群的文化维系力。（4）社区的核心内容是社区中人们的各种社会活动及其互动关系，并由此聚集在一起，形成了不同形态的社区。用区域理论来分析，社区是各种各样区域种类中最具代表性区域形式，社区形式虽然简单但是蕴含着人类社会与自然环境的基本关系，社区的发展历史可以看出人类社会与自然关系在空间的动态反映，其所具有的文化是人类文明的结晶。保护各种不同的文化和文明史是当代社会的职责而且得到国际社会的认可，保护不同的文化形式、原住民是国际环境法律保护的重要内容，保护不同的文化对于环境保护和可持续发展有着特别的意义，因为各种文化都是在人类与自然环境中产生的，揭示了人类与环境自然和谐发展的不同方式和思想，为人类将来的可持续发展提供宝贵的范例，而作为这种文化的载体的社区理所当然得到保护。

　　联合国《21世纪议程》第26章"确认和加强土著人民及其社区的作用"将对土著人民及其社区的保护提到全球环境保护的行动日程。《21世纪议程》在行动依据中指出：土著人民及其社区与他们的土地有着历史渊源并且一般来说是这些土地原有居民的后代。在本章范围内，"土地"一词包括有关人民历来居住的地区的环境。土著人民及其社区占全球人口相当大的百分比，他们世代相传，发展出与其土地、自然资源和环境有关的整体传统科学知识。土著人民及其社区应享有充分的人权及基本自由而不受阻挠或歧视。但由于种种经

---

　　①　蔡　禾：《社区概论》，高等教育出版社，2005年，第30页。

济、社会和历史因素，土著人民在其土地上充分参加可持续发展实践的能力受到了限制。鉴于自然环境及其可持续发展与土著人民的文化、社会、经济和物质福利的相互关系，全国和国际执行无害环境和可持续发展的努力应确认、容纳、促进和加强土著人民及其社区的作用。我国少数民族人口只占全国总人口的5%，但是却生活在约50%以上的国土上，这样的情景与世界上很多少数民族的情况相似，我国目前解决少数民族问题的方式主要是区域民族自治，民族区域自治是我国基本政治制度。随着全球变暖趋势的加剧，区域环境问题日益严重，解决区域少数民族聚居区域的经济发展和环境保护不仅要靠政治制度，同时也要依靠环境法律解决少数民族的生产、发展和环境保护的问题，这将成为我国区域环境法律制度的新领域。

2. 主体功能区

国土主体功能区是我国"十一五"规划中提出的一种新型国土开发与保护模式。主体功能区是根据不同区域的资源环境承载能力、现有开发密度和发展潜力，统筹谋划未来人口分布、经济布局、国土利用和城镇化格局，促进区域协调发展；主体功能区划的确定有利于引导经济布局、人口分布与资源环境承载能力相适应，促进人口、经济、资源环境的空间均衡；有利于从源头上扭转生态环境恶化趋势，适应和减缓气候变化，实现资源节约和环境保护。主体功能区划是对我国生态环境科学认识的空间上的反映，体现我国保护生态环境的决心和意志。全国主体功能区规划是战略性、基础性、约束性的规划，是国民经济和社会发展总体规划、人口规划、区域规划、城市规划、土地利用规划、环境保护规划、生态建设规划、流域综合规划、水资源综合规划、海洋功能区划、海域使用规划、粮食生产规划、交通规划、防灾减灾规划等在空间开发和布局的基本依据。主体功能区的设定对环境保护政策与环境的影响是深远的，在国家总体区域政策与法律的基础上，环境保护政策和法律（尤其是区域性环境政策和法律）可以根据不同主体功能区的环境承载能力，提出分类管理的环境保护政策。例如在优化开发区域要实行更严格的污染物排放和环保标准，大幅度减少污染排放；重点开发区域要保持环境承载能力，做到增产减污；限制开发区域要坚持保护优先，确保生态功能的恢复和保育；禁止开发区域要依法严格保护。

我国主体功能区共分4种类型的区域：（1）优化开发区域。这一类型的区域是指国土开发密度已经较高、资源环境承载能力开始减弱的区域。其发展方向定位于要改变依靠大量占用土地、大量消耗资源和大量排放污染实现经济较快增长的模式，把提高增长质量和效益放在首位，提升参与全球分工与竞争的层次，继续成为带动全国经济社会发展的龙头和我国参与经济全球化的主体区域；（2）重点开发区域。这一类型的区域是指资源环境承载能力较强、经济和人口集聚条件较好的区域。这类区域的发展方向是充实基础设施，改善投资创业环境，促进产业集群发展，壮大经济规模，加快工业化和城镇化，承接优化开发区域的产业转移，承接限制开发区域和禁止开发区域的人口转移，逐步成为支撑全国经济发展和人口集聚的重要载体；（3）限制开发区域。这是指资源环境承载能力较弱、大规模集聚经济和人口条件不够好并关系到全国或较大区域范围生态安全的区域。这类区域的发展方向是坚持保护优先、适度开发、点状发展，因地制宜发展资源环境可承载的特色产业，加强生态修复和环境保护，引导超载人口逐步有序转移，逐步成为我国或区域性的主要生态功能区；（4）禁止开发区域。这是指依法设立的各类自然保护区域。这类区域要依据法律法规规定和相关规划实行强制性保护，控制人为因素对自然生态的干扰，严禁不符合主体功能定位的开发活动。为了进一步完善主体功能区制度，国家环境保护总局（环境部）正在组织编制《全国生态功能区划》，依据区域主导生态功能划分为水源涵养、土壤保持、防风固沙、生物多样性保护、洪水调蓄、农业发展和城镇建设等 7 类生态功能区；根据生态功能及重要区和生态极敏感区的分布，提出陆域生态功能保护重点区域作为全国生态环境保护和建设的优先地区。从景观生态学的角度来看，我国生态功能规划所勾画的正是一幅景观生态学的区域异质性、斑块性所反映的特征，是一个由不同的生态系统（区域）构成的镶嵌体，为我国生态环境保护提供了一幅空间上的蓝图。

3. 经济特区

经济特区是我国改革开放的一个创举。一般意义上的经济特区是指一个国家或地区依照法律批准设立的经济区域，该区域享有对外贸易活动中比其他区域更加开放、更灵活和优惠政策的区域，典型代表就是深圳——一个落后的村庄经过 20 年的建设变成世界性的大都市，成为我国珠江三角洲经济区域的主要城市之一。设立经济特区的主要目的是提高本国的对外贸易水平和能力，利用经济特区的优惠政策引进国外资金、技术和管理经验，扩大国内就业，加快特定地区经济和社会发展，形成新的社会和经济结构等。我国从第一次设立经济特区以来，利用经济特区的区域形式促进经济发展已经成为我国经济政策的重要组成部分。经过几十年的区域经济政策实践，各种各样的经济区域都在发挥着不同的作用。高洪深教授将这类经济特区分为 7 种类型：（1）贸易型的经济特区。其功能在于让外商区内免税进行商品运转、仓储、分装于贸易；（2）工业型的经济特区。利用和吸收国外资金与技术在区域内投资生产，其主要利用区内的廉价劳动力和区内优惠政策；（3）工贸结合型的经济特区。这种特区兼具工业型经济特区和贸易型经济特区的双重特点；（4）科技型经济特区。（5）金融性的经济特区。（6）旅游性的经济特区。（7）综合性的经济特区。这类经济特区的设立不是为了实现单一的经济目标，而是以提高区域的综合发展为目的，我国的经济特区就属于这种类型。

4. 次区域

次区域作为一个概念没有权威的解释，在地理学与之相对应的一个概念为次大陆。在地理学上，次大陆的面积比洲小，但在地理上、政治上又有某种独立性的区域，如印度次大陆、南亚次大陆等。这样的解释对于没有地理学科知识背景的人来说，多少有些难以理解，而用生态系统的等级理论或许能更好地理解。换句话，这个概念可以从区域等级划分上理解次区域与区域之间的等级关系。等级理论认为次区域是区域在等级划分上的一种形式，在介绍了亚洲开发银行的次区域概念之后，将用生态系统的等级概念进一步剖析次区域的内涵。亚洲开发银行的经济学家为次区域经济合作下的定义是：次区域经济合作是"包括三个或三个以上国家的、精心界定的、地理毗邻的跨国经济区，通过利用成员国之间生产要素禀赋的不同来促进外向型的贸易和投资"。该概念被用来具体指图们江地区、澜沧江一湄公河地区、东盟北部地区、东盟东部地区和区域经济合作行为。以上概念没有明确说明次区域生态环境方面的特征，笔者认为用生态系统的层级系统理论来分析次区域，能够较为准确地说明次区域的功能和内涵。层级系统理论认为生物圈是最大的生态系统，是个多层次的独立体系。层级系统是按照系统各要素特点、联系方式、尺度的大小以至能量变化范围等多方面特点划分的等级体系，区域层级理论的基本作用在于简化生态系统（区域）的复杂性，以便于人们对其结构、功能和动态等进行分析、理解和管理，区域等级的划分不是任意的，一般根据区域的（边界、变化频率、反应时间等）可分解性为前提条件。为人所熟知的就是大湄公河次区域，大湄公河次区域是亚洲开发银行所界定的特定区域，涵盖该河流经中国、老挝、缅甸、泰国、柬埔寨和越南六国沿岸地区，总流域面积达81.1万平方公里。"大湄公河次区域合作组织"是由亚洲开发银行负责协调的综合开发机构。区域等级理论为区域环境法律与区域环境管理合理设定提出理论上的依据。

三、区域环境法律的特点

1. 区域环境法律特点概述

在讨论区域环境法律的特点之前，首先给区域环境法律概念下一个简单定义：区域环境法律是指按照环境的物质性、空间性、具体性的特点而制定出的环境法律，它强调环境问题的差异性，重视解决环境问题方法的多样性，核心是实现区域多个环境管理的目标，对区域环境实施综合管理。我们生活在一个由各种区域组成的世界上，环境问题区域化是当代环境问题的特征之一，如空气污染区域、酸雨区域、生态环境脆弱区等，为了管理环境资源和控制环境污染，按照区域建立机构保护和管理环境资源已经成为环境法律的惯常方法。在我国，水利部在长江、黄河、辽河、淮河、松花江、海河、珠江7个水域设立了流域管理机构；美国联邦环境保护局则为了实施《水法》在美国设立了九个区域水质控制委员会，即北部海岸地区、圣弗朗西斯科湾地区、中部海岸地区、拉斯安格勒斯地区、中央谷地地区、科罗拉多流域地区、桑塔安娜地区、圣迭戈地区。对环境资源实施区域性保护的方法体现了区域环境单元实体性和区域环境差异性的根本特点，体现了环境保护的共性与个性的结合。其次，在生态环境保护方面，主要体现在两个方面，一是对特殊的、个别区域环境保护，如对海岸红树林区的保护、对珍贵动植物及其栖息地的保护；运用区域理论系统地对整个国家生态环境的保护，我国生态环境主体功能区划分就是一个典型。正如生物学家理查德·莱文斯所指出："事物是相似的：这使得科学成为可能。事物是不同的：这使得科学变成必要。"这正是区域环境法律特点所在。

相对于实践中丰富的区域环境与资源保护看，区域环境法律远远落在实践的后面。目前对于区域环境法律的机制和理论讨论的不是很多，尤其是系统性的论述基本上处于空白状态，时下有关区域这个新概念的环境法律、法律文章不少，但往往是概念上创新，鲜有系统的、理论上的讨论，当然这样的结论并非无视一些学者对区域环境法律的见解，有些学者已经深刻地认识到区域环境法律的问题，笔者认为吕忠梅教授以下的分析非常透彻，虽然这个分析是针对国际性环境法律的区域问题。吕忠梅教授认为："区域性环境资源保护的国际协定构成国际环境法律的重要组成部分。环境问题既有全球的共性，也有地区的个性，就是在一国以内，也有区域的差异。地球这一庞大的生态系统包含无数个'中'、'小'生态系统，而地球环境的整体保护有赖于地区区域的保护，由于各个地区的环境要素的特点并不完全一致，人类活动对其影响又有深浅之别，各地区环境资源保护的目标、要求、措施自然迥异。既然分布在同一地区的各国面临大致相同的环境问题，则对该地区环境资源保护措施更易寻求共同的语言，协调彼此的意志，于是采取区域性的合作方式便成为重要的途径，区域性多边的或双边的协定当然构成环境资源法的重要组成部分。这样的协定往往较全球性的环境资源保护协定更易于有效的执行。如控制海洋倾倒的两个著名公约，《伦敦公约》的签订在《奥斯陆公约》之后，而后签订的《伦敦公约》却不如《奥斯陆公约》的有些规定那么具体严格，前者的语言也不如后者那么明白，原因之一在于前者是全局性的而后者是地区性的。北海航运频繁、平台林立、污染严重，但采取的防污措施较为有力，控制的效果也好，原因之一在于沿岸各国下定了决心。"这里，吕忠梅教授的观点是清晰的，即区域环境法律更有针对性、明确性，换言之，区域环境法律有明确的空间范围、规制对象和要达到的目的。

也许有人说，本文将过多的笔墨用于区域的客观性论述上，实际上，本文在讨论社区、经济区域、经济特区的目的就在于充分显现区域环境法律的另一个基础——共同的意志。在环境法律中，这样的意志日趋重要，即使在同一个社区，即便有着共同的文化和传统，但是由于每一个人所处的生态位不同，一项环境法律与政策对每一个人的影响也是相异的，需要的就是共同的意志，牺牲短期的公平和正义成为必须。联合国环境规划署对于该问题的领悟是透彻的，联合国环境规划署成立后，特别重视区域性的环境资源保护立法工作，在环境规划署的倡导下，建立了一些区域性的环境保护组织，也签订了不少区域性环境资源保护协定。吕忠梅教授就国际环境法律的区域性特征进行了分析："值得指出的是，国际环境法的区域性特征表现形式也是多样化的，它的'区域'范围，以生态学上的系统单元为标准，并非完全以现存国际关系发展过程中形成的政治性区域为主。所以，在国际环境保护领域中，既有以通常的政治区域（由于国际关系上的地缘性，可能政治区域与自然区域基本重合）为立法范围的区域性国际环境立法。例如，从古代河川法发展起来的国际江河流域水资源保护法，就遵循'一个流域一个法律'的规律；再如欧洲各国和美国共同签订的《长程越界空气污染公约》就是跨越西欧、北欧和北美地区的区域性环境保护公约。"① 如果从全球环境的格局来分析，摘去国家主权的"面纱"，这样的分析也可以应用到一个国家之内或者其他区域之中，用景观

---

① 吕忠梅：《环境法新视野》，中国政法大学出版社，2000 年，第 165 页。

生态学的术语讲就是应用不同的尺度来讨论同样问题。再者，从法律规范的普遍性分析，一个普遍性的规范是以共同性为前提的，为了追求大范围的共同性，牺牲特殊性就成为必然。在多大程度上维护自己的环境权益（特殊性）是各个国家谈判的范围，然而，在特定区域、针对特定环境问题、行为上关联性较大的地区，求得更多的共同性也就成为可能，吕忠梅教授的分析也是说的这样的道理。区域环境法律的法律规范上的优势正在于斯。

2. 区域环境法律的特性代表和体现环境法律的未来发展方向

区域环境法律体现环境的空间性、差异性和区域意志共同性的基本特征。相对于部门管理环境法律和以环境要素立法的环境法律而言，区域环境法律所具备的特点代表未来环境法律发展方向。诸大建教授用深绿色和浅绿色描述环境运动发展的轨迹，客观地描绘出环境法律发展的经验与总结。诸大建教授分析道："浅绿色的环境概念，较多地关注对各种环境问题的描述和渲染它们的严重影响，而深绿色的环境概念则重在探视环境问题产生的经济社会原因及在此基础上的解决途径；浅绿色的环境概念，常常散发对人类未来的悲观情绪甚至反发展的消极意识，而深绿色的环境观念要弘扬环境与发展双赢的积极态度；浅绿色的环境观念偏重于从技术层面讨论问题，而深绿色的环境观念强调从技术到体制和文化的全方位透视和多学科的研究。概言之，浅绿色的环境观念就环境论环境，较少探讨工业化运动以来的人类发展方式是否存在问题，其结果是对旧的工业文明的调整或补充；而深绿色的环境观念，洞察到环境问题的病因藏匿于工业文明的发展理念和生活方式之中，要求从发展的机制上防止、堵截环境问题的发生，因此它更崇尚人类文明的创新与变革。"① 区域环境法律就是通过区域这个空间形式衡量人类社会生存和发展是否符合可持续发展的道路。需要特别强调的是，区域环境法律不是环境法律"化整为零"的权宜之计。2007 年，联合国环境规划署发表的《全球环境展望》（GEO4）在谈到环境法律的未来时指出，环境法律的革命在于社会结构和与自然的联系，实现环境法律革命的路径很多，区域环境法律当属其中之一，至少区域环境法律在从空间结构上，或者说从更加宽泛的视野认识环境问题、解决环境问题。就未来环境法律具体的特点，美国《下一代环境报告》表达了对未来环境法律的希望，较为有代表性是 2006 年耶鲁大学环境与政策研究中心和一个叫做环境事业的小组（E4E）认为，未来的环境法律体系应该是："为国家（联

---

① ［美］唐奈勒·H·梅多斯等：《超越极限》，赵旭等译，上海译文出版社，2001 年，第 2 页。

邦)、州、地方政府、部族建立一个可以追求明确的环境目标，用能理解的尺度表示出可以测量出的进步"① 的环境法律。

本文认为，从以上分析可以看出，区域环境法律具有未来环境法律的特点，代表未来环境法律发展的趋势，区域环境法律的特点主要表现在以下方面：

（1）区域环境法律的确定性。区域环境法律的确定性主要体现在两个方面：一是区域环境法律有比较确定的空间范围。一般而言，区域环境法律以生态系统、流域、海洋生态区域、环境问题区域（酸雨区、沙尘暴区域等）为空间范围，而不是以一个国家领土为界限；二是时间性。环境法律不同于其他法律的一个特点是为自己设立该法律适用的时间界限，也可以认为是环境法律的时间目的。美国环境法律一般都为法律要达到的目标设定时间期限，如清洁水法、清洁空气法等都为自己设立时间目标。本文认为，缺乏准确时间的环境法律无法将人类行动与具体区域环境演化过程相结合，使得环境法律规范的行为失去应有的针对性，这些宏大环境法律的环境治理目标都没有按照预期完成。从环境法律的时间性上分析，我国《淮河流域水污染防治暂行条例》有明确的时间规定。今年，国家发改委的太湖流域治理条例也有明确的时间规定。层次分明、时间确定、地域明确是区域环境法律的特点，也是优于环境要素和部门环境法律的特点之一。

（2）可测量性。区域环境法律的可测量性分两个方面，一是环境行为的可测量性，如污染物排放标准，二是区域环境质量的可测量性，主要指在实施区域环境法律后，区域（生态系统）环境发生可以测量到的变化，如区域性水质的提高、空气质量的改善，生态功能的恢复等。目前世界各国都在探索建立能够直接反映生态系统变化的指标，目的之一就是为了衡量区域生态系统的动态变化。

（3）及时性。区域环境法律的一个显著特点就是及时回应区域性环境问题。由于充分认识到区域环境的差异性、层次性等特点，相对于环境要素法律和部门环境法律，区域环境法律能够迅速应对区域环境问题，这也是人类行为方式所特有的。一般而言，每一个事情的解决必须经过发现问题、提出方案、付诸行为等程序，在环境法律上必须经过立法、法的实施等过程。如果说这样的程序对于一个人口和地理环境差异不大的国家和地区来说，花在程序上的时

---

① Robert V. Percival: environmental regubertlationlaw, science, and policy. fifthedition. Aspen. p 1147.

间是可以容忍的话，对于一个大的国家而言，这样程序上的花费简直是犯罪，反之，如果将环境管理权限更多体现在区域环境为单元上，这样的困境在很大程度上是可以避免的。

（4）调整方法的多样性。区域环境法律要求法律赋予个人、组织、地方政府等在立法、执法等方面的多种权利，环境法律从开始到目前已经形成多种环境管理的方法，如命令控制型、市场方式等，其中一些已经被证明是行之有效的方法，区域环境法律可以充分利用这些手段和方法应对具体的环境问题。在环境法律与政策领域的很多创造性都是来自环境管理与保护的实践，如我国的地方政府间的水权交易首先出自地方之间。浙江东阳与义乌的水权交易并不是受命于上级，而是来自地方政府间的环境资源上的交易。

（5）灵活性。区域环境法律应该具备的特点之一，差异性是区域环境法律灵活性的理论支柱，在区域环境法律中灵活性可以表现在时间上、方法上等各个方面。

第五章

区域环境法律的基本原则与制度

第一节　区域环境法律的基本原则

一、环境法律原则和基本制度的概述

1. 环境法律基本原则和制度的概述

环境法律原则和基本制度经过近半个世纪的发展，环境法律原则与基本制度已形成较为完备的体系。法律原则在不同的法律体系中有着不同的作用和地位。《牛津法律大辞典》中的法律原则是指："许多法律推理所依赖的前提，不断地、正当地适用于比较特别和具体的规则解决不了或不能充分、明确地解决的待决案件的一般原则。典型的法律原则有雇主必须合理考虑雇员的安全、无罪推定等。这些原则对理解和解释大量的具体规则和特殊判决有重要作用。普通法制度中的原则是法庭在大量的具体判决基础上归纳发展起来的，或者是法学研究者总结拟定的。法律原则可能遭到反对或者相互矛盾，在这种情况下，冲突可以靠更一般的原则或较高的理想和道德标准来解决。"而在大陆法系中，法学理论强调的是法律原则对整个制度的统辖和指导作用，在法律原则的适用方面与普通法系有相同的功能。我国环境法的基本原则是指环境法律明确规定或者通过其内容体现出来的、环境法律所具备的基本理念、对环境法律具有指导作用和普遍意义的准则；环境法律主要由以下原则组成：经济、社会与环境协调发展原则，环境资源的开发、利用与保护、改善相结合原则，预防为主、防治结合、综合治理原则，环境责任原则，环境民主原则等。在国际环境法律中，国际环境法律原则主要有国家资源开发主权权利和不损害国外环境原则，可持续发展原则，共同但有区别的责任原则，损害预防原则，风险预防原则，国际合作原则等。总之，这些原则已经成为环境法律的重要组成部分。从区域环境法律的研究视角来看，环境法律原则中一些原则对于区域环境法律

来讲，更加具有指导意义，它们是：共同但有区别的原则、合作原则、综合原则和管理下放到适当最低层级原则。不仅如此，这些原则更能显现出区域环境法律的特点。需要指出的是，区域环境法律的一些原则并不是完全来自已有的环境法律原则，有的是来自生态管理原则，如管理下放到最低层级原则是生态系统管理的原则之一。

二、共同但有区别的原则

1. 共同但有区别的原则的产生与发展

共同但有区别的原则是国际环境法律的基本原则。其含义为：因为地球生态系统的整体性和导致全球环境退化的各种不同因素，各国对保护全球环境负有共同的但是又有区别的责任。共同的责任是指世界上各个国家，不论其大小、经济发展水平、环境差异等，都负有保护环境的责任，区别则是承认各个国家环境保护的责任是不同的。需要指出的是，发达国家和发展中国家对于这项原则的态度迥然不同，例如法国学者亚历山大·基斯所著的《国际环境法》一书中的国际环境法律原则中就不包含这一原则，美国学者伊迪丝·布朗·韦斯等在其所著的《国际环境法律与政策》一书中的国际合作原则中就讨论了共同但有区别的原则内容，而大多数发展中国家的环境法律学者则将这一原则作为国际环境法律的基本原则之一，我国环境法律学者是这一原则的忠实倡导者。近年来，一些西方环境法律学者在其著作中将共同但有区别的原则列入国际环境法律的原则之中，联合国环境规划署组织编撰的《国际环境法律训练指南》中将共同但有区别作为国际环境法律的基本原则。

共同但有区别的原则在国际环境保护各个时期的重要文献中都有不同角度的阐释。《人类环境宣言》宣称："在发展中的国家中，环境问题大半是由于发展不足造成的。千百万人的生活仍然远远低于像样的生活所需要的最低水平。他们无法取得充足的食物和衣服、住房和教育、保健和卫生设备。因此，发展中的国家必须致力于发展工作，牢记他们的优先任务和保护及改善环境的必要。为了统一的目的，工业化国家应当努力缩小他们自己与发展中国家的差距。在工业化国家里，环境一般同工业化和技术发展有关。"这是共同但有区别原则内容在国际环境文件中的首次阐述，将环境问题与各个国家经济发展程度结合起来考虑，强调贫困与环境保护、发达国家与环境保护之间的关系，强调发展中国家与发达国家在环境保护中的不同地位和各自的作用。1992 年的《里约环境与发展宣言》原则中明确地提出了共同但有区别的原则："各国应本着全球伙伴精神，为保存、保护和恢复地球生态系统的健康与完整进行合作。鉴于导致全球环境退化的各种不同因素，各国负有共同的但是又有差别的责任。发达国家承认，鉴于他们的社会给全球环境带来的压力，以及他们所掌握的技术和财力资源，他们在追求可持续发展的国际努力中负有责任。"至此，共同但有区别作为一项国际环境法律的原则确定下来，在以后的《臭氧层保护公约》、《京都议定书》等国际环境法律公约中对发展中国家与发达国家的保护环境责任作了区别性规定。美国政府对这一原则一直持有不同的意见，拒绝签署《京都议定书》的理由之一是，即便美国政府签署议定书并且按照议定书的规定削减温室气体排放量，由于议定书奉行的共同但是有区别的原则而没有规定中国、印度等发展中国家进行相应的削减。从全球范围看，尽管发达国家采取了温室气体的排放措施，温室气体排放总量没有得到削减从而达不到议定书所设定的目的。然而，在美国同样也有人支持这一原则，2007年4月，美国联邦法院以微弱的多数支持马萨诸塞州诉美国环境保护局一案，就从一个侧面说明美国司法界对待共同但有区别原则的理解和认同。

2. 共同但有区别原则的理论分析

国际环境法律中的共同但有区别原则最初主要关注的是经济和环境保护方面的区别。当今世界的环境问题主要是工业化引起的，从环境科学和生态学角度来看，当今地球生态和环境的状况，主要归因于发达国家，发达国家在经济发展历史进程中已经消耗了大量的地球环境资源，并且对全球生态环境造成破坏，目前全球很多环境问题都是由此引发的，因此从法律的正义和公平衡量的角度上说，发达国家都应该在保护环境方面承担更多的责任；其次，支撑发达国家社会正常运转所消耗的资源和环境容量远远大于发展中国家，从每个人所消费的资源和环境容量对比，发达国家中每个人的消费量是发展中国家每个人消费量的数十倍之多，因而发达国家负有更多保护环境的责任；再者，发达国家在发展过程中积累了雄厚的资金、拥有较为完善的经济制度和先进的科学技术，在处理环境问题上具有更大优势和及时的应对能力。然而在区域环境视野中，这只是环境法律的一个方面，从全球范围来考虑，当今世界上的环境问题在各个地区情况比上述经济方面的描述复杂得多，一言蔽之，区域之间的差异性是当今世界环境问题的主要特征。2007年，联合国环境规划署发表了其组织编撰的《全球环境展望》（第四版）（GEO－4），该报告以世界环境与发展委员会发表《我们共同的未来》20周年为契机，回顾了发表《我们共同的未来》二十年来世界环境状况的演变，分析了不仅包含经济和技术方面环境问题，而且延伸到各个大洲区域环境问题的许多方面。该报告指出世界范围内区域环境问题的差异及其原因，在区域性环境问题方面，非洲大陆主要面对的是贫穷、战乱和生态破坏的问题；欧洲和北美洲等发达国家中的传统环境污染已经得到有效的控制；而亚洲的我国、印度等发展中国家则面临的是人口增加、经济发展和传统环境污染以及生态破坏的诸多问题。如果按照全球、大洲这样的逻辑继续向下分析的话，我们会发现即便在同一个大洲、同一个国家（尤其是大国）的环境问题也不相同。这些差异主要源于各个国家、地区的自然环境、经济发展水平、文化背景、社会制度等各个方面。汪劲教授在讨论全球环境保护法律实践中存在的问题时，有过这样的深层次分析，他认为，造成世界各国在全球环境合作上差别的主要原因是："首先是国家经济利益的差别与矛盾。在世界范围内，发展中国家与发达国家目前处于工业化的不同阶段，因此国民收入和生活水平的差距较大，这就导致它们之间在经济利益与国民偏好等方面有着明显的差异，在对待发展与环境关系问题上的看法也大相径庭。其次是发展中国家短期利益与长远利益之间的矛盾。尽管各国都认为环境保护有利于国家社会、经济的可持续发展，但多数发展中国家迫于贫困和人口增长等社会问题的压力，不得不在一定程度上以牺牲环境为代价获得短期的经济发展与生活水平的提高。再次是与环境保护相关的国际规则与标准不利于发展中国家。最后是传统经济学理论与全球环境问题的现实脱节。"[1] 概言之，区域差异是国际环境法律全球化的主要障碍。

认识到差异或者强调差异并不是为了否定共同，相反，强调差异是为了更好地实现各个国家可持续发展进而实现全球的可持续发展，因为，第一，从可持续发展的总目的来看，人类的可持续发展是由各个国家和地区的可持续发展组成的，不是仅靠几个发达国家所能实现的，它需要全人类共同努力协调与自然的关系；第二，可持续发展是人类社会与自然环境和谐发展的一种状态，每个地区都有其独特的环境、不同的文化和制度，这就要求每一个国家或区域按照其特殊的文化传统等应对环境问题，解决自己的环境与经济发展的问题；第三，在国际环境法律中，应该根据区域环境差异的理论，避免不切合实际的统一法律规范，充分顾及各个地区、国家在地理、环境、文化、经济等方面的不同，只有建立在区域差异基础上的环境法律才是公平的环境法律，只有建立在区域差异基础上的环境法律才能真正实现区域环境保护与社会发展的可持续发展，才是真正体现各个区域人们享有生存和发展权等基本权利。

---

① 汪　劲：《环境法律的解释：问题与方法》，人民法院出版社，2006 年，第 478 页。

应对差异性已经成为国际环境法律文件不可或缺的方面。流行于国际环境会议文件和条约中的"框架公约 + 议定书 + 附件"和"软法"的模式，从一个侧面反映出国际环境法律共同但有区别原则的性质，解决环境问题不仅仅是一个解决人与自然关系失调的问题，同时，也要协调人类社会存在的方式，这将涉及到各个国家（区域）的具体环境问题和国际政治经济制度、国内政治经济制度等诸多方面的联系，如果利用传统的、狭义的法律规范确定性来制定国际环境法律，无疑这样的环境法律不会有太强的生命力，任何细小的忽视都可能导致整个法律规范失去存在的基础。"软法"和"框架公约 + 议定书 + 附件"模式这一国际环境法律形式避免了法律规范的确定性所带来的障碍，成功地解决这一难题，这一模式表明人类在解决全球环境问题和区域环境问题上的共同信念和决心，同时承认在解决具体环境问题上的灵活性。

本文前面曾经提出摘去主权的"面纱"认识区域环境法律的想法，在区域环境法律看来，主权不是揭示区域环境法律本性的障碍，而是从主权这个角度反映区域环境法律的特征。共同但有区别原则在国内环境法律中却以另一种方式表现出来，如我国环境法律与政策中的环境公平、生态补偿等就是以区域差异为基础的，如果区域之间不存在差异、都是同质的，也就无所谓公平与生态补偿，共同但有区别的原则反映出区域环境差异性的特征。可以看出，无论国际环境法律还是国内环境法律，共同但有区别的原则均以区域差异为基础。就区域环境法律原理而论，共同但有差别的原则不仅应该是国际环境法律的基本原则，更应该是国内环境法律的根本原则。

三、区域合作原则

1. 合作原则的内容与发展

合作原则是国际法中的一项重要原则，同时也是国内环境法律的一般原则。作为国内环境法律原则，尤其在联邦制国家体制中，合作原则是环境管理和环境法律不可或缺的原则。如果说将合作原则作为一项国内环境法律原则的话，这项原则对于联邦制的美国联邦环保局显得至关重要，美国联邦环保局受到美国宪法和其它环境法律的约束，要想达到环境治理和管理的目的必须与州和地方政府的合作，虽然，目前美国环境保护局在环境管理中地位十分重要，但是无论联邦环境法律和政策以及州环境法律的执行均离不开地方政府。笔者仍然将美国联邦环保局视为一个美国联邦和州环境政策的积极协调者。在单一制国家体制中，合作原则就显得十分重要，单一制国家的环境管理以层级分明、条块分割为特点，环境问题的复杂性使得合作原则是实现环境管理的必要路径，换句话说，传统的行政管理模式不利于环境问题的解决，这是环境问题的特殊性所决定的。从环境管理的实践和区域理论来看，区域环境法律中的合作原则不仅是同级之间的合作，也应该是不同级别之间、不同行业、不同部门之间的合作，这正是我们长期行政管理极为缺乏的，甚至可以说是我国环境管理和其他管理的痼疾。然而在现实中，我国环境管理中的合作更多的是通过将区域性环境问题上交至更高一层行政机关解决而实现的。

在国际法领域，合作原则是现代国际法的基本原则。1970年，联合国大会全体一致通过《关于各国依联合国宪章建立友好关系及合作之国际法原则之宣言》，国际合作原则就是该宣言的七个原则之一。宣言指出，依照主权平等和不干涉内政原则处理经济、社会、文化、技术和贸易领域的国际关系，各国应在促进全世界，尤其是发展中国家的经济增长方面彼此合作。在国际环境法律中，国际合作原则得到具体的应用和发展。《斯德哥尔摩宣言》第24条原则规定："关于保护和改善环境的国际问题，应由所有国家，无论大小，在平等的基础上，以合作精神进行讨论"，该原则得到国内环境法律和国际环境法律界的承认。国际环境法律中合作原则也称为协调合作原则，所谓"协调合作原则，是指以可持续发展为目标，在国家内部各个部门之间、在国际社会各国家之间（地区）重新审视既得利益与环境利益的冲突，实行官方的技术、资金和情报交流与援助，联合处理环境问题。为有效限制、预防、减少和消除在任何领域进行的活动所造成的环境损害，必须通过多边或双边协定或其他适当的方式进行合作，同时尊重所有国家的主权和利益。"合作原则不仅适用于国家间的合作，同时也适用于区域间的合作。1982年《联合国海洋法公约》第197条："各国在为保护和保全海洋环境而拟定和制订符合本公约的国际规则、标准和建议的办法及程序时，应在全球性的基础上或在区域性的基础上，直接或通过主管国际组织进行合作，同时考虑到区域的特点。"

在国内环境法律中，尤其是联邦制国家，合作原则作为一个重要的环境法律内容被写入环境法律法规，美国《联邦水污染控制法》第1253条第1、2款专门对州际合作进行规定："局长（联邦环境保护局）应鼓励各州在预防、减少和消除污染物有关的、经过改进的、可行的州统一法；鼓励各州之间签署与预防、减少和消除污染物有关的协定。在不与美国法律或美国参加的条约冲突的情况下，国会藉此认可两个或两个以上的州进行协商，并就以下内容达成协议或契约：1. 共同努力并互相帮助，以预防和控制污染，实施各州与之相关的法律；2. 为保证此类契约和协定的有效执行，设立专门机构、联合机构或各州认可的其他机构。除非经国会批准，这类契约或协定对当事人的州不具有约束力。"美国联邦制国家的环境法律与政策中合作原则几乎体现在每一个环境法律法规之中，这种合作领域遍及各个方面，如联邦与州、联邦与地方政府等。

单一制国家中通常的合作有了一个方式所代替，我国环境法律一般是按照将跨界环境问题上交到共同的上级来解决，我国《环境保护法》第 15 条规定："跨行政区的环境污染和环境破坏的防治工作，由有关地方人民政府协商解决，或者由上级人民政府协商解决，做出决定。"近年来严酷的环境问题使得地方政府越来越重视通过合作方式应对环境问题，2004 年，在天津召开了黄河流域的省、直辖市参加的共同协商合作治理黄河流域环境的会议，会议一致认为通过共同协商和合作开发、治理黄河流域，达到黄河流域的经济社会和环境保护的可持续发展。缺乏区域可持续发展的法律机制和制度的保证，我国的区域环境合作就会出现无法可依的现象，象征性的意义大于实际意义，客观地说，我国区域间的合作基本上停留在论坛阶段。2007 年 11 月，安徽、江苏、山东、浙江等淮河流域 4 省探索建立跨省界联防治污机制，将区域间合作推向实施阶段，淮河流域各个合作单位将在流域污染防治上互通情况、互相监督，形成治污工作合力，但是，应该清楚地看到，这种合作机制缺乏区域合作相关法律法规等体系性法律制度的保障，最终的结果很可能是不了了之、不欢而散。合作原则还可以适用于区域内部。在一个区域中，存在着多种社会组织、企业和个人，他们都是一个区域环境的使用者或者管理者，尤其是使用者在本区域的环境资源处于不同的生态位，如在一个河流流域中，有的利用水流发电，有的利用水灌溉，有的则从事水运，而有的靠捕鱼为生，要实现一个流域的可持续发展没有合作原则是不可想象的。

2. 合作原则的环境法律理论分析

合作原则之所以在环境法律中如此的重要，基于以下原因：首先，在国际区域环境保护和开发中，存在着实施合作原则的客观基础，即世界上的区域（生态系统）不是按照政治版图而存在的，而是按照区域环境生态系统组成的，而且，每个生态系统有其自身功能和演化规律。《我们共同的未来》清楚地分析了生态系统与现存的政治版图之间的矛盾，并指出："持续使用和管理跨边界的生态区域、系统和资源也是一个需要的新重点。例如，世界上有 200 多个独特的生物地理区，此外，世界上大多数大陆国家至少共有一个国家河流流域。它们中大约 1/4 的国家全部领土属于国家流域的一部分。但是，世界上

200 个主要国际河流流域的 1/3 以上没有受任何国际性协议管辖，有合作性的机构安排的只有不到 30 个。这种差距在非洲、亚洲和拉丁美洲特别尖锐，这里一共有 144 个国际性河流流域。"① 跨区域是指一个自然区域或者生态系统跨越数个政治、经济和社会区域的情况，在国际环境法律中，区域或生态系统大多是指一个自然区域跨越一个或者数个主权国家领土的状况，一个国家内同样存在类似的问题。我国土地面积广大、幅员辽阔，区域环境差异性较大，自然生态系统（区域）与行政区域也存在这样的问题。我国水资源管理和水污染防治领域中上演的"九龙治水"的现象，客观原因之一，就是因为生态环境区域与行政区域不一致，要解决这些区域的环境问题没有合作精神是不可能做到的；第二，环境问题的全球化更加需要人类共同合作来解决。汪劲教授写道："环境科学告诉我们，地球仿佛是一个巨大的村庄，人类只是这个村庄中的一分子，人与自然的关系不会因为人为的部门、行政区划以及国界（疆域）的划定而失去联系，局部的污染或破坏也终将反映到整个地球之中。例如，一个地区的大气污染会因为大气扩散或水体流动而影响另外一个地区；人为地向大气排放二氧化碳气体会因该气体在大气中的汇集导致'温室效应'。所以，治理环境问题仅靠一个国家、一个部门只能是杯水车薪，应当由全地区、全世界范围的人类携手合作才能从根本上扭转环境退化的局面。"② 第三，区域是一个复杂的综合体，主要由自然、经济和社会三部分要素组成，这些要素互相联系、互相制约，任何一个要素的变化都可以导致其他要素也发生变化。换句话说，区域是一个由生态区域、经济区域和社会区域镶嵌而成的区域实体，每一个区域都处在不同的时间、空间中，并有其自身的演化发展特点，只有采取合作原则才能实现人类系统和自然区域的可持续发展。

四、管理必须下放到最低的适当层级原则

1. 原则的概念与发展

环境管理权下放到适当层级是生态系统管理的基本原则之一。生态系统管理，顾名思义就是将生态系统理论应用到环境管理之中。对于生态系统管理概念的理解，管理部门、学术界历来有不同的看法，美国内政部、土地管理局的观点是："生态系统管理是将整个环境考虑在内的过程。它要求娴熟地运用生

---

① 世界环境与发展委员会：《我们共同的未来》，王之佳等译，吉林人民出版社，2005 年，第 414 页。

② 汪 劲：《环境法学》，北京大学出版社，2006 年，第 181 页。

态学、社会学和管理学的原理来管理生态系统，使之能够提供、恢复或保持生态系统的完整性及长期的理想状态、利用、产品、价值和服务……生态系统管理认为人类及他们的社会和经济需求是生态系统密不可分的一部分"。① 生态系统管理与环境要素管理体现了人类对于环境认识水平上的差异，学者们将生态系统的概念对比与环境要素的概念，突出生态系统管理完全不同于环境要素管理，他们认为："……生态系统管理以保持生态系统的自然流、结构和循环为重点，取代传统意义上那种将重点放在诸如保护某一个种群或某一个自然特征等单个要素上的作法。"② 按照区域环境法律理论的研究目的，英国学者 E·马尔特比的观点更具有代表性："生态系统管理是一种物理、化学和生物学过程的控制，它们将生物体与它们的非生命环境及人为活动的调节联系在一起，以创造一个理想的生态系统状态。"③ 生态系统管理其突出点在于将人类行为与非生命环境在特定的时间和空间中结合起来，我们知道，人的行为总是发生在具体空间时间中，总是发生在具体的生态系统之中，探讨人类的行为与生态系统内之间的相互关系就成为生态学研究的主要内容，也许是生态系统管理概念或者定义太重要了，以致于有的生态学者对此采取了回避的态度，美国生态学家 K·A·沃科特等指出："自然资源管理已经进入了一个空前变幻的阶段。以前，自然资源管理主要以陆地定位观测为方法，以最大可持续产量为原则，以多用途为目标。现在很快就被一个全新的概念所代替，该概念更重视可持续的生态系统而不是可持续的产出。这个概念又称为生态系统管理，其核心为整个系统多个目标的管理，而不仅仅局限于单个资源的商品生产。……另一个错误观点是，生态系统管理必须有单一确切的定义才有助于其实现。许多研究者试图用确切的术语定义生态系统管理。这些尝试遭到了各种质疑，因为没有一个单一的定义可以通用于各种管理方案和目标。"④ 为了满足生态系统管理的需要，取而代之的是，沃科特利用不同生态系统管理下的原则取代生态系统管理的概念。

　　马尔特比在她的生态管理原则中没有直接提出生态管理的层级问题，但却

---

　　① ［美］K·A·沃科特等：《生态系统——平衡与管理的科学》，欧阳华等译，科学出版社，2002 年，第 68 页。

　　② ［美］K·A·沃科特等：《生态系统——平衡与管理的科学》，欧阳华等译，科学出版社，2002 年，第 72 页。

　　③ ［英］E·马尔特比：《生态系统管理》，康乐等译，科学出版社，2003 年，第 7 页。

　　④ ［美］K·A·沃科特等：《生态系统——平衡与管理的科学》，欧阳华等译，科学出版社，2002 年，第 1 页。

在生态系统管理的操作性原则中认为"生态系统管理必须寻求在适当层级上维持和加强生态系统特性和功能"。现实中，将生态系统管理下放至适当的层级原则已经为环境法律、生态系统管理所接受，这一原则还意味着环境民主、自治和环境权的实现；全球环境基金开展的干旱土地退化防治研究就将该原则作为环境法律的一个基本原则，"管理必须下放到最低的适当层级"的原则是干旱土地退化防治的十二原则之一，他们认为，非集权的体制可能带来更高的效率、更好的效果，并可能更加公平。管理必须涉及所有的利益相关者，并平衡当地利益与更更广泛的公共利益。管理行为越靠近生态系统，就会涉及责任问题、所有权问题、可诉责性问题以及对地方知识运用的问题。

　　景观生态学认为任何生态系统皆属于一定的等级，具有一定的时间空间性，生态系统可以分为不同的等级层次，不同的等级层次具有不同的生态功能，区域作为一个生态系统总是可以表现出其层次性的特点和功能，将人类的具体行为与适当的区域环境结合是环境管理发展的方向，也是区域环境法律区别于其他环境法律的特点，这要求环境管理与生态系统要建立一种较为明确的联系，考虑到这种优势，将环境管理下放到适当层次原则也为联合国《21世纪议程》所接受和倡导。《21世纪议程》倡议：有助于整体促进可持续生计和环境保护的活动包括一系列部门性措施，涉及的角色很广，从地方到全球都有，每一个阶层都很重要，特别是社区和地方一级。必须在国家和国际一级采取增强能力的行动，应充分考虑到各项区域和分区域条件是否可以支持由地方推动的和有国家针对性的解决办法。在总的设计方面，各项方案应当使地方和社区群组有能力确保所订的方案在地理和生态方面具有针对性；重点放在利用将权力、责任和资源交给最适当的阶层的原则。该原则是区域环境法律和环境原则的有机组成。

　　2. 将生态管理下放到适当管理层级的原理应用

　　该原则的主要内容包括：第一，生态系统或者区域具有等级性，等级理论是基于系统论、信息论和非平衡态等理论基础。一般而言，不同层级的区域或生态系统有其各自的生态演化过程，高等级层次上的生态学过程是大尺度、低频率、慢速度，如全球变暖等现象；而低层次上的生态学过程则表现为小尺度、高频率、快速率，如局部性生态系统的演替；而且不同层次之间存在着高层次对低层次有制约作用，低层次为高层次提供机制和功能。第二，适当的等级能够将人们的行为与具体的生态环境变化联系起来，生态系统具有等级结构的性质，生态系统等级也称为自然等级理论。该理论认为，整个生物圈是一个多级等级系统的整体，每一个上一级层级系统都是由具有其特征的低级层级系统组成，各个层级上的生态系统有不同的特征，将人类行为与具体的生态系统等级联系起来，建立良好的互动关系是生态学研究的目的之一，更是协调人类具体行为与区域之间关系的最佳途径。第三，扁平化管理在生态系统管理中的应用。扁平化得以在世界范围内大行其道的原因：一是分权管理成为一种普遍趋势，金字塔状的组织结构是与集权管理体制相适应的，而在分权的管理体制之下，各层级之间的联系相对减少，各基层组织之间相对独立，扁平化的组织形式能够有效运作；二是企业快速适应市场变化的需要。传统的组织形式难以适应快速变化的市场环境，为了不被淘汰，就必须实行扁平化；三是现代信息技术的发展，特别是计算机管理信息系统的出现，使传统的管理幅度理论不再有效，扁平化管理同样适用于生态系统管理。我国也将这一原则作为一个管理方法写入有关的环境法律，《农业法》就生态管理下放到适当层级这一原则应用于小流域治理。《农业法》第五十九条规定："各级人民政府应当采取措施，加强小流域综合治理，预防和治理水土流失。从事可能引起水土流失的生产建设活动的单位和个人，必须采取预防措施，并负责治理因生产建设活动造成的水土流失。"小流域综合治理就是以小流域为单元，在全面规划的基础上，合理安排农林牧渔各业用地，布置各种水土保持措施，使之互相协调，互相促进，形成综合的防治措施体系。流域是地面水和地下水天然汇集的区域，是水土流失和开发治理的基本单元。流域大小的划分是相对的，根据水利部规定，中国目前水土保持工作中的小流域概念，是指面积小于 50 平方公里的流域。实践证明，以小流域为单元进行综合、集中、连续的治理，是治理水土流失的一条成功经验。小流域治理的目的在于防治水土流失，保护、改良与合理利用水土资源，充分发挥小流域水土资源的经济效益和社会效益。以小流域为单元进行综合治理，有利于集中力量按照各小流域的特点逐步实施，由点到面，推动整个水土流失地区水土保持工作，使水土保持工作的综合性得以充分体现。

生态管理下放到适当层级将有针对性地将区域内人的行为与确定的生态系统变化联系起来，形成良好的人的行为与生态系统变化的互动机制，为实现区域的社会经济环境可持续发展奠定科学基础，也是发挥当地文化传统与环境关系的特长、实现环境权和环境民主的根本出路。

五、综合原则

1. 综合原则的产生与发展

综合原则是一系列综合性环境法律原则的概括性称谓。该原则有多种表达方式，内容也不尽一致，其共同的特点在于将环境保护与社会经济发展等诸方面结合在一起，诸如经济、社会与环境协调发展的原则，环境资源的开发、利用与保护、改善相结合的原则，预防为主、防治结合、综合治理原则等。该原则是一个比较宽泛的概念，所强调的内容也不完全相同。蔡守秋教授将经济、社会与环境协调发展的原则归纳为五个方面的内容：（1）正确反映了环境保护同经济、社会发展的关系；（2）突出了可持续发展原则；（3）体现了社会经济规律和自然生态规律的客观要求，确定了科学决策和宏观控制的重要地位；（4）该原则是对人类、国家、集体和个人利益，眼前、局部和长远、整体利益的综合考虑；（5）该原则明确了协调发展的基本要求。欧盟环境法律中将该原则称为一体化原则或者综合原则，一体化原则是《欧洲联盟条约》的主要原则之一，一体化原则要求必须将环境保护政策纳入其他政策的制定之中。"《欧洲联盟条约》第130R（2）条规定：'共同体的环境政策应该瞄准高水平的环境保护，考虑共同体内不同区域的各种情况。该政策应该建立在防备原则以及采取预防行动、环境破坏应该先优先在源头整治（environmental damage should as a priority be rectified at source）'和污染者付费等原则的基础上。环境保护要求必须纳入其他共同体政策的制定和实施之中。就此而论，响应这些要求的协调措施，应在适宜之处包括一保护条款，及允许成员国因非经济的环境理由采取服从共同体检查程序的临时性措施。"① 与一体化原则相关的一个概念是区域经济一体化组织，在联合国《气候变化框架公约》第1条定义中为区域经济一体化组织给了这样的解释："区域经济一体化组织指一个特定区域的主权国家组成的组织，有权处理本公约或其议定书所规定的事项，并经按其内部程序获得正式授权签署、批准、接受、核准或加入有关文书。"

就内容而言，《21世纪议程》对该原则有比较全面的阐述，第8章用了一章的篇幅以"将环境与发展问题纳入决策进程"为题讨论一体化问题，文章分析到：许多国家普遍采用的制订决策制度倾向于在政策、规划和管理的各级上将经济、社会和环境要素分开。这对社会各团体（包括政府、工业和个人）的行动都有影响，并对发展的效率和可持续能力产生重大影响。如果要使环境与发展成为经济和政治决策的中心，就必须根据各国的具体条件调整，甚至是根本改变决策方式，实际做到将这些因素充分结合起来。近年来有些国家的政府已经开始对政府的体制结构进行重大改革，以便在制订经济、社会、财政、

---

① 蔡守秋：《欧盟环境政策法律研究》，武汉大学出版社，2002年，第130页。

能源、农业、交通、贸易和其他政策决定时能够更有系统地考虑环境问题，以及这些领域的政策对环境方面产生的影响。同时，还促使当地政府、工业界、科学界、环境团体和社会大众在制订环境与发展有效方针的进程中形成新的对话形式。促进改变的责任应由政府承担，但政府要与私营部门和地方当局合作，也要与国家、区域和国际组织，特别是环境规划署、开发计划署和世界银行合作。国家计划、目的和目标、国家法规、规章和法律以及不同国家的具体情况成为进行这种一体化工作的总的框架，应该说这是国际文件中对一体化原则比较细致和全面的阐述。2007 年，联合国环境规划署发表的《全球环境展望》（第四版）中也提出了从决策边缘到决策中心的观点，并且提出很像我们中国式的环境政策与法律的倡议：市场第一、政策第一、安全第一和可持续发展第一的建议。

2. 区域是实现一体化原则的最佳空间

本文的导言部分曾经引用 1982 年的《内罗毕宣言》第 3 条表明国际社会对区域环境的关注，逻辑上，这里还包括着区域是环境法律一体化实施最佳空间的意见。《内罗毕宣言》科学地认识到：环境、发展、人口和资源之间的紧密而复杂的相互关系，以及人口的不断增加，特别在城市地区内对环境所造成的压力已为人们所广泛认识。只有采取一种综合的、并在区域内做到统一的办法，并强调这种相互关系，才能使环境无害化和社会经济持续发展。

区域是实现环境法律与环境管理一体化的理想空间范围。如果说环境法律仅仅是认识到这种方法或趋势，而景观生态学则是从生态学理论上做出科学的论证。景观生态学认为，区域（景观）是考虑自然资源的宏观永续利用和应对全球气候变化带来的生态学后果的最理想的尺度，这是因为，区域（景观）具有以下特性："（1）景观是由不同空间单元镶嵌组成，具有异质性；（2）景观是具有明显形态特征与功能联系的地理实体，其结构与功能具有相关性和地域性；（3）景观既是生物的栖息地，更是人类的生存环境；（4）景观是处于生态系统之上，区域之下的中间尺度，具有尺度性；（5）景观具有经济、生态和文化的多重价值，表现为综合性。"① 协调一个实体内的人类系统和自然系统的关系靠专业或者单一的方法根本无法实现，只有依靠综合原则方可实现区域内各种社会关系和生态关系的协调发展。

区域范围实现环境管理一体化的范例是流域管理。对流域实施综合管理原

---

① 傅伯杰等：《景观生态学原理及应用》，科学出版社，2006 年，第 3 页。

则已经被越来越多的人们所接受，流域作为区域和生态系统的主要类型，流域综合管理已经成为区域可持续发展的主要议题。我们知道，流域管理所涉及的内容十分广泛，包括水资源利用、水污染防治、水土保持、土壤污染等方面，综合管理原则是处理和协调复杂的区域系统和环境问题的有效方式，目前流域管理的研究呈现出多元化的趋势，准确地说是综合研究的趋势。杨桂山教授将这些流域综合管理的研究趋势总结为以下方面：由传统的单一的水文过程以及转为流域内的包括水、沙、营养元素、重金属污染的物质输移过程的研究；在水土保持研究中，研究内容包括土壤侵蚀、土壤退化以及土壤侵蚀产生的非点源污染物导致的环境问题；在区域规划方面，依照地理区域的自然属性和自然生态规律为原则，以流域为生态经济区域单元，对流域上中下游的生态系统和社会经济结构进行科学合理、动态协调的整体规划。在环境法律领域，利用流域综合管理取得成功的当属美国的田纳西流域管理，田纳西流域管理的范式一直被世界环境管理和法律界所推崇。

3. 综合管理和统一管理的初步结论

本文在后面也将讨论统一管理的问题，在研究的过程中，笔者发现水资源统一管理和流域综合管理存在着共同之处，首先，从综合管理的内容上看，综合管理与统一管理存在一致性。杨桂山教授流域综合管理的内涵总结为六个大的方面：（1）流域是资源开发管理与环境保护的最佳单元；（2）应用综合观点对流域资源、生态、环境开发和保护进行管理，这里的综合指的是流域复合系统的观点、部门间的综合、政府间的综合、政府和企业公众观点的综合、学科的综合、发展与保护的综合；（3）流域综合管理是一个统筹兼顾的协调、协商过程；（4）流域综合管理是一个动态的连续的发展过程；（5）流域综合管理应用行政、市场和法制手段来进行优化管理；（6）流域综合管理是'自上而下'、'自下而上'相结合的管理。其次，从综合管理的概念上看，杨桂山教授指出："综合管理就是从流域复合系统的内在联系出发，应用多目标优化的观点，实现流域开发经济目标、生态目标和环境目标的高度统一。综上所述，流域综合管理是以流域为单元，在政府、企业和公众等共同参与下，应用行政、市场、法律手段，对流域内资源全面实行协调的、有机的、可持续的管理，促进流域公共福利最大化。"[1] 也许是文化或者说哲学等方面的差距，我国环境资源法中大多用统一管理原则代替综合管理原则。需要注意的是，环境

---

[1] 杨桂山等：《流域综合管理导论》，科学出版社，2004 年，第 10 页。

资源管理部门的统一管理与对环境资源的统一管理是完全不同的两个概念，前者解决环境资源管理部门管理权限的划分问题，而后者则是解决实现对环境资源统一管理的问题，是为了解决环境资源管理模式的问题。准确地说，对于区域环境资源的统一管理并不要求赋予一个环境管理行政部门以统一的环境资源管理权，从世界流域管理领域和学术界对流域管理的认识以及与全球水伙伴委员会的文件对比来看，水资源统一管理和流域综合管理在内容、方法、概念方面相同性更多一些。我国环境法律中的统一管理过多强调避免"政出多门"，就环境法律而言，注意力应该聚焦在区域的综合管理方面，而不是为了政府行政统一管理方面，这不能不说是我国环境资源法律中的一个误区。

第二节　区域环境法律的基本制度

一、区域环境法律基本制度概述

区域环境法律制度是环境资源法律体系的组成部分。所不同的是，这些环境法律原则与区域的联系更加紧密一些，体现出区域环境法律的特点。蔡守秋教授指出，环境资源法律制度是指某类或某项环境资源工作或环境资源活动的各种法律规范的总称；是某类或某项环境资源工作或活动的法定化和制度化，是某类或某项环境资源工作或活动的法律规则、程序和保障措施的总和。环境法律基本制度与环境法律的基本原则不同，基本原则一般比较抽象而基本制度则很具体，作为一项制度有明确的组织机构、程序、步骤和法律责任等；区域环境法律的基本制度是由一系列法律法规和环境标准组成的，它们之间互相关联、补充和配合，组成一个完整的环境法律制度体系。环境法律经过不断的发展，环境法律基本制度已经过渡到内容丰富、种类齐全的环境法律制度系统，成为环境法律不可或缺的部分。如环境规划制度、环境影响评价制度、清洁生产制度和循环经济、"三同时"等制度。一般认为以下环境法律基本制度是我国比较成熟的制度：环境资源规划制度、环境影响评价制度、"三同时"制度、环境资源许可证制度、环境资源的税费制度、清洁生产制度、环境资源重点保护制度、生态补偿制度。在全球范围内，环境法律的基本制度存在着趋同化的态势，如环境影响评价制度基本上成为世界各国的环境法律制度，但是也应该看到的是，不同的国家环境资源法律的基本制度存在着差异和区别，这种差异可能来自一个国家法律体系本身，也可能来自一个国家环境问题的解决方法和文化传统。

二、景观生态规划

1. 环境规划概述

环境规划是指为了使环境与社会经济协调发展，根据生态学、地理学、环境科学和社会经济规律的原则，对一定时期、一定空间范围内人类的自身活动和环境所作的安排和设计，是为了避免人类经济社会活动的盲目性，从而达到保护环境生态、协调人类活动与生态系统关系。环境规划的内容主要有：环境规划的对象是社会——经济——环境（区域实体论）的复合生态系统；任务是协调该区域环境保护和社会经济的协调发展；主要原理是地理学、生态学、系统理论、社会经济理论和可持续发展理论等组成。环境规划制度是环境法律的重要内容之一，我国《环境保护法》第4条："国家制定的环境保护规划必须纳入国家经济和社会发展计划，国家采取有利于环境保护的经济、技术政策和措施，使环境保护工作同经济建设和社会发展相结合。"环境规划现在作为一项基本的环境法律制度贯彻于各个环境法律之中成为环境法律的基本内容之一，如《水法》用了一章的内容规定水资源规划方面的要求。《水法》14条规定："国家制定全国水资源战略规划。开发、利用、节约、保护水资源和防治水害，应当按照流域、区域统一制定规划。规划分为流域规划和区域规划。流域规划包括流域综合规划和流域专业规划；区域规划包括区域综合规划和区域专业规划。前款所称综合规划，是指根据经济社会发展需要和水资源开发利用现状编制的开发、利用、节约、保护水资源和防治水害的总体部署。前款所称专业规划，是指防洪、治涝、灌溉、航运、供水、水力发电、竹木流放、渔业、水资源保护、水土保持、防沙、节约治沙用水等规划。"环境规划作为一项基本制度应用于环境资源管理、保护和利用的各个领域，环境规划正处在不断发展和完善的过程中。杨志峰教授认为，未来环境规划将具有以下主要趋势：（1）环境与经济协调规划继续受到重视并成为热点；（2）环境规划的技术路线从污染末端控制向生产全过程控制转变；（3）环境规划的污染控制方式将更加突出区域集中控制等方面。

本文所说的环境规划主要是指以景观生态学为理论指导的区域环境规划。景观生态规划作为一个新型的环境规划方法在区域环境规划中开创了一片新的领域。景观生态规划是生态规划的一种，与生态规划不同的是：生态规划一般是以生态系统为对象，而景观生态规划是以景观为对象，景观在空间尺度上大于生态系统；生态规划强调生态系统（生产者、消费者、分解者和环境）的合理利用，而景观生态规划则更加注重景观内部的稳定性，由于生态规划和景观规划所采用的尺度不同，景观规划与生态规划有时很难区分。

2. 景观生态规划的概念与内容

景观生态规划是从地理学、生态学和风景园林学等基础孕育发展起来的环境规划，以生态学为基础的区域景观规划，将区域景观视为一个整体而展开的规划，其特点是以人为中心，将各种土地利用方式有机结合起来，形成和谐有效的地表空间的人类存在方式。由于景观生态规划结合自然特性和过程的综合性等特点，在环境规划领域中得到广泛应用。联合国《21 世纪议程》倡议：各国政府在适当的级别上，在区域和国际组织的支持下，审查和酌情修订规划和管理制度，以利于采用统筹方法。为此，各国政府应利用例如将重点放在一个生态系统或流域的景观生态规划（LANDEP）或其他方法，采取有利于将空气、水、土地和其他自然资源等环境因素结合起来的规划和管理制度。景观环境规划应用景观生态学原理、生态学和其他学科的知识，通过对景观格局与生态过程、人类活动与景观相互作用的研究，强调在景观生态分析和综合评价的基础上提出最佳利用方案、对策和计划，注重景观的资源和环境特性。景观生态规划的主要内容由以下几个方面组成：（1）景观生态规划涉及景观生态学、生态经济学、人类生态学、地理学、社会政策法律等相关学科的知识，具有高度的综合性；（2）它建立在充分理解景观和自然环境的特性、生态过程及其与人类活动的关系基础之上；（3）景观生态规划的目的是协调景观内部结构和生态过程及人与自然的关系，正确处理生产与生态、资源开发利用与保护、经济发展与环境质量的关系，提高景观生态系统的整体功能，实现人与自然的和谐；（4）景观生态规划最大的特点是强调当地环境资源与社会经济条件的潜力，达到区域生态环境功能及社会经济功能的互补与协调，同时考虑区域乃至全球的环境，而不是建立在孤立的景观生态系统；（5）景观生态规划注重土地利用的空间配置；（6）景观生态规划不仅协调自然过程，同时也协调文化和社会经济过程。从以上景观生态规划的内容来看，套用时下较为时髦的话语来形容，那就是景观生态规划就是为区域环境法律而量身定做的制度。

3. 景观生态规划的原则

关于景观生态规划的原则，不同的景观生态学书中的论述也不尽相同，但是，各种景观生态规划均将景观生态学的理论与原理贯穿于环境规划之中。傅伯杰教授将其归纳为五个原则，为了全面地理解景观生态学规划，这里选用余新晓教授的景观生态学规划原则:①（1）自然优先原则，保护自然景观资源和维持自然景观生态过程，是保护生物多样性及合理开发利用资源的前提，是景观持续性的基础。自然景观资源包括自然保留地、历史文化遗迹、森林、湖泊以及大的植被斑块等，它们对保持区域基本的生态过程和生命、维持系统及保存生物多样性具有重要的意义；（2）可持续性原则，景观生态规划要立足当前，兼顾长远，景观的可持续性认为是人－景观关系的协调性在时间上的扩展，这种协同性应建立在满足人类的基本需求和维持景观生态整合性之上，人类的基本需求包括粮食、水、健康、房屋和能源等，景观生态整合性包括生产力、生物多样性、土壤和水源等。景观是由多个生态系统组成的，具有一定结构和功能的整体，是对可持续发展的环境规划和管理的最适宜的尺度，是自然与文化的载体，这就要求景观生态规划把景观作为一个整体考虑，以可持续发展为基础，综合考虑不同的时间尺度内，多种可能的空间构型及景观元素的重新排布是否提高或降低生态完整性等内容；（3）针对性原则，不同地区的景观有不同的结构、格局和生态过程，规划的目的也不尽相同，规划必须综合考虑不同地区各自独特的地理位置和地形地貌特征、气候气象特征、植被覆盖特征以及不同地区的审美观念、文化传统和风俗习惯等；（4）异质性原则，异质性是景观的最重要的特征之一，景观空间异质性的维持与发展是景观生态规划的主要原则；（5）多样性原则，多样性指特定系统中环境资源的变异性和复杂性。景观多样性是指景观单元在结构和功能方面的多样性，它反映了景观的复杂程度，包括斑块多样性、类型多样性和格局多样性。多样性既是景观生态规划的准则又是景观管理的结果；（6）经济性原则，各景观单元的经济活动是其生存的命脉，也是景观生态规划的物质基础，产生的经济效益是景观生态规划的根本目标之一；（7）社会性原则，景观生态规划是对景观进行有目的的干预，干预的依据是内在的景观结构、景观生态过程、社会－经济条件以及人类价值的需要；（8）综合性原则，这一原则在本文已经有过讨论，这里就不再叙述；（9）整体性优化原则，景观是由一系列生态系统组成的具有一定结构与功能的整体，景观单元是其有机组成成分，将景观作为一个整体单位、一个有机体来考虑；（10）景观个性原则，实际上就是指景观的差异性。

余新晓教授归纳的景观生态学规划原则，不仅揭示了作为环境规划的基本内容，而且通过以上归纳和总结，我们感悟到景观生态规划中所包含的区域环

---

① 余新晓等:《景观生态学》，高等教育出版社，2006年，第242页。

境法律应该涵盖的基本范围。如果将生态系统规划与景观生态学环境规划相比，后者更加具体化，其优势是以生态系统理论为原理的环境规划所无法比拟的。

三、区域环境标准

1. 环境标准概述

环境标准是环境法律的基本内容。环境法律或者环境管理教科书中均讨论环境标准问题。通常情况下，环境标准被理解为，国家为了保护人民健康、促进生态环境正常演化、实现经济社会发展目标，根据国家的环境法律和法规，综合国家环境生态的特征、社会经济条件和科学技术水平具体情况而制定的各项环境技术规范和要求的总称。我国环境法律中没有给环境标准一个法律上的定义，作为成文法国家这不能不说是环境法律组成部分的缺失。俄罗斯环境保护法中就有对环境标准的规定。俄罗斯环境保护法的环境标准定义是："为环境质量规定的标准和对环境容许的影响标准，遵守这些标准，将保障自然生态系统持续稳定地运行和保持生物多样性。"这个定义虽然略显简单，但是，环境标准的种类和功能都体现出来了。环境标准在环境法律和环境管理中有着十分重要的作用，简单地说，环境标准是检验或者衡量环境质量、环境违法与守法的准绳，是衡量环境生态系统是否处在正常演替过程的依据，是保护人身健康的依据。在环境法律中，环境标准是各项环境制度的基本依据，如环境影响评价制度、排污收费制度、限期治理、污染排放许可制度等都离不开环境标准；在环境管理中，环境质量标准既是环境管理的目标，也是环境管理的基础。

有关环境标准分类、划分和制定权限方面的规定，各个国家有不同的规定。我国环境标准也被形容为"三级五类"，三级是环境标准分为指国家环境质量标准、地方环境质量标准和国家环境保护总局标准三种，其中，国家环境保护总局的环境标准①可称为环境保护行业标准。五类主要是从环境标准的性质和功能上区分，包括环境质量标准、污染排放物标准、环境基础标准、环境监测方法标准和环境样品标准。地方环境标准严格地说是中央与地方在制定环境标准的权限上划分，是对国家环境标准的补充。我国《环境保护法》第10条有较为原则的规定："省、自治区、直辖市人民政府对国家污染排放标准中

---

① 国家环境保护总局 1999 年发布《环境标准管理办法》，该办法共计分总则、环境标准的制定、环境标准的监督与实施和附则 4 章，共计 29 条。

未作规定的项目，可以制定地方污染物排放标准；对国家污染物排放标准中已作规定的项目，可以制定严于国家污染物排放标准的地方污染物排放标准。凡是向已有地方污染物排放标准控制的区域排放污染物的，应当执行地方污染物排放标准。"可以看出，我国环境标准与我国环境管理的法律体系和体制相一致，而且行政区域是制定和实施环境标准的空间范围。截止 2004 年底，我国共发布各类环境标准 486 项，其中国家环境标准 357 项，环保行业标准 129 项，强制性标准 117 项，推荐性标准 369 项。与之相对应的地方性环境标准就显得沉寂了许多，尤其表现在地方环境标准的制定方面。

美国是世界上最早采用环境标准的国家之一，大部分环境标准是环保局和州制定和实施的。美国环境标准主要有 3 种类型：周边环境标准（一定范围内的环境整体质量，它可以界定于一条流域、特定的地理区域和一个城市），排放标准（国家制定的限制企业排放污染物的上限），技术标准（污染者必须采用一定的生产工艺、技术或措施）。需要指出的，周边环境质量标准与排放标准、技术标准之间没有直接的对应关系，因为排放标准和技术标准的制定并未将各个区域的地理、经济、环境的特性考虑进去，在这种情况下，一个特定区域的企业虽然严格执行国家排放标准却依然造成很大的环境污染，这种情况在我国环境法律中已经有体现，我国水污染防治法中的总量控制和核定制度就是应对这种情况。总量控制的基本内涵是：地方政府（我国《水法》规定的地方政府是指省级以上政府）对实现水污染达标排放仍不能达到国家规定的水环境质量标准的水体，可实施重点污染物排放的总量控制。我国的环境标准制定主要是由国家环境保护总局承担，即环境保护的行业标准，由一个部门统一管理国家的环境标准结果如何呢？美国学者保罗·R 波特尼等主编的《环境保护的公共政策》（第二版）一书中将美国联邦环保总局面临的难题归为 4 个方面，其中 3 个方面的内容与环境标准有关，他写道："第一个方面的问题涉及到环境法规的复杂性和他们倾向于在很短时间内会取得巨大的收效。例如，清洁空气法和清洁水法都承诺了'安全'的大气质量和水质量，号召制定成千上万的排放标准，命令建立综合的监测网络，并给环保局下达了为数众多的重要任务。这些法规要求在 180 天就要完成上述任务。然而今天，也就是这些法令通过了大约三十年以后，其中规定的很多任务仍在贯彻执行之中。第二类问题与不完全遵照那些已颁布的标准有关，并由于能力所限，我们不知道哪一条标准以及哪一污染源应对此负责。第三个普遍性的问题是环境法规在目标制定上强调绝对主义。当人们在'零排放'的世界走向河流、湖泊和海洋时，可以在水中垂钓和游泳。如同饮用水的污染物含量一样，普通的和危险的大气污染物质将达到'安全'水平，这一提法具有明显的政治号召力，投票者很高兴听到他们将远离环境方面的威胁。但是对于绝大多数污染物来说，情况并非如此，除非把排放标准制定为零排放，然而这又是不可能的。尽管标准可以制定得更多，但对环境目标与经济和其他方面的重要目标之间的权衡仍会在暗中进行。平衡的结果已经导致一些标准建立在无法合理地进行评价的基础上。"① 我国环境法律与环境标准同样存在此类问题和现象，环境标准的制定很少考虑环境区域差异的特点，环境标准的适用以行政区域为界限而不是以环境问题的存在区域为界限，基本上仅限于对污染环境行为的约束，而且环境标准主要以污染物排放为标准。

2. 环境标准的理论依据

制定环境标准的依据是什么？简单地说，制定出的环境标准能否反映出人们行为与环境质量之间的变化关系，环境标准是否能够反映出不同区域的环境质量状况，环境管理学对环境标准的制定依据往往是泛泛而谈。朱庚申主编的《环境管理》（第二版）中将环境标准的制定依据归结了 7 个方面的内容：（1）为保护自然环境、人体健康和社会物质财富，限制环境中的有害物质和因素，制定环境质量标准；（2）为实现环境质量标准，结合技术经济条件和环境特点，限制排入环境中的污染物或对环境造成危害的其他因素，制定污染物排放标准；（3）为监测环境质量和污染排放，规范采样、分析测试、数据处理等技术，制定国家环境监测方法标准；（4）为保证环境监测数据的准确、可靠，对用于量值传递或质量控制的材料、实物样品，制定国家环境标准样品；（5）对于环境保护中，需要统一的技术术语、符号、代号、图形、指南、导则及信息编码等，制定国家环境保护基础标准；（6）需要在全国环境保护工作范围内统一的技术要求而没有国家环境标准时，应制定国家环境保护总局标准；（7）省、自治区、直辖市人民政府对国家环境质量标准中未作规定的项目，可以制定地方标准。作为制定环境标准的依据或者说导向，以上说明几乎没有解释清楚环境标准的准确意义和依据，严格地说，以上环境标准依据更适合于解释环境标准的作用，谈不上用这样的说明进一步延伸出区域环境标准。

---

① ［美］保罗·R 波特尼等：《环境保护的公共政策》（第二版）穆贤清等译，上海三联书店/上海人民出版社，2003 年，第 36 页。

根据世界各国环境标准的制定依据或者说制定环境标准的导向来看，环境标准一般按照 3 个方面的导向来制定：一是以保持人的生命健康为导向。衡量环境标准的好坏是以人的身体是否受到损害为依据，环境标准属于环境法律的组成部分，保护人们的生命健康免于环境危害是环境法律的基本任务之一，是区域环境法律关注的问题。从区域环境标准来讲，如何实现区域范围内的人的身体健康并与区域环境差异性相结合，应该是区域环境标准格外重视的问题。二是以最佳技术水平为导向。所谓最佳技术是指在同行业中对环境产生污染最小的技术，或者说是同行业中保护环境最好的技术。没有在环境标准中体现出环境的区域性是这种环境标准的主要弊端，经验告诉我们：特定的区域中即使使用最佳的技术也可以给当地环境带来巨大的破坏，强行推行最佳技术标准的另一个困难就是需要大量的经济手段作为保证，因此，区域环境标准可以在考虑区域环境差异的基础上有针对性制定区域环境标准；以环境质量为导向的环境标准，是根据环境要素或环境介质的质量来制定，靠单一的环境要素衡量环境综合质量不符合环境要素的特性，但是考虑到环境要素在地球环境圈层的存在关系，环境质量标准是反映环境质量优劣的重要尺度之一。问题的关键在于，环境质量标准能够在多大程度上标识出环境的总体质量水平以及人类存在的方式与环境变化之间的关系。景观生态学、地球科学、环境地理学等学科都在为建立更加科学的、能够准确反映环境保护与人们活动之间的联系标尺而努力。

3. 区域环境标准的理论依据

区域环境标准的依据是什么？或者说区域环境质量标准的特性是什么？我国现在的环境标准体系没有系统地、有层次地反映出环境变化状况，区域环境标准的提出，为克服那种企图制定全国统一环境标准提出了替代性方案，因为区域性（空间性）是环境的特征和存在方式，很多环境科学理论可以为制定区域环境标准奠定理论上的支撑。笔者认为，环境科学中的环境容量、环境资源承载力和生态足迹等理论加上区域环境的特殊性、差异性可以作为区域环境标准的理论依据，因为环境容量、环境承载力和生态足迹均将区域环境作为一个实体全面反映出环境质量的水平。环境容量是指："地球生物圈或某一区域环境对人口增长和经济发展的承载力。一般指人群健康和自然生态不受危害的前提下，自然环境或其中某一要素对污染物的最大容纳量。环境容量是在环境管理中实施污染物质量控制时提出的概念，环境容量的研究可以为环境质量的分析、评价和环境区划提供科学资料，为制定环境标准和排放标准提供依据。

环境容量是有限的，其大小与环境空间的大小，环境要素的特性有关，并与自净能力强弱成正比，环境自净能力强，环境容量也大。"① 环境容量有 3 个主要特点，一是环境容量具有区域性。环境是具体的，区域就是环境的表现形式，环境标准的制定与区域环境直接相连，如果环境标准离开了具体的区域，可能就会变成理论上的推演和实验室的假设；二是环境容量具有差异性。环境容量的大小与具体的区域环境相关，区域环境标准可以客观地反映出这个特性；三是环境容量与具体的时间和空间直接相连。另一个反映环境容量的概念是环境承载力。联合国教科文组织有关环境承载力的定义是："一个国家或者地区的环境资源承载力是指在可以预见的时期内，利用本地的能源和其他自然资源以及智力、技术等，在保证与其社会文化准则相符合的物质生活水平下能够持续供养的人口数量。"可以看出，环境承载力与环境容量一样，强调环境资源的空间或者区域性，任何区域环境都是具体的有限的。生态足迹概念既是环境容量概念的进一步发展，也是生态学理论应对人类生存方式与自然环境系统关系的具体应用，它的概念是"生态足迹亦称生态脚印、生态基区，是在现有技术水平下，指维持某一地区经济和人口的物质、能源消费和废弃物处理等所要求的可生产土地和水域的空间面积，是对传统的承载力或容纳量概念的发展。"② 生态足迹概念隐含着人们对环境、和人类与环境的关系的认识，即环境是有限的，在技术、环境、经济的关系中，技术固然为人类利用环境资源提供了手段，同样，环境资源是有限的、具体的，不是可以无限推演的概念。人类对环境的需求是以空间实体的形式反映出来。

最后，区域环境法律着重强调区域环境标准的差异性。区域环境法律强调环境法律和环境标准的多样性，不仅基于区域环境的特殊性，同时也体现了人类与环境相互作用的多样性。左玉辉教授在他的《环境学》一书中将人类与环境关系的多样性分为作用界面、作用方式、作用过程和作用效果 4 个方面"（1）作用界面的多样性。人类与环境相互作用的界面分布在人类社会活动的各个方面，在生产活动中，工厂、矿藏、农田、牧场等都是人类与环境相互作用的界面；在生活中，住房、家居、电器、水、食物、市场、服务设施、交通工具等也是重要的界面；在生物领域，从分子、组织、器官系统到个体、种群、群落甚至生态系统，也都会成为人类与环境相互作用的界面；而在科研领

---

① 方如康等：《环境学词典》，科学出版社，2003 年，第 9 页。
② 方如康等：《环境学词典》，科学出版社，2003 年，第 144 页。

域内，甚至大到整个宇宙、小到基本粒子的几乎所有客观事物都会成为研究对象，从而成为人类与环境相互作用的界面。在现代科技和现代机械的支持下，人类与客观环境之间的相互作用越来越复杂，界面的多样性也日益增加。（2）作用方式多样性。在上述诸多界面上发生着多样性的作用方式。人类对环境作用的方式主要是对资源的开发利用、工农业生产、物品使用、废弃物排放、城市建设、乡村建设、道路建设和科学研究等，有些时候是直接作用，有些时候是间接作用。（3）作用过程多样性。人类与环境相互作用的过程，大致可分为物理过程、化学过程、生物过程和生态过程。每一个过程都包含非常丰富的内容，即各自具有多样性。（4）作用效果多样性。有如此众多人类与环境相互作用的界面、方式和过程，相互作用的效果就更是数不胜数了，其多样性更加丰富。"① 环境的多样性和人类与环境相互关系的多样性是实现环境标准统一的最大障碍，另外一个原因是统一环境标准则造成环境法律失去应有的弹性。实现国家范围内环境标准的统一，即使在美国这样经济、技术发达的国家也显得非常困难。2007 年 12 月 19 日，为了削减温室气体效应，在美国 50 个州实施车辆气体排放标准，这个标准的主要内容是，要求全国范围内车辆行驶 35 英里油耗不得超过 1 加仑燃油，实际上，这个标准是通过提高能源使用效率的方法降低环境污染，严格意义上说，这个标准是一个最佳技术为导向的环境标准，而不是环境质量标准。加利福尼亚州对该项标准又一次弃权，但却不是像以前一样认为联邦标准不符合加利福尼亚州的实际而放弃。区域环境的多样性和差异性是制定区域环境标准的客观基础，多样性、差异性不仅包括客观方面，而且包含主观方面，如文化、经济、技术等人类社会自己的产物。差异性、多样性、灵活性是区域环境标准的主要特点。

4. 我国区域环境标准的设想

本世纪以来，我国环境保护迈进了一个全新的时代。国家提倡科学发展观、人与自然的和谐发展等方针，十七大文件是我国未来 10 年发展的纲领性文件，区域协调发展、实现可持续发展和建立环境友好型社会是这个纲领性文件的两个基本亮点，依照区域保护生态环境已经成为我国环境保护工作的主要方面。《全国生态保护纲要》在全国生态环境保护的主要内容与要求中明确规定："建立生态功能保护区。江河源头区、重要水源涵养区、水土保持的重点预防保护区和重点监督区、江河洪水调蓄区、防风固沙区和重要渔业水域等重

---

① 左玉辉：《环境学》，高等教育出版社，2003 年，第 10 页。

要生态功能区，在保持流域、区域生态平衡，减轻自然灾害，确保国家和地区生态环境安全方面具有重要作用。对这些区域的现有植被和自然生态系统应严加保护，通过建立生态功能保护区，实施保护措施，防止生态环境的破坏和生态功能的退化。跨省域和重点流域、重点区域的重要生态功能区，建立国家级生态功能保护区；跨地（市）和县（市）的重要生态功能区，建立省级和地（市）级生态功能保护区。"如何制定与这些区域相配套的区域环境标准将是一个十分重要的问题，本文想从以下三个方面论述：第一，环境标准选择的导向。对于生态功能区保护来说，确定以什么为导向的区域环境标准至关重要，环境标准主要有技术标准、排放标准和环境质量标准。根据区域环境法律理论，确立这个标准应该以区域环境质量标准为导向，以保护该区域环境质量为基点，必须明确规定污染物排放标准、技术标准与区域环境质量标准之间的关系，排放标准和技术标准必须服从区域环境质量标准，区域环境质量标准应动态地反映出区域生态环境的变化情况和生态环境保护的工作目标，定期修订区域环境标准，不应该仅仅将区域环境标准作为评判区域环境质量的准绳，而且应该体现出区域环境管理的工作目标。日本环境基本法第16条规定："对于第1款①的标准应经常给予适当的科学判断，并进行必要的修订。"第二，环境质量标准的选择必须与该区域的环境多样性相结合。环境多样性和差异性是区域环境法律的客观基础，人们在处理和解决区域环境问题时，必须尊重区域环境的客观基础和当地人们与环境的具体关系，区域环境标准应该具备灵活性和多样性的特点，并在动态中达到环境保护与当地社会经济发展的平衡。第三，应该将环境质量标准制定的权力赋予地方性政府，就地方政府所处的行政管理层级而言，地方政府能够准确地反映出区域环境法律质量。在区域环境法律原则中，本文曾经讨论过管理应该下放到适当的层级原则等，至此，区域环境法律另一个潜在的结论就是，地方政府是实现区域环境法律或管理的最为重要的主体。

四、区域环境影响评价制度

1. 区域环境影响评价制度概述

在参阅各种区域环境影响评价的书籍时，一个让人陷入思考的现象是：在所有讨论区域环境影响评价制度时，都将区域环境的整体性和结构、格局、时序性等区域环境特点凸显出来作为理论基础，假如我们所信奉的环境概念是由

---

① 日本环境基本法第16条第1款内容：政府应根据与大气污染、水体污染、土壤污染和噪音有关的环境条件，分别制定出保护人的健康和保全生活环境的理想标准。

环境要素组成的、没有差别的环境的话，也就没有必要进行环境评价，因为环境要素中的环境是同质的、没有差别的。退一步讲，环境影响评价只对环境要素进行评价就可以了，一部法律对国家的环境要素进行评价，无需再对各个地区的环境进行评价。

环境影响评价制度是环境法律的重要制度之一，自从美国《国家环境政策法》首创环境影响评价制度后，环境影响评价制度迅速为世界各国的环境法律所借鉴，现在，环境影响评价制度成为各国和国际环境法律中一项重要的环境法律制度。我国于2002年颁布了《环境影响评价法》，对规划和建设项目环境影响评价的适用范围、评价内容、审批程序、法律后果等进行了具体规定，其定义是："本法所称环境影响评价，是指对规划和建设项目实施后可能造成的环境影响进行分析、预测和评估，提出预防或者减轻不良环境影响的对策和措施，进行跟踪监测的方法和制度。"我国环境影响评价的范围仅仅局限于规划和建设工程。区域环境影响评价是环境影响评价的一种，它着眼于一个区域内人与自然具体关系的评价，将区域作为一个整体（实体）考虑，评价的重点在于分析一个区域内经济项目的布局、结构和时序，根据区域的生态环境特点，为区域经济建设提供评价和建议。目前的区域环境影响评价侧重于经济开发建设，环境影响评价的目的在于实现区域环境与社会经济的可持续发展，用协调进化理论形容就是达到"双标"的目的，既要考虑社会经济活动的可持续发展，也要考虑区域生态环境的可持续发展或者演化，两者应该是结合在一起的。值得一提的是，在俄罗斯环境法律制度中有一项较为独特的环境影响评价制度——生态鉴定，《俄罗斯联邦生态鉴定法》第1条规定："生态鉴定是指查明拟议进行的经济活动和其他活动是否符合生态要求，并确定是否准许生态鉴定对象予以实施。其目的在于预防这些活动对自然环境可能产生的不良影响和与此相关的，因将生态鉴定对象付诸实现而导致的不良的社会、经济及其他后果。"对于俄罗斯这个独特的生态鉴定制度，王树义教授分析道："从理论上来看，俄罗斯联邦的生态鉴定制度，是建立在两个'假定'的基础上的。这两个'假定'是：（1）假定一切拟议进行的经济活动和其他涉及自然资源利用和环境保护的活动，都是可能对自然环境产生不良影响的活动，都是可能对人和环境具有潜在的生态危险，并且不允许其实施的活动。（2）假定一切拟议进行的经济活动和其他涉及自然资源利用和环境保护的活动方案、规划、草案等的设计人员，在对活动的方案、规划、计划、草案等进行设计的过程中，在考虑其设计的方案、规划、计划、草案等是否符合国家的生态要求方面是有过错或有过失的。那么，生态鉴定制度设立的目的，就是要通过这一程序来证明拟议进行的经济活动和其他活动是否确有不能允许其实施的原因，证明这些活动方案、规划、计划、草案的设计人员是否有过错或过失。"① 对于区域环境影响评价来说，如果将俄罗斯生态鉴定制度加上区域就是一个较为完善的环境影响评价制度，我国的环境影响评价法将过多的注意力放在经济活动合法性的注解上而不是区域、经济两个系统的可持续发展上，区域环境影响评价可以弥补我国环境影响评价制度的不足。

2. 区域环境评价的特点和应用

区域环境影响评价与建设、规划项目环境影响评价不同，区域环境影响评价具有以下特点：（1）广泛性和复杂性。区域本身就是一个内涵丰富的概念，区域的种类众多如生态区域、行政区域、流域等，其空间范围可以从一个很小的开发区到巨大的流域系统；（2）战略性。区域环境评价是从区域整体出发对区域发展规模、产业布局、产业结构、土地利用规划污染物总量控制、污染综合治理等环境保护和经济发展进行评价；（3）不确定性。区域开发与环境保护是一个复杂的过程，存在不少尚未明确的影响因素，探索区域与区域开发之间的环境保护的关系是区域环境法律的主要内容之一；（4）评价时间的超前性。区域环境影响评价是为区域环境保护和区域经济发展提供参考和决策的依据，区域环境影响评价只有在区域开发和建设尚未开始之前才具有意义，才能真正起到协调区域内环境保护和经济发展的作用；（5）评价方法多样性。区域环境影响评价既要从宏观尺度上确定区域内各项活动的规模、性质、布局的合理性，还要考虑微观尺度上的具体环境标准等，既要对区域环境进行定性分析也要对区域环境进行定量分析。

经济开发区的环境影响评价。区域环境评价是指评估特定的区域、特定的时间内有计划进行的一系列活动对区域环境的影响，区域的类型主要有行政区域、生态区域、经济区域和社会区域等。目前区域环境评价集中在经济开发区，所谓开发区是指具有以下特征的区域：（1）我国目前的开发区面积没有确定的范围，随意性较大，主要受制于行政区域的限制；（2）开发区的性质复杂，没有硬性的标准，如本文前面所介绍的一样；（3）管理层级较多，除了受设立经济开发区的地方政府管辖外，一般由专门设立的开发区管理机构管理；（4）不确定因素多，许多开发区初期仅具有开发性质，具体的开发项目

① 王树义：《俄罗斯生态法》，武汉大学出版社，2001年，第307页。

往往不确定；（5）开发区在空间、时间上影响范围较大；（6）是实现区域化环境管理和污染控制的有效空间范围。在各种各样的区域种类中，经济开发区的开发活动对环境影响最为强烈，经济开发区的环境评价在区域环境影响评价中占有重要的位置。按照景观生态学理论以及景观生态学规划的要求和我国生态环境主体功能区制度的建立，我国环境影响评价应该由经济建设环境评价向区域（生态系统）环境评价转换。

区域环境影响评价的原则。区域环境影响评价是区域环境规划和设计的前提，分析区域环境质量现状、确定区域环境容量和预测经济开发活动的影响是区域环境影响评价的主要内容，应该遵守以下原则：（1）同一性：将区域环境影响评价纳入环境规划工作中；（2）整体性原则：区域环境影响评价必须涉及区域内的环境和人类活动问题，要全面评估各个建设项目和项目之间的互相影响，要从区域整体出发提出区域开发集中控制污染等环境问题的方案；（3）综合性原则：区域是一个整体有其自身的演化规律，评价工作要考虑社会环境、自然环境等方面的因素，要对区域经济发展和区域生态环境在较长的时间内作出预测和评价，这些都需要综合性的方法达到这个目的；（4）战略性原则：区域环境影响评价不应局限于当地环境影响评价，而应该从国家、大区层次评价区域环境和经济活动，反之，国家以及高层次的环境影响评价应该为当地区域留有充分的余地；（5）实用性原则：区域环境影响评价的实用性主要表现在区域开发方案的优化和污染治理防治方面，应该要达到技术上可行、经济上合理、效果上可靠；（6）可持续性原则：对区域环境影响评价进行定期的跟踪监测是区域环境影响评价的主要内容。

总之，区域环境影响评价是环境影响评价制度的进一步深化。由于环境影响评价以区域为单元，它将避免环境影响评价大而化之的弊病，而且这种不与区域环境相结合的环境影响评价最终将演化成为一种肤浅的行政程序，不能确实反映出环境真实的演化状态和受到危害的程度。无论从地理学、环境学或生态学角度来说，任何环境影响评价都应该是区域性的环境影响评价。

第六章

区域环境法律的几个关键问题

　　黑格尔曾经说过：哲学如果没有体系，就不能成为科学。健全的环境法律体系是达到这一目的必要手段和途径，为了建立完善的环境法律体系，环境法律学者们不停地探索、实践和努力。如果将美国《环境政策法》（1969 年）作为现代环境法律开始的标志的话，现代环境法律已经有 40 年的历史，我国的环境法律从 1979 年的环境保护算起，也已经跨越了 30 年，我国及世界许多国家已经建立起来比较完善的环境法律体系，目前，世界各国建立起了环境法律立法模式，形成了被王曦教授形容的（框架式\伞型结构）环境法律模式。这些环境法律的特点是总括性、伞形结构的立法，以美国为例，美国以《国家环境政策法》为龙头，《清洁水法》、《清洁空气法》、《危险物和废物管理法》、《超级基金法》、《海岸带法》等为伞状；我国则是以《环境保护法》为龙头，以环境要素和部门环境管理为主的环境立法模式，前者如《水污染防治法》、《水法》、《大气污染防治法》、《海洋环境保护法》等，后者如《农业法》、《水土保持法》、《渔业法》、《草原法》等法律法规等。针对这种情况，王曦教授分析道："无论发展中国家还是发达国家，其立法对环境问题的反映都表现为分散而缺乏协调性的部门性法律制度，其建立合作是为了资源分配的目的，或者是为了对付资源开发、利用的负面环境影响。由于工业化发展带来新的环境风险，各国逐渐以污染控制的法律制度来补充这些法律制度。近些年来，由于各国对于生态系统的内部关系整体性和环境问题认识的增强，它们越来越认识到部门性资源立法与污染控制立法的结合尚不足以适应保护环境质量或推动可持续发展的需要。框架性环境立法就是对传统的环境管理部门化的固有缺陷的一种反应，它代表着一种以生态系统为取向的一体化法律制度，它用一种整体的观点看待生态系统、生态系统内的互相联系以及环境问题的关联性。它能够适应社会、经济和生态条件的变化，为解决环境问题提供了一个广泛而灵活的法律框架。"① 王曦教授认为框架立法的基本要素包括：定义、总体目标和原则、机构设置、环境政策的制定、环境影响评价和审计、环境质量准则和标准、污染综合控制、环境管理、公众参与、环境检查员、争议解决程序等。但是，在区域环境法律看来，这样的环境法律依旧是欠缺的、不完善的，因为这样环境立法的主要缺陷在于忽视了环境的空间性、环境的物质性、环境的差异性，忽视了环境问题的差异性以及解决环境问题方法的多样性。和已存在的环境法律体系相比，区域环境法律仍然处在发展阶段，很难说建立自己的环境法律体系。就目前对区域环境法律的认识程度来看，区域环境法律很难脱离现有的环境法律体制建立自己的环境法律系统，区域环境法律可以定位于对现有环境法律体制的矫正和调整。美国环境法教授罗伯特·帕西瓦尔也有类似的观点，他认为：环境法律需要革新而不是革命。这样，区域环境法律与现有的环境法律有很多的交叉点，本文将这样的问题称为区域环境法律的关键问题予以讨论。

第一节　环境要素法律弊病的分析

本文各个章节陆续地分析了环境要素法律的弊端，这里想用较大的篇幅进一步较为系统地解剖环境要素法律弊端产生的原因，以及给环境法律带来的误区。在介绍环境要素概念和特征之前，需要再次强调的是，环境要素与区域一样只是划分环境的方法之一，就二者所反映的环境的内容与特点而言，区域环境则更多地反映出环境的基本特点，仅从环境分类的角度而言，环境要素不应该成为环境法律的唯一逻辑前提。

一、环境要素的概念、组成和特性

1. 环境要素的概念

世界上大部分环境法律是以环境要素为逻辑而进行的立法，环境要素是划分环境的标准之一，是人们认识环境本质的形式之一，但是，作为一种认识环境本质的方法，到底在多大程度上反映出环境的客观规律是值得怀疑的。环境科学中的环境要素是指："构成人类环境整体的各个基本单元，可分为自然环境要素和社会环境要素。前者包括水、大气、土壤、岩石、生物、太阳辐射

---

① 王　曦：《联合国环境规划署环境法教程》，法律出版社，2002 年，第 289 页。

等；后者包括城镇、工矿区、村落、道路及其他人工建筑物等。也有人把环境要素分为生物环境要素和非生物环境要素。前者包括动植物和微生物等；后者包括水、大气、土壤、岩石、太阳辐射等。环境是一个由各个环境要素组成的互相联系、互相依赖、互相渗透、互相制约的整体，只要其中一个要素发生变化，就会引起其他要素相应变化。环境要素已经成为认识环境、评价环境和改造环境的基本对象。"① 这个概念对于环境的解释让人们产生这样的疑惑，环境只是互相联系的整体而已，而这个整体是由上述的环境要素构成。2002 年的《俄罗斯联邦环境保护法》第一章的第一条为自然环境要素所下的定义是："自然环境要素——综合起来为地球上的生命存在提供了良好条件的土地、地下资源、土壤、地表水和地下水、大气、动植物界和其他生物体，以及大气臭氧层和地球周围的宇宙空间"。假如用以上概念和法律规定判断澳大利亚昆士兰州的那只海龟是否属于海滩环境的一部分，结论肯定是模糊不清的，原因很简单，环境要素所构成的环境概念过于宽泛、抽象而无法运用到具体环境法律之中。

2. 环境要素的构成和特点

环境要素是人们认识环境的一种方法，就常识而言，人类从来没有生活在一种环境要素中，更不可能依赖一种或者数种环境要素生存。朱颜明教授写道："环境要素分为自然环境要素和社会环境要素，通常多指自然环境要素。环境要素包括大气、水、土壤、岩石、生物和阳光等。环境要素是组成环境的结构单元，环境的结构单元又组成环境整体及环境系统。如由水组成水体，全部水体称为水圈；由大气组成大气层，全部大气层总称为大气圈；土壤构成农田、草地，由岩石组成岩石体，全部土壤、岩石构成的固体壳层称为土壤—岩石圈；由生物体组成生物群落，全部生物群落的集合称为生物圈。"② 显然，这样宏大的环境概念如果作为环境法律中的环境概念应该出现在国际环境法律中，或者是出现在联合国大会讲台上的全球环境问题中。不幸的是，就是这样的环境要素却是国内环境法律的逻辑基础。也许是环境要素的始作俑者发现环境要素不能自圆其说的缺陷，又提出环境要素的特点来掩盖环境要素理论上的矛盾。环境要素的特点由以下构成：（1）最小限制率，它的含义是指环境质量的好坏和高低，不能由环境诸要素的平均状况来决定，而是取决于环境诸要

① 方如康 主编：《环境学词典》，科学出版社，2003 年，第 9 页。
② 朱颜明等：《环境地理学导论》，科学出版社，2002 年，第 4 页。

素中的那个与最优状态差距最大的要素；（2）等值性，环境系统中各个要素，无论它们之间在数量或规模上有多大差距，只要是一个独立的要素，它们对环境质量的影响作用是相同的；（3）环境的整体性大于环境诸要素的个体之和，简单地说，就是系统论的整体大于个体之和；（4）环境诸要素虽然在地球演化史上出现有先后，但它们具有互相联系、互相依赖的特点。这个环境要素很明显是对整个地球环境的描述和分析，或者是将环境作为一个环境系统而展开的，我们很难设想如果将这个概念用于环境法律中，保护环境是否会成为一句空话，这个概念太大而不适用于环境法律。

或许有人会把环境概念的谈论视为琐碎，实则不然，不论哪一门科学对于核心概念的认知与解释总是该学科的首要问题，制度经济学对产权概念的剖析就是一个很好的例子。贺卫教授在他主编的《制度经济学》一书中指出："1974 年诺贝尔经济学奖得主冯·哈耶克曾语重心长地告诉他的经济学同行说：'我们应该经常地拣出有争议的专门术语，并如实地追究它到底是怎么一回事'。我们不难理解哈耶克对他同行的这一告诫。无论在马克思主义经济学家还是西方经济学家看来，'政治经济学本质上是一门历史的科学。它所涉及的是历史性的经常变化的资料'，所以，历史地、全面地考察经济学中一些关键性的、有争议的术语，就绝不是斤斤计较于琐事，或者用马克思的话说：'这的确是琐事，但这是显微镜下的解剖所要做的那种琐事'"。① 吕忠梅教授就是将环境法律中环境概念作为"琐事"的学者之一，吕忠梅教授在她的《中国环境法的革命》一书中将环境概念的研究列入中国环境法理论研究的突出问题之一，在环境法律司法实践中，环境要素概念在环境司法中所造成的困境并非少见，她指出："在基础理论研究方面，重视体系框架的构造和逻辑演绎，将一些属于环境科学、环境管理学的成果直接用于论证环境法律的基本理论，各种不同学科领域成果之间的转换没有经过一个再创作的'翻译'过程。即使有一些翻译，也是'直译'多、'意译'少（如目前关于环境法律基本原则的概况）。但对法学基础理论的研究，以及法学与相关科学的结合方式与途径未予重视。有一个最为简单而被大家熟视无睹的事实是：环境法上的'环境'的概念到底是什么，现在各国环境立法几乎都采用的是环境科学上的概念并多以列举方式出现，那么环境法上的'环境'与环境科学上的'环境'

---

① 贺　卫等：《制度经济学》，机械工业出版社，2003 年，第 88 页。

是否同一概念?"①。就区域环境法律而论，环境法律上的环境概念与环境科学上的概念是完全不同的，区域环境法律强调区域环境是在一定时间、空间下的环境，不是泛指的环境。无可置疑的是，利用环境科学上众多环境划分标准之一的环境要素方法，无法使人得出一个环境法律上令人满意的答案，使得环境法律在实际执行中造成不应有的混乱。

二、环境要素法律②的弊病

1. 环境要素立法的定义与特点

环境要素法也被称为环境要素保护法，"环境要素保护法是指以某一环境要素为立法对象的环境保护单行法的总称。或者说，我们将各种保护环境要素的立法归纳成为一类，称之为环境要素保护法。"③ 环境要素立法是世界各国环境立法的主要形式，其理论依据是根据各个环境要素的特点和生态功能分别立法加以保护。吕忠梅教授将环境要素立法归纳为4个方面的特点：（1）环境要素保护法以环境要素的基本特点为立法的科学依据，即环境要素的最小制约率、等值性、整体大于部分之和及环境诸要素虽然在地球演化史上出现有先后，但它们之间互相联系、互相依赖；（2）环境要素保护法在立法中必须充分体现开发利用与保护相结合的指导思想；（3）环境要素与人类生存密切相关，对其保护应包括两个方面的内容：即改进环境质量和合理利用自然资源，并且这两个方面的内容紧密联系；（4）环境要素保护法是环境保护基本法的下位法。我国环境法律是以非生物环境要素而展开的立法，环境要素成为我们认识环境、改造环境的基本对象，成为环境法律中的一种通行的范式，以环境要素而展开的环境要素法律主要有：《大气污染防治法》、《土地管理法》、《森林法》、《草原法》、《渔业法》、《水法》、《海洋环境保护法》、《野生动物保护法》、《矿产资源法》等；在美国有以大气、水等为环境要素的法律，如《清洁空气法》、《清洁水法》等。

2. 环境要素法律违背了环境学和生态学的基本原理

环境科学所研究的环境是一个极为复杂的、有时间、空间变化的动态系统，系统理论强调系统与子系统和系统过程要素之间的相互联系、互相制约的

---

① 转引自韩德培：《环境资源法论丛》（第1卷），法律出版社，第5页。
② 笔者将按照环境要素制定的法律称为环境要素法律，吕忠梅教授则称之为环境要素保护法，两者的内涵完全一致。
③ 吕忠梅：《环境法学》，法律出版社，2004年，第266页。

关系；生态学是以研究生物与其环境之间相互关系为内容，同样强调生态系统诸要素的相互联系、互相影响；即便是在环境要素的概念中也在强调环境要素的互相联系、相互制约的关系，但是，一旦环境要素转化为环境要素法律后，被环境法律所保护的"环境"却失去了环境具有的特性，环境的构成和天然联系被完全分割开来，我国环境法律中有以保护利用环境要素的法律，同时还有以防治环境要素污染的法律，最为明显的例子是《水法》和《水污染防治法》。金瑞林教授针对这种困惑曾经写道："由于中国 20 世纪 80 年代的环境立法中没有制定诸如《环境保护局组织法》这样的机构法，因此有关法律的保护对象、管理范围和控制方式等问题一直没有在法律上得以充分解决，加上与环境保护管理相关的行政管理机构较多，导致部门利益的冲突比较严重。从20 世纪 90 年代中期开始，国务院有关法治当局就希望学理界对环境立法究竟应当以污染源防治为要素、还是以控制管理的对象为要素进行研究。这个问题应当由学理界与环境与资源管理部门联合研究解决。"① 就环境科学和环境管理学而论，在环境要素和环境管理对象之间的选择都不会得到满意的结论，他在注释中解释道："在中国即使关于大气环境的立法由于名称的不同也会导致行政权力的冲突。例如《大气污染防治法》的称谓与《大气环境保护法》的不同称谓，将导致行政管理机构权力的交叉和重复。"实际上，这不是称谓的不同，是环境管理部门化的恶果。环境要素立法和控制污染行为两种截然不同立法方式，一个是对环境要素的保护，另一个是控制污染的行为，在现行的体制下环境要素保护一般由环境保护部门承担，而环境污染行为的控制则离不开该行业主管部门的管理。这就是环境要素法律违背环境基本特性所造成的混乱。然而，笔者认为这仅仅是个开始，更为糟糕的是在环境管理中，各种"要素"混乱不堪地堆积在一起。联合国环境规划署在其主持编写的《环境司法手册》对于环境要素立法有过如下批评："除了总体的环境法律之外，国内环境法律通常管理一个单一环境要素或者'媒介'，例如水、空气、土壤和生物多样性等，由于特殊环境问题面临一个确定的区域，政治和经济的优先发展减缓了在特殊环境问题上取得一致意见的努力，同时，这样的环境媒介立法经常由特定部门执行能处理比框架式环境法律更多的具体事务，但是，环境要素法规的一个困难在于它时常忽视环境的互相联系、互相依赖的性质。"在环境要素立法中，环境被分割成不同的保护客体，我们已经看不到客观实在的环

---

① 金瑞林：《20 世纪环境法学研究评述》，北京大学出版社，2003 年，第 29 页。

境，看不到与我们息息相关的自然世界，为了方便与环境资源部门实现管理目标，即便是一个正常的自然循环过程也可以被人为地割裂开来成为不同的管理客体。

3. 环境要素法律忽视了环境的多样性特征

多样性是环境的主要特征。左玉辉教授说："环境多样性是环境的基本属性之一，是人与环境相互作用中的基本规律，是具有普遍意义的客观存在。环境多样性包括自然环境多样性、人类需求与创作多样性以及人类与环境相互作用多样性。其中自然环境中的生命物质和非生命物质、环境过程、环境形态以及环境功能都具有多样性；人类的需求和创造产生于人类的智力活动，具有无穷的深度，因此具有更广泛的多样性；人类与环境的相互作用，在作用方式、作用过程、作用效应等方面都具有多样性。上述各类环境多样性及其内在联系的总和统称为环境多样性。"① 关于环境多样性的意义，左玉辉教授指出："认识和解读环境多样性、揭示环境多样性的内在规律是全面系统认识人类——环境相互关系的基础，它是人类长期面临的一项基础性研究课题，是环境科学的重要内容。"环境要素法律则将环境多样性完全忽视了，环境要素就像西方古代幻想中的太空以太一样毫无区别地存在于我们周围。令人哭笑不得的是：就环境要素概念而言，环境要素立法被自己的衣襟绊倒，在环境要素的概念中也在不忘强调环境是一个由各种环境要素组成的互相联系、互相依赖、互相渗透、互相制约的整体，但是，一旦实体环境被要素化，环境就不再是相互联系、互相渗透、互相制约的实体。环境的多样性还表现在环境的自然方面，环境多样性是保护环境所要达到的目的之一。环境多样性的主要表现在以下4个方面：（1）自然环境类型的多样性，自然界生物种类多种多样，地理环境各有特色，有以自然土地为基质的森林、草原、荒漠、苔原和湿地等陆地生态系统，还有各种淡水生态系统和海洋生态系统，这些生态系统又会随时空变化而发生变化；（2）环境过程的多样性，各种自然环境有不同的运动变化过程，物质不同、时间尺度的差距形成环境过程的多样性，从时间尺度角度来看，有些变化需要较长的时间尺度，需要用年以及更大的时间尺度来衡量，有的需要较短的时间尺度衡量；（3）结构的多样性，自然界的物质包括有机物质和无机物质；（4）环境功能的多样性，环境功能的多样性主要包括为人类生存提供各种资源、调节功能、服务功能和文化功能等4大环境功能。

---

① 左玉辉：《环境学》，高等教育出版社，2003年，第5页。

保护生物多样性是国际环境法的一项重要内容。就自然界进化而言，物种灭绝是自然环境进化的正常现象，环境法上所指的物种灭绝是指由于人类社会活动导致物种的灭绝速度远远超出正常的物种消亡速度，物种灭绝不仅仅是影响生物本身，而且也将影响自然环境，最终直接给人类生存造成危害。在全球变暖的今天，生物多样性更加具有现实意义，然而，生物多样性保护的实现是通过保护环境多样性来实现的，可以说，环境多样性是生物多样性的基础，没有环境多样性也就没有生物多样性。生物多样性是指"生命有机体、生命有机群体以及它们所处的生态综合体之内和之间的多样性和变异性的总和"（Fiedler 和 Jain，1992），生物多样性包括 4 个方面的内容：遗传多样性、物种多样性、生态系统多样性和生物景观多样性。需要特别说明的是，特定区域的保护是生物多样性的保护法律的主要内容之一。然而在环境要素为逻辑的环境立法中，环境的多样性完全被环境要素抹杀了。

三、要素环境法律在"水"中的尴尬

1. 水环境法的概况

本文前面已经概括性地描述了环境要素立法的缺陷，现在我们以环境要素"水"为例，进一步讨论这样立法的弊端。我国环境法律大都按照环境污染防治法、自然资源法和生态保护建设法三个实体环境保护序列而展开，水污染防治法是我国第一部单行环境保护法律，也是以环境要素立法的环境法律。我国《水污染防治法》颁布于 1984 年，1989 年，国务院发布《水污染防治法实施细则》；在自然资源保护法序列中，水环境要素在立法上的体现是《水法》、《渔业法》；在生态保护建设法序列中，水环境要素在环境立法上被演绎为《自然保护区条例》、《水土保持法》、《防洪法》。就水环境要素所涉及的范围而言，围绕着水环境要素的立法不可谓不全面，但是，这种以环境要素为立法前提的一个最为直接的后果，就是环境法律过于复杂化，以致一般的人员已经无所适从，这样的环境法律成为名副其实的"部门法"，在立法上表现为不断地修订、发布法律。1996 年，全国人大常委会通过《关于修改〈水污染防治法〉的决定》，增加的主要内容之一就是按照流域或者区域进行统一规划和防治；2000 年，国务院发布了经过全面修改的《水污染防治法实施细则》。提高环境法律立法层级的出发点是好的，但是对区域环境法律来说，后果是十分可怕的，原因很简单，即高级别的环境立法使得环境法律丧失了时间性、灵活性的特征，失去了人们对特定环境问题的及时回应能力。不得不提的是，国务院在 1995 年发布了一部以流域为保护对象的环境法律《淮河流域水污染防治条

例》，由于该条例打破现行环境资源管理体制和在实施过程中所遭遇的失败结果，为很多学者专家所批驳，但是，该条例所体现出的流域管理先进思想值得研究和称赞。今年水污染防治法的修订工作又一次开始，现在已经到了草案征求意见的阶段。从水环境要素来看，《水法》已经涉及到水环境要素的各个方面，为什么还要制订《流域法》、《湖泊法》呢？

2. 原因分析

以环境要素为立法逻辑的环境法律，无视环境的区域性特点以及区域环境的差异性。水环境要素首先被不同的环境资源管理内容划分为环境污染防治、自然资源保护和生态环境建设三个部分，然后又按照不同的管理任务再次进行分割，环境科学、生态学强调的环境之间的互相影响、互相联系被无情的割裂开来；再者，环境存在的时空性完全没有了，环境要素成为一种虚无缥缈的理念完全虚化了。关于这一点蔡守秋教授有较为透彻的分析："水资源的一个重要的属性就是地表水以河流、湖泊的形式呈地理结构状汇集，并由此形成巨大的网络状系统，一定的自然汇水区形成流域，一个流域是一个完整的生态系统，不同的地理单元与水资源的特殊结合使流域呈现出多样性。一个流域一部法律是古老的国际河川法留下的箴言。水资源的流域特性，既是水资源管理的基本前提，也是水资源管理的最大难题。流域是自然形成的，而当今的行政管理区域却是因为政治的或者社会管理的需要而划分的。流域通常被人为分割为若干行政区划，而在这些被分割的区域内部又有若干个管理水资源事务的部门，它们似乎分工明确、责任分明，但实际上在这些被分割的行政区划内部以及各部门间所进行的与水资源开发利用有关的决策与行动，往往缺乏流域生态系统的综合考虑，各自为政、以邻为壑、权力竞争激烈，从而导致一场又一场'共有地的悲剧'的发生。"[1] 笔者认为这不仅是我们对水资源管理认识的进一步加深，同时也是对环境的时空性和生态学"时空有宜"规律的准确认识。目前有关黄河、长江、太湖等流域的立法活动已经开始进行，究其原因，弥补环境要素立法的不足是一个主要方面。

美国可以算是当代环境法律的发源地国家之一，同时也是一个崇尚法治、环境法律发达、执法效率较高的国家，但是在水污染防治上也存在这样的问题，在回顾美国环境法律40年的经验与成果时，美国环境法教授罗伯特V·珀尔威尔评价道（Robert V·percival）："（美国）尽管在削减水污染防治方面

---

① 蔡守秋：《环境资源法教程》，高等教育出版社，2004年，第281页。

取得很大的进步，严峻的水质量问题依旧存在于整个国家，评价描述的决定性的因素是在美国国家范围内的 2000 个流域中的 1000 个流域需要恢复和保护以满足清洁水法的目标。"① 我们知道，美国的水法也是以水环境要素②为立法前提的，美国水法颁布后，美国水环境质量经过 30 多年的治理，水环境质量显著提高。现在看来水环境质量的提高有一部分是以区域生态系统的赤字为代价的，从可持续发展的角度来看，这样的水资源管理、水污染防治是以区域或者生态系统的失调为代价而换取水环境质量的提高，自然也算不上可持续发展，水环境要素立法的弊病可见一斑，水环境要素立法模式完成不了可持续发展的任务和使命。

第二节　环境资源的统一管理问题

一、环境资源统一管理问题的提出

本文在导言部分描述过在环境管理和环境法律的现实中有这样一个现象，即在环境灾难发生，或者环境质量严重下降至损害当地人民身体健康时，人们总是把矛头直指当地政府，似乎地方政府成为环境灾难的罪魁祸首，美国如此，我国也不例外。近年来，我国区域环境灾难频发、区域环境质量恶化，人们将过多的指责集中于地方政府，理由很简单，那就是地方政府没有执行环境法律，从逻辑上推理，这样的指责并无错误之处。实际上，在这个现象的背后隐藏着一个世界性的难题：环境资源的统一管理。而且这个问题还涉及政治体制和管理制度，在政治学上这个问题的表现为集权与分权问题，具体表现形式为联邦制和单一制，在管理制度上一般体现为由一个机构统一管理某项事务，因此，统一管理在其政治学、管理学和环境法律都是核心问题。

环境管理的初期，并不强调环境管理的统一性问题，因为环境问题或者环境管理属于地方性事务，分散性就是环境管理的主要特点，随着环境问题影响范围的扩大和人民环境意识的提高，地方政府在跨区域环境问题上的无能为力和经济技术等方面的力不从心，使得人们认识到这种分散式环境管理的缺陷，

---

① 参见 Perciva. schroeder. miller. leape: Environmental regulation law, science, and policy, fifth edition, Aspen Publishers. 2006, 584.

② 美国《清洁水法》的使用范围不涉及地下水和水域的水量，就是以水的质量为管理范围，可以称得上典型的环境要素立法，与我国环境法律对应的是《水污染防治法》。

而环境资源的统一管理就成为克服这种缺陷的管理模式，对此，《我们共同的未来》有过一番论述："在过去，对环境问题的职责放在环境部门，但是这些环境部门常常很少或根本不能控制农业、工业、城市发展、林业和运输政策和活动所引起的破坏。社会没有把防止环境破坏的职责交给那些造成这种破坏的'专业部门'和机构，因此，我们的环境管理实践主要集中在破坏发生后进行修补：植树造林、恢复沙漠土地、重建城市环境、恢复自然生境和原生地。预防和阻止环境破坏的能力，将需要把政策的生态部分同经济、贸易、能源、农业以及其他部分同时加以考虑。"① 客观地说，随后的国内环境法律立法注意到这个现象，并在环境法律和环境管理中将环境与资源的管理权更多地向专业部门集中，如《农业法》等就是这种立法观念的代表，但是，经过几十年的环境管理实践，环境资源的统一管理模式并没有带给人们预期的效果。环境资源的统一管理是实现可持续发展的有效管理模式吗？

1. 环境管理的概念和发展

环境管理在学术界是一个有争议的学科。这种争议影响着环境管理科学的建立，其争论的焦点是环境管理的对象是人的行为还是环境本身。朱庚申教授指出："环境管理有两种含义：（1）广义上讲，是指在环境容量的允许下，以环境科学的理论为基础，运用技术的、经济的、法律的、教育的和行政的手段，对人类社会经济活动进行管理；（2）狭义上讲，是指管理者为了实现预期的环境目标，对经济、社会发展过程中施加给环境的污染性影响进行预防和控制，实现经济、社会和环境效益的统一。环境管理具有综合性、区域性和适应性的特点。"② 该环境管理概念将环境管理的对象定位于社会经济活动，在环境管理对象的问题上，学者之间存在着分歧，例如，朱庚申教授主编的《环境管理》一书中将对人的管理定位于环境管理的核心，并对将污染源作为管理对象提出批评："长期以来，环境管理中的一个误区就是把污染源作为管理对象，环境部门围绕着各种污染源开展环境管理，工作长期处于被动局面。原因是人们只关心环境问题产生的地理特征和时空分布，这种环境管理，实质上是一种物化管理——污染源和污染设施的管理，而忽视对人的管理。"③ 笔者对于朱庚申教授的这种责难甚是不解。就环境管理学而言，对于环境管理的

---

① 世界环境与发展委员会：《我们共同的未来》，王之佳译，吉林人民出版社，2005 年，第 47 页。

② 方如康等：《环境学词典》，科学出版社，2003 年。第 524 页。

③ 朱庚申等：《环境管理》（第二版），中国环境科学出版社，2007 年，第 42 页。

概念有着重大的分歧，简单地套用管理学理论至环境管理中，错误就无法避免。叶文虎教授在《环境管理学》中客观地评述道："向'管理'寻找出路，本质上就是改变自身的生存方式以及相应的基本观念。由于人类的生存方式和基本观念具有极强的国际性和历史阶段性，因此环境管理的理论体系甚至理论框架一直飘忽不定、难以捉摸。这大概就是环境管理学千呼万唤出不来的根本原因。"改变人类的生存方式是实现环境可持续发展的根本之路，现在，这一观念已经深入人心。就环境法律而言，更多地将注意力集中在对人的行为的管控而不是地理特征和时空分布的结论很难成立，也许只能按照吕忠梅教授的说法聊以自嘲，环境法律很难翻译好或者说没有意译好环境管理学中的管理对象的缘故。

从环境管理的历史进程来看，环境资源的统一管理是人们对环境认识和现代社会高度发达的产物，初期的环境问题只是分散于局部区域，因而环境事务也是零散的，不存在统一管理的问题，只有到了现代环境问题日益严重已经波及到全国乃至世界，而且环境问题的解决已经超出地方政府应对的能力，在这样的情况下，实施统一的环境管理就成为解决环境问题的一个较为理想的选项。美国联邦管理环境事务的依据是美国宪法第一条第八项"国会有权管理合众国与外国、各州之间以及印第安部落之间之贸易"的规定，该条也被称作商务条款，经过联邦法院的司法解释将该条款适用于环境管理领域。美国宪法对美国联邦与州之间的权力划分做过比较原则的规定，美国宪法第十条规定："本宪法所未授权或未禁止各州行使之权力，皆由各州或人民保留之。"这就使得美国环境管理徘徊于联邦主义和地方自治之间。我国政治体制属于单一制国家，保护自然环境、维护生态平衡、防治环境污染、实现社会经济环境的可持续发展是我国的一项基本国策。依照宪法，国家已经颁布了一系列环境法律、法规，可以这样说，我国环境法律已经门类齐全、初具规模，即便与发达国家的环境法律法规体系相比也毫不逊色，根据这些规定，我国已经建立起了统一管理与部门管理相结合、中央管理与地方管理相结合的环境管理体制。然而在现实中，与日益增多的环境法律法规、环境管理机构相对应的却是环境问题日趋严重，问题何在？吕忠梅教授认为："这样的管理体制实际上是一个地区分割、部门分割的管理体制，加之部门立法、地方立法的权限与关系不清，造成了统一管理目标的实际困难。尤其是在一些生态区域性环境保护方面，存在的问题更为严重突出。从表面上看，有关法律对我国的环境保护问题已做出了全面的规定，但实际上在立法理论与实践中，这些法律本身及其相互之间都存在着问题。"① 并且，吕忠梅教授将造成这些主要问题的原因归结为我国目前设置的公共权力不符合环境资源法的特性或要求，因为环境资源的公共资源属性要求统一管理、环境资源的生态属性要求实行生态系统性管理。吕忠梅教授的解决方案是："环境管理体制必须破除'条块分割'、各自为政的分散局面，按照统一管理的目标和要求，实行这样的垂直管理、按照自然环境的生态属性，确立区域（流域）管理机关，按照一定的原则，确定集权与分权的协调与处理机制，保证管理体制的顺利运行。"② 同时，吕忠梅教授在论述中认为，统一管理是世界各个国家环境管理的趋向，我国也应该在环境管理的实际中采用统一管理的模式。在我国环境法律中对于环境资源的统一管理已经成为环境法律的必备条款，而且，统一管理也被认为是环境管理的有效方式。

二、统一管理与管理机构

首先，环境资源的统一管理出于对万能政府的愿望，出现问题——设立机构——实施统一管理成为人们解决问题的基本模式，莫慧兰研究员在去年人大会议上的海岸法提案中，也强调统一管理的必要性；其次，统一管理是对环境管理，准确地说是行政管理经验的总结。王树义教授在总结俄罗斯环境管理的经验时指出："实践告诉我们，对任何事情的管理，凡机构一多，就会出现争权。而权力分散，则易政出多门，即会产生冲突或矛盾，从而引起内耗。俄罗斯联邦现行的环境管理体制中，虽然设立了专门的环境管理机构，然而由于机构太多，因而已经暴露出了一些明显的矛盾。例如，在对俄罗斯联邦水体利用和保护的管理问题上，类似我国存在的'多龙治水'的现象就已经出现。"③从历史上看，我国行政管理机构的设置受前苏联影响很大，当三江源区域环境资源保护成为全国关心的焦点时，除了已有的水、环境、农业、林业、牧业等部门外，专门针对三江源管理的三江源管理局成立了，淮河流域污染治理有领导小组负责，我国长江、黄河等7大水系均设有环境与资源保护的机构。吕忠梅教授曾经对淮河流域污染治理机制提出过严厉的批驳，她写道："由于立法中的问题造成了整个环境管理体制的混乱，以至于出现了在淮河流域严重的水污染情况下，现行制度无法发挥作用的现象。为理顺淮河流域的水资源管理体制，不得已在《淮河流域水污染防治条例》中设立淮河流域水资源保护领导

---

① 吕忠梅：《环境法新视野》，中国政法大学出版社，2000年，第248页。
② 吕忠梅：《环境法新视野》，中国政法大学出版社，2000年，第253页。
③ 王树义：《俄罗斯生态法》，武汉大学出版社，2001年，第300页。

小组，授予该小组以行政权，行使淮河流域水资源保护的行政管理职能。抛开已有的机构，另设临时机构并委以重任，无论如何都不能说是正常现象；更何况，淮河流域是在污染已经万分严重的情况下进行的事后立法。"① 笔者认为，这种模式从一定程度上反映出人们过于青睐统一管理的模式，对于我国这样一个有着长期集权历史传统的国家来说，这样的模式在人们的心中根深蒂固，我国经济体制由计划经济转变为社会主义市场经济就是对高度统一的否定，不幸的是，统一在我们的观念中一直成为对付混乱的"良方"。《我国共同的未来》对这样的管理模式有着清醒的认识："在对付环境、发展的挑战方面，机构上的另一大缺陷是，政府未能使那些政策行动损害环境的机构有责任保证其政策能够防止环境遭受破坏。二次世界大战后，经济的飞速增长导致环境破坏唤起了人们对环境的关注。各国政府迫于人们的压力，认识到有必要消除公害，因而成立了环境部和环保局负责这项工作。许多这类机构，在其职能范围之内取得了很大成就，包括改善了空气和水的质量，保护了其它资源。但他们已经做了大部分工作，都是在损失之后做的必要的修补性工作：植树造林、治理沙漠、恢复自然生境和原生土地。"② 以上文字使得我们理解到，环境保护部门所完成的工作仅仅是对以前环境污染的矫正，换句话说，他们并没有解决现在或者将来环境与经济发展之间的矛盾问题，也就是说，这些机构的设立并没有起到保证经济与环境的健康发展的作用。《我们共同的未来》进一步指出："这些机构的存在给许多政府和人民造成了错觉，即靠这些机构本身，就可以保护和加强环境资源库。然而，许多工业化国家和大多数发展中国家都承受着传统问题带来的沉重经济负担，如空气和水的污染、地下水枯竭及有毒化学品和有害废物的扩散。除此以外，现在又增加了一些新的废物，这些都直接与农业、工业、能源、森林和运输方面的政策和实践相联系。"③ 众所周知，《我们共同的未来》为我们提供的解决方案不是统一管理而是著名的可持续发展理论。该委员会的主要建议之一就是抓住根本，各国政府现在开始使其国家的、经济的和专业的机构直接负起责任，保证它们的政策、规划和预算支持经济上和生态上的可持续发展。从理论上推理，可持续发展与统一管理是两个层

---

① 转引自 韩德培：《环境资源法论丛》（第1卷），法律出版社，第28页。
② 世界环境与发展委员会：《我们共同的未来》，王之佳 译，吉林人民出版社，2005年，第12页。
③ 世界环境与发展委员会：《我们共同的未来》，王之佳 译，吉林人民出版社，2005年，第12页。

面的问题,一个是人类发展与环境演化所追求的理想模式,另一个是实现可持续发展的途径。但是,环境管理模式的选择十分重要,它决定着环境管理的成败。

三、环境资源统一管理的内涵

1. 统一管理的模式

环境资源的统一管理,一个颇具争议的话题,对于环境资源管理的统一管理有着很多的注释,最为成功的范例是美国的田纳西管理模式,由于《田纳西河流域法案》(1933年)的专门授权,田纳西管理局可以全面考虑田纳西流域的资源状况,制定防洪、航运、水电、灌溉、农业生产、植树造林和环境保护的综合性的、较长时间跨度的开发方案。经过20多年的整治,实现了对田纳西流域及其支流的多级开发,建成了可全年通航的全流域的航运网络,此后,田纳西管理局开始建设水电工程,由于丰富而价廉的电力资源,吸引了大量的工业项目投资,刺激了农业的快速发展,同时,在环境保护、矿产资源开发、维护生态平衡方面均取得巨大成就。他们所取得的成就被视为国土开发整治、落后贫穷地区发展、资源开发利用、环境生态保护等方面的典范,尤其田纳西的水资源或河流域开发利用保护的模式为各个国家所效法。田纳西管理模式成为资源、环境、经济等开发利用的经典范式,即便是今天,学者们依然在其中寻找可供学习和借鉴的经验。杨桂山教授等在总结田纳西管理经验时指出:"由于该河流域的治理开发同时具备了专门立法、专门的流域机构、专门的综合开发规划这三个要素,所以较好地实现了流域开发、治理和保护的统一以及环境资源保护和经济社会发展的统一。"[1] 田纳西模式一直是统一管理的最佳佐证,在我国水资源管理的规定和机构设置等方面均可以找到田纳西模式的影子。专门的法律——专门的机构——综合的规划正是我国目前流域管理所追求的目标,然而让我们万分尴尬的是,淮河流域管理就是田纳西经验的翻版,专门的法律——《淮河流域水防治暂行条例》、专门的机构——淮河水污染治理领导小组、综合的规划。淮河治污的结果众所周知,看来依靠机构实施环境资源的统一管理并非唯一的良策。从尺度理论的角度分析,这样的做法如同将一张一寸的照片放大到一尺一样荒唐,将实验室的实验结果推行到现实生活中,错误在所难免,因此,不能将田纳西经验无限制放大到不应有的程度,

---

[1]　杨桂山等:《流域综合管理导论》,科学出版社,2004年,第163页。

田纳西流域不过是一个长度约 1000 公里、人口不超过 1000 万的小规模流域，如果将其经验放大到 6000 公里、人口约 3 亿、跨越三个大地理区域的长江流域管理中，经验将会变成教条。

2. 全球水伙伴技术委员会的统一管理

一般地说，统一是哲学术语，是针对主观与客观而言。统一在不同的文化语境中的涵义有所区别，而且统一管理在其它文化中并不占据重要的地位。全球水伙伴技术委员会对水资源统一管理有一个比较全面的认识。全球水伙伴技术委员会技术文件第 4 号《水资源统一管理》中对水资源统一管理有一个准确的定义，"水资源统一管理是以公平的方式，在不损害主要生态系统可持续性的条件下，促进水、土及相关资源的协调开发和管理，以使经济和社会财富最大化的过程。"① 同时文件专门解释了水资源统一管理中"统一"的含义："统一是必要的但不是充分的。按照韦氏词典的解释，只有当处理'互相依存的组织元素之间的长期作用形成一个统一的整体'情况时，才会出现'统一'的需求。这样，统一就是将这些元素按照正确的比例整合为一体的'艺术与科学'。然而，那些参与水资源管理的人知道统一本身不能保证制定出最优的策略、计划和管理方案（两种劣质原料混合不可能做出美餐）。"② 从以上概念和结论可以得出这样的论点：第一，统一管理不是环境管理的唯一选项，统一是有条件的，不能为了避免政出多门或者多龙治水现象的出现，而将统一管理视为实现环境管理的良药，很多统一管理是以牺牲特殊性、差异性和多样性为代价的；其次，统一管理不一定能产生出最佳的环境管理效果，原因是统一管理的本质在于实现自然生态系统和人类互相之间的协同演化和发展，而不是将环境管理的权力集中于某个机构，因此必须将统一于一个环境管理部门和与对环境资源的统一管理区分开来，区分这一点非常重要，难道我们忘记了曾经在现实生活中横行霸道的"电霸"、"水霸"吗？难道我们要将我们与自然环境的天然联系和发展寄托于一个部门吗？进而推之，那些环境法学者不遗余力倡导的、作为环境法律基础和前提的环境权和生存权会不会因此变成了公民的祈求权？这是否与目前所倡导的"环境善治"等理论和潮流背道而驰？

应该说，全球水伙伴委员会对这个议题有清醒的看法。他们认为："与

① 全球水伙伴技术委员会：《水资源统一管理》，全球水伙伴中国地区委员会译，中国水利水电出版社，2003 年，第 15 页。

② 全球水伙伴技术委员会：《水资源统一管理》，全球水伙伴中国地区委员会译，中国水利水电出版社，2003 年，第 15 页。

'传统的'水资源分散管理相比，水资源统一管理在根本上与水的需求和供给管理有关。因此，可以根据下述两种方式考虑统一：自然系统，对资源的可利用量和质量至关重要；人类系统，它从根本上决定了资源的利用、废物的产出和资源的污染，它还必须确定开发的优先顺序。统一可以产生于上述两种系统之内核间，同时要考虑时间和空间的变化。"① 与此同时，水伙伴委员会把环境资源统一管理的范围扩展到淡水管理和沿海区管理的统一、土地与水管理的统一、'绿色水'和'蓝色水'（可以将直接用于生物生长和蒸腾蒸发中水为绿色水，在河流和含水层流动的水为蓝色水）、地表水和地下水管理的统一、水资源管理中水量和水质的统一和上下游利益之间的统一等自然系统。在人类系统中，水资源管理的统一在于国家政策制定中跨部门的统一、规划和决策过程中所有利害相关者的统一、水和废水管理的统一。在阐述水资源管理的统一时，水伙伴委员会一再强调统一必然是一项艰巨的任务，完美的统一是不切合实际的，水资源管理的统一前提是对自然系统全面了解。值得让人注意的是，统一不仅出现在环境法律中，在标准学科中也有其特有的关注点，在环境标准学科中，统一的称谓是统一化。李春田教授认为："统一化是把同类事物两种以上的表现形态并归为一种或限定在一定范围内的标准化形式，"② 这个统一的观念从标准的侧面展示出环境标准中统一的内涵，可以看得出，统一的概念并不是"统一"的。

3. 环境资源管理统一的结论

全球水伙伴委员会对水资源统一管理的认识和论述，笔者认为是全面的、客观的、科学的认识。客观地说，我们现在的统一观念是一种环境行政管理的统一，并非是对环境资源的统一管理，这种统一与景观生态学和环境科学所揭示的环境规律和特性有一定的差距。例如，我们利用生态系统理论设计水资源管理制度，却无视生态系统的时间性、空间性，无视生态系统的差异性和缀块性特点，无视生态系统存在的是以景观镶嵌体格局的特点，而以单一的尺度将生态系统理论强加于像长江、黄河这样具有多重自然、文化、经济特征的人类系统和生态系统组成的复杂的巨系统。生态系统理论在环境管理上的应用，没有突出生态系统的多样性和差异性，而是为环境资源的行政统一管理作了一番

---

① 全球水伙伴技术委员会：《水资源统一管理》，全球水伙伴中国地区委员会译，中国水利水电出版社，2003 年，第 16 页。

② 李春田：《标准化概论》（第四版），中国人民大学出版社，2004 年，第 116 页。

无谓的注解而已。在本文看来，这种生态学理论的应用更符合环境资源统一管理的需要，我们所谓环境资源统一管理突出了行政管理的权威性、强调决策的一元化、重视计划轻视变化和要求环境资源行为的一致性等特点，有鉴于此，笔者认为环境资源管理的统一管理应该包括以下结论：

- 环境管理的统一是建立在区域环境实体论和区域环境差异性的基础之上。
- 环境管理的统一是建立对环境资源系统（区域）全面认识的基础上。
- 环境管理的统一是建立在区域系统和人类系统差异和多样性的基础上。
- 环境管理的统一更多地体现在用更加宽广的视野看待问题。
- 统一环境资源行政管理权不是实施环境统一管理的最优选项，这样的统一管理可能是产生问题和矛盾的根源。
- 统一应该是在多层次、多尺度、多种（格局）结构上的实现。

第三节　全球化视野下的区域环境法律

一、问题的提出与概述

1. 问题的提出与概述

本文的序言部分曾经简略地提出过全球化和区域环境法律的问题，序言部分的论述主要是为了论述区域环境法律存在的合理性问题，如果环境问题全球化进而产生出环境法律的全球化，从逻辑上推理，环境问题全球化将预示着区域环境法律失去存在的必要和基础，原因很简单，环境问题的全球化意味着环境问题的解决方法在全球范围没有差异、没有区别，我们人类可以按照一致法律模式应对环境问题。照此逻辑，区域环境法律失去赖以存在的现实基础。在这里则是主要讨论全球化与区域环境法律的关系，而这个议题的前提是环境问题全球化。通俗地讲，环境问题全球化就是局部环境问题，其影响程度和范围已经遍及到世界范围，或者说世界各国共同性的环境问题成为世界性的环境问题，环境问题全球化现象主要表现为：土地资源严重流失，土地荒漠化的面积不断扩大，森林资源锐减，水资源短缺，城市恶性膨胀，生物多样性减少，臭氧层被破坏，全球变暖，海平面上升和工业污染等。按照惯常的逻辑，共同的问题需要共同的方法、原理来解决，反映到环境法律上就成为相同的法律制度来对付相同的问题，环境法律将这种趋势叫做环境法律的趋同化。汪劲教授指出："全球环境立法的趋同化运动，是 20 世纪 90 年代以来在各国环境立法中出现的一种广泛的立法倾向。这种倾向除了表现为各国的国内环境立法在目标、原则、措施和手段上的趋同外，而且还表现在国内环境立法与国际环境立法在法律体系、结构以及法律规范上的趋同化。"① 并且，汪劲教授分析了全球化环境立法趋同化运动的思想基础，认为这些思想基础主要包括：（1）科技进步为人类思想的革命奠定了基础。本文在环境概念一章中就环境概念的演化进行了分析，并且指出环境概念反映出人类对环境与人的关系的认识水平，科学技术给我们一个不断变化的世界；（2）传统法对环境保护的局限性是当代环境法兴起和变革的法律缺陷根源。传统法律在处理环境问题上的缺陷是有目共睹的，环境问题出现在法律的各个门类部门之中，正像美国环境法教授史蒂文·费里所说：环境法律无处不在，环境法律是主流，是中心，并且影响着每一种类型的法律；（3）可持续发展（sustainable development）概念的提出，为人类社会和经济发展提出了新的理论框架与发展模式；（4）现代环境保护基本理念的形成为全球环境立法趋同化奠定了理念基础。他还引用我国台湾学者柯泽东教授的观点作为佐证："国家环境保护崭新理念，异于传统。由于新理念系以生物圈（biosphere）之保护为客体、目的，而生物圈之保护，系为人类共同利益所在，非传统单纯以国家疆域为其主要之空间范畴。其法理基础系以自然对人类生存之重要性。"② 应该说，汪劲教授和柯泽东教授的观点只是环境法律对全球环境问题应对的一个方面，环境科学、地球科学和生态学证实人类所居住的这个星球是人类共同的财富，人类都应该维护人类共同的家园。另一方面，在日益高涨的环境问题全球化的背景下，让我们深思的话语就是"Think Globally，Act Locally"（着眼于全球，从当地做起）。这句看似简单却寓意深刻的话语包含着区域环境法律与环境法律趋同化之间有机的联系，用景观生态学层级理论来说，全球环境问题与区域环境问题是不同层级上法律问题，而不是用全球性环境问题替代区域性环境法律。当今，环境问题全球化催生了许多理论和理念，在此情况下，必须避免将全球化环境问题替代区域环境问题的天真想法，全球环境问题和区域环境问题处在不同层面，这一点是不容混淆的。

二、环境问题全球化下的区域环境法律

国际环境法是各个国家应对全球环境问题的产物。国际环境法律包括全球性的和区域性的，例如《保护臭氧层维也纳公约》和《气候变化框架公约》

---

① 汪　劲：《环境法律的解释：问题与方法》，人民法院出版社，2005 年，第 480 页。
② 转引自汪　劲：《环境法律的解释：问题与方法》，人民法院出版社，2005 年，第 486 页。

就属于全球性环境法律，而《保护波罗的海区域海洋环境的公约》和《长程越界空气污染公约》就是区域性的。随着人类活动范围的不断拓展，人类行为的影响已经超越国界扩散到世界范围。《我们共同的未来》将这种现象描述为："最后一点，这些系统性不仅仅在国家内部而且也在各个国家之间起作用。国界已经变得如此能渗透，以致具有地区、国家、国际意义的事情之间的传统区别已经变得模糊不清。生态系统并不尊重国界。水污染能在公共的河流、湖泊和海洋中传输，气流能把空气污染带到很远的地方；大的事故，尤其像核反应堆或有毒物质的工厂或仓库的事故，能造成广泛的区域性影响。"① 在当今世界的政治经济和自然版图中，地球表面早已被主权、国际法律等划分成不同的区域，早期的国际环境法律就是在这样的背景下形成的。在国际法中海洋、大陆架、经济专属区、南极、国际河流等无不是人类用法律规制人类行为的产物，这些国际环境法律可以认为是国际环境法律的开始。随着人类活动的对地球生态系统的影响程度不断增加，为了避免人类活动对地球环境造成的危害，避免给一个或者数个国家造成损害，解决国际间因为环境危害产生的纠纷，传统的国际法进入到一个新的领域——国际环境法。事实上，无论是为了应对环境问题还是法律本身的发展都应珍视法律的灵活性和多样性。

环境问题不仅是对法律的挑战，根本上说是对人类生存的挑战和威胁，人类的生存与发展要求环境法律依照人类最新的思想意识和科学成就来应对环境问题，而不应该抱残守缺、墨守成规。不仅如此，就法律制度本身而言，一个法律制度应该具有革命性的品质。博登海默认为："然而，稳定性和确定性本身却不足以为我们提供一个行之有效的、富有生命力的法律制度。法律还必须服从进步所提出的正当要求。一个法律制度，如果跟不上时代的需要或要求，而且死死抱住上个时代的只具有短暂意义的观念不放，那么显然是不可取的。在一个变幻不定的世界中，如果把法律仅仅视为是一种永恒的工具，那么它就不可能有效地发挥作用。我们必须在运动与禁止、保守与创新、僵化与变化无常这些彼此矛盾的力量之间谋求某种和谐。作为使松散的社会结构紧紧凝聚在一起的粘合物，法律必须巧妙地将过去与现在勾连起来，同时又不忽视未来的迫切要求。"② 国际环境法律就是在这样的背景下壮大发展起来的。作为国际

---

① 世界环境与发展委员会：《我们共同的未来》，王之佳等译，吉林人民出版社，2005年，第46页。

② [美] E·博登海默 著、邓正来译：《法理学——法律哲学与法律方法》，中国政法大学出版社，1999年，第326页。

环境法科学理论基础的现代地球科学、生态学和环境科学等，将地球视为是一个整体，例如地球科学将地球作为一个整体研究，从全球尺度研究人类活动和地球环境之间的相互关系。环境科学告诉我们，世界各国人民都居住在这个生物圈内，全球环境的状况与变化必将影响各个国家的环境状况，一个国家从事的经济开发、环境资源利用等活动也将影响其他国家甚至全球的环境状况。

国际环境法律的大发展还得益于人类社会所表现出的应对世界环境问题的信心和共识。王曦教授将国际环境法律的发展分为 4 个时期，即 1972 年联合国人类环境会议、1992 年联合国环境与发展大会和 2002 年联合国可持续发展世界首脑会议为标志的 4 个时期。1972 年在瑞典首都斯德哥尔摩召开的联合国人类环境大会是历史上第一次联合国人类环境会议，会议通过了著名的《人类环境宣言》，这标志着人类对待世界环境问题的共同认识。《人类环境宣言》所确定的二十六项环境保护事业的基本原则，许多原则成为国际环境法律的原则，如环境资源的国家主权原则、国际间合作原则等都对日后国际环境法律的发展产生了重大影响。会议取得的另一项成果是联合国环境规划署的成立，1972 年人类环境会议是国际环境法律发展历史上的第一个里程碑。1992年 6 月，在巴西里约热内卢召开了联合国环境与发展大会，会议通过的《里约环境与发展宣言》宣告：重申 1972 年瑞典斯德哥尔摩通过的联合国《人类环境宣言》；将社会经济发展与环境保护结合在一起，认为和平、发展和保护环境是互相依存和不可分割的（原则 25）；《21 世纪议程》是这次会议的重大成果。从国际环境法律发展演化的过程看，本文认为国际环境法律作为处理全球环境问题呈现出多层次、多元化的发展趋势，可归纳为两个主要方面：其一是将地球生态系统和外层空间等作为人类共同的财富予以保护，当代人的职责在于合理使用并不得危及和减损后代人的使用，为此，国际社会通过和签署了一系列保护人类共同财产和应对全球化环境问题的公约和协定，如《联合国海洋法公约》、《保护臭氧层维也纳公约》、《气候变化框架公约》、《生物多样性公约》、《防治荒漠化公约》、《保护世界文化遗产公约》等；其二是区域性国际环境法律，国际社会更加注重区域环境性法律的作用，肯定通过区域解决环境问题，注重区域环境问题的差异性，尊重各种文化传统在解决和处理环境问题中的作用，学习各种传统文化中处理人与自然关系的经验，"共同但是有差别原则"可以看成是对区域环境法律最好的总结和归纳，区域是环境问题产生的空间范围，也是解决环境问题的最佳场所，区域环境法律可以成为处理和应对全球性环境问题的法锁。

三、区域环境法律在环境问题全球化下的地位与作用

1. 区域环境法律在环境问题全球化趋势下的地位

区域环境法律是解决全球化环境问题的落脚点，本文的理论之一就是区域环境实体论。从全球尺度上来看，地球表面是由各个区域组成的，而各个区域是客观的物质实体而不是理论的概括。在理论界常有这样一种理论代替客观世界的错误方法，这种观点被认为是地方政府与中央政府划分职责的依据，即根据所管理事务的共同性和差异性来区分中央与地方政府的职责，差异性的事务主要由地方性政府负责，而共同性的问题则应该有宏观政策（中央）来处理，因为共同性的问题对所有人都产生影响，需要利用宏观的、统一的办法加以处理。姑且不论环境问题在区域地理、产生、解决等诸多方面的差异，该理论的缺陷之一就是将客观区域存在的时间和空间的客观性抹杀了。实践告诉我们：即使相同问题也需要在不同的区域解决，臭氧层问题是全球性的环境问题，其解决不是联合国环境规划署，而是世界上各个国家和地区的共同行为。就全球而言，共同问题的解决必须通过各个区域（国家、地区）来解决，在一个国家中，国家的共同问题通过各个区域（地方政府）来完成，这种理论的缺点在于将社会问题演绎成理论上的推论，忘记了地球是客观的、国家是客观的、区域是客观环境实体的基本前提。在这里，本文再次引述《我们共同的未来》中区域在环境问题全球化关系："这些相关的变化将全球的生态以新的形式连接在一起。我们过去一直对经济发展给环境带来的影响表示关注，现在我们被迫对于生态压力——土壤、水域、大气和森林的退化对经济前景产生的影响予以关注；从不久以前起，我们又被迫面对各国经济上的互相依赖性急剧增加这个现实，我们现在被迫习惯于各国在生态上的日益增加的相互依赖性。生态和经济越来越紧密地交织在一起——在局部、地区、国家和全球范围内——成为一张无缝的因果网。"① 所以说，环境问题的全球化不是抹杀和忽视区域环境问题的理由和借口，相反，环境问题的全球化是由各个区域环境问题组成的，解决全球环境问题更是离不开区域。

2. 区域环境问题在其他学科的作用

区域在全球化条件下的地位和作用同样表现在许多学科中。地球科学是以地球整体为研究对象的科学，它的研究范围从地心到地球外层空间，大概是由

---

① 世界环境与发展委员会：《我们共同的未来》，王之佳等译，吉林人民出版社，2005年，第6页。

于宏大的体系而被联合国《21 世纪议程》誉为实现可持续发展的基础性学科，在这样一个将全球变化作为核心问题的宏大学科中，区域依然是地球科学研究的主要内容之一。地球科学理论认为，通过对区域的研究推测出全球环境变化的程度，其方法是建立区域模型，将全球变化放到区域参考系中，掌握全球和区域环境变化的尺度，区域研究可以将区域环境变化和全球环境变化的数据连接起来，更好地揭示地球系统全球层次和区域层次之间的相互作用，揭示各个区域人类行为与全球环境保护之间的联系。从认识区域的角度来看，环境问题的全球化为进一步了解和认识区域提供了机会。地理学告诉我们：地理学研究的地表基本单元是宏观的而不是微观的，地球表层的整体性比其它以下的各个级别与系统（区域）都强，各种地理过程都是全球地理过程不同程度的反应，无论是地质过程、地貌过程、气候过程、土壤过程、生物过程无不与地球的整体性质有关，因此，了解区域环境的变化必须与全球化相结合。全球变化是人类共同面对的问题，也是各个学科研究的热点，特别是自然保护区、自然景观对全球环境保护的反应等就成为景观生态学的研究内容。目前景观生态学的研究主要从三个层次上进行：一个是在区域或全球的尺度上进行模型模拟的研究，通过一系列模型来模拟未来气候变化情形下区域或全球对气候变化的响应状况；另一个是在群落和生态系统的尺度上，通过模拟实验来观测生态系统结构、物种组成以及物质和能力的生态生理对变化的响应；第三个是在种群或物种的尺度上通过模拟实验来研究物种、种群、群落、生态系统和生物群区的影响。傅伯杰教授指出："全球变化研究的核心问题是探讨土地利用变化和气候变化对生态系统的影响及其反馈机制以及人们在未来气候（环境变化）下所要采取的适应性管理对策。因此，与传统的生态模拟相比，有关全球变化对生态系统影响的模拟都是以大尺度（全球或区域尺度）的空间格局及其动态变化作为主要研究对象。"[1] 通过以上分析可以看出区域在各个学科的地位，可以说，在环境问题全球化的条件下，区域的地位不仅没有削弱而是得到更大的重视。景观生态学理论认为，区域景观尺度考虑自然资源的宏观永续利用和对付全球气候变化带来的生态学后果的最理想的尺度。其主要原因之一是，区域能够反映自然生态系统和人类活动的种类、变异和空间格局特征的最小空间单元。联合国《21 世纪议程》第 35 章"持续发展的科学"中号召："加强科学理解——应该加深关于地球承受能力和破坏或提高其生命能力构成的理解。需

---

① 傅伯杰等：《景观生态学原理及应用》，科学出版社，2001 年，第 332 页。

要对自然系统作更多的研究。应该发展和使用新的分析和预测工具，应该把物理、经济和社会科学更好地结合起来。……还需要研究生物多样性和物种的丧失对生态系统的作用；研究管理沿海地区和山区的参数；扩大水质监测系统；更好地预测和预防自然灾害的措施；更多地研究人类行为对环境的影响以及人类对全球环境保护的反映。"

环境问题全球化、环境法律趋同化不是区域环境问题的结束语，而是区域环境法律的序曲。

第四节　区域环境法律中的地方政府

一、区域环境法律中地方政府作用的概述

无论在何种政治体制中，地方政府都发挥着不可或缺的功能和作用。万鹏飞教授在北京大学地方政府与地方治理研究中心编译的《地方政府与地方治理译丛》序言中指出：地方政府是一个国家政治制度的重要组成部分，不了解前者，就不能了解后者。每一个国家只有一个中央政府，却有多个地方政府。地方政府与民众的日常生活更为息息相关，与多样性的地理和社会生态环境的联系更加密切。当今世界国家政治体制中主要由两种政治体制组成，即联邦制和单一制，联邦制在《牛津法律大辞典》中的定义是："国家的一种管理制度。在联邦制下，同时存在一个联邦政府或中央政府（立法机关和行政机关）和若干州或地方的立法机关和政府。联邦制相对于单一制国家。联邦和州政府的权力都有联邦宪法加以规定，两者在各自特定的领域内享有最高权力并直接作用于人民。因此，州政府所行使的权力并不是联邦政府所授予的，并且州政府也不隶属于联邦政府（但州政府只能处理较为次要的事项）。联邦制适合于一些大国，在这些大国中，中央集权制的实行将会变得困难，广袤的分散地区的需要和愿望得不到满足。联邦制还适用于这样一些国家，即在这些国家中存在一些在种族、语言、法律等方面具有特殊性的地区，而这些地区希望其特殊性得到保障。"[1] 美国的联邦制是当今世界上较为典型的联邦制度，需要加以说明的是，美国联邦政治体制术语中，地方政府不包含州政府，在美国联邦制体制下，地方政府是指除了联邦和州两个政治主体之外的地方政权组

---

① ［英］戴维·M·沃克：《牛津法律大辞典》，光明日报出版社，1989 年，第 330 页。

织，但是，在区域环境法律的视角下，依然将美国的州政府视为类似于地方政府的地位加以研究，联邦和州政府的关系正是区域环境法律中别具一格的风景。

值得一提的是，美国地方政治制度的一个为区域环境法律所格外关注的特点就是多样性和差异性，或许美国区域环境差异性和多样性首先被政治体制消解了很大一部分，换句话说，各个区域环境差异和多样性得到充分的尊重，就整个美国联邦政府格局而言，联邦政府的法律正是建立在对地方政府差异性和多样性肯定的基础上，这正是联邦制度在处理区域环境问题上的优势所在。美国由一个联邦、五十个州和数以万计的地方政府和准政府组织，共同构成了美国地方政府，因此，有人说美国是一个国家50个政府。对于这种情况的担心，法国学者托克维尔却有一番令人佩服的注解："表面上的明显杂乱的外观使人得出印象；社会处于无政府状态中；若非深入其中，也不会意识到这种认识是错误的。"正如联邦制的概念所述，联邦制是管理一个领土广阔、人口较多、经济发展不平衡国家的合理制度之一，事实上，也可以表述为地方文化、经济、社会的差异性和多样性在联邦体制中得到良好的解决，可以说，美国联邦制的政治体制从政治制度角度已经在一定程度满足了区域环境问题差异性和解决环境问题多样性的需求。

仅仅从与联邦制处理区域环境差异性和多样性问题而言，单一制在制度结构上似乎逊色于联邦制。我国政治体制的基本特征是单一制，单一制也被称为单一国，"单一国，主要的政府机构即立法、行政和司法机构对该国领土内所有地区和国民行使全权的国家。单一国家的对称是联邦制，而联邦采取的是分权制，一些权力归中央或联邦政府，而另一些权力则归州和地方政府。单一制国家并不排除地方或其他政府机构拥有中央政府委任或授予它们的某些权力的可能性。但是，这些权力是授予的，并不是分享的，而且，从严格的法律意义上来说，所有的权力都属于中央政府。"① 我国属于单一国家体制，虽然民族区域自治、香港、澳门的回归等使得我国的政治格局发生变化，用严格意义上的单一制形容我国政治体制并不恰当，总体来说，单一制依旧是我国政治体制的主要特征。就环境法律而言，这里有很大的政治、行政和环境管理上空白需要环境法律填补，区域环境问题的差异性和解决环境问题的多样性主要依靠具体的环境法律加以完成。

---

① [英] 戴维·M·沃克：《牛津法律大辞典》，光明日报出版社，1989年，第905页。

不同政治体制有不同的历史背景，美国联邦制的形成和发展进程就说明了这一点，美国的联邦制并非渊源于美国宪法，法国著名学者托克维尔是这样形容这个背景的，"乡镇成立于县之前，县又成立于州之前，而州又成立于联邦之前。"无怪有人认为，要理解美国政治体制的特点必须抓住支配与自治的内在关系。对于托克维尔的观点也有不同的认识，万鹏飞教授在美国学者文森特·奥斯特罗姆等合著的《美国地方政府》的中文序言中总结到："他们认为，不能被表象所迷惑，不能从想当然的本能出发，而应深入到现象背后，进行持之有据的科学研究。他们回应托克维尔的看法，认为无序的地方政府表象背后隐藏着有序的制度安排。多个地方政府同时存在，并对同一地域和人民同时行使有限的治理权威，是联邦制的应有之义。人们利益的多样性和需求，公共产品和服务的不同类型，逻辑上要求不能用一种单一的地方政府单位去应对所有的公共问题。因此，一个市民同时面对多个不同而有分别的地方政府单位具有内在必然性。而且，大量实证研究表明，大的、单一的地方政府单位并不必然如那些主流学者认为的那样具有效率。相反，大量小的地方政府单位则往往和高效及良好的回应性联系。众多的地方政府单位并不是一个个孤立的存在，它们之间存在着一种竞争与合作的关系。"① 相较于联邦制，单一制在应对区域性问题，如差异性和多样性方面缺乏政治制度上的便利，可以确信联邦制不是解决区域环境多样性、差异性的唯一途径。单一制中的地方政府是相对于中央政府而言，地方政府与中央政府存在着上下层级关系，地方政府是由中央政府依法设立的、行使部分国家权力、管理国家部分区域社会事务的、具有双重地位的政府，即地方政府既是中央政府的下属机构、又是该区域社会事务的领导者。

讨论一个国家的政治体制对环境管理和环境法律有重要的意义，我们知道，环境管理和环境法律离不开一个国家政治体制的支撑，环境政策和环境法律的实施都是在现有的政治与行政体制的框架内展开的，并且不同政治体制下的环境法律和环境管理也不相同，这种体制将制约着环境管理与环境法律的发展趋势，也是一个国家环境管理和环境法律的特点，如我国是一个单一制为主要特征的国家，单一制的特点在环境管理和环境法律中就鲜明地表现出来，我国《环境保护法》第7条："国务院环境保护行政部门，对全国环境保护工作

---

① ［美］文森特·奥斯特罗姆等：《美国地方政府》，井敏等译，北京大学出版社，2005年，第2页。

实施统一监督管理。县级以上地方人民政府环境保护主管部门，对本辖区的环境保护工作实施统一监督管理。国家海洋行政主管、港务监督、渔政渔港监督和各级公安、交通、铁道、民航管理部门，依照有关法律的规定对环境污染实施监督管理。县级以上人民政府的土地、矿产、林业、农业、水利行政主管部门，依照有关法律的规定对资源的保护实施监督。"我国环境管理和环境法律就是在这样的制度安排下展开的，行政体制始终制约着各种环境法规，行政区域就成为实施环境法律的空间范围。需要特别指出的是，这里的行政区域是无差别的、同质的。正是这种无差别的假设打下了日后环境管理和环境法律的混乱基础。地方政府执行环境法律和履行环境管理职责是以行政区域为界限，行政区域的构成与演化是以实现其政治及其管理目标而设置的。区域环境实体论告诉我们：区域是由地理区域、生态系统、人类系统、经济区域和行政区域等区域交织在一起的异质性综合体。这样行政区域就不是一个"完美"的区域，换句话说，行政区域是一个与生态区域（生态系统）、地理区域、流域等交织在一起的空间，尽管从对人们行为控制的程度来看，行政区域和经济区域、生态区域相比，行政区域对人们的行为控制能力最佳，但是，行政区域的控制能力不可避免的受制于其它区域演化规律的影响，甚至完全削弱行政管理所作的努力，比如，在跨越多个行政区域的河流流域管理中，一个区域的努力并不能使得整个流域水资源状况得到改善，流域水资源就变成了公共物品，致使搭便车的做法大行其道。在环境经济学看来，短期水污染防治控制措施必然导致行政区域内所管辖企业生产成本的上涨，削弱本地企业在全国范围的竞争力，正如吕忠梅教授在调研长江水资源管理中所看到的，沿江各个地方政府将本辖区的水污染处理设施建在其行政区域的下游的现象。

二、地方政府在区域环境法律中的地位与作用

1. 地方政府在环境法律中的地位

地方政府应该成为区域环境管理的主要管理者，因为地方政府在区域环境法律中的作用是多方面的。第一，地方政府是中央政府和联邦政府法律法令的执行者。地方政府是中央政府和联邦政府的执行者，单一制国家体制下如此，联邦制体制也是如此，所不同的是，在联邦体制下联邦的权力必须符合联邦宪法的规定。众所周知，美国联邦政府管理环境事务的权力来自美国宪法第一条第八款（也称商务条款）："国会有权管理同外国、各州之间和同印第安部落的通商。"这个条款有两个方面意义：一是联邦政府有像管理各州之间商务一样管理环境事务，环境问题的存在和解决都不是和行政区域整齐划一的，在资

源利用与管理、跨界污染的治理与责任等方面依靠当地政府解决这些问题，困难是可以预见的，寻找更高层次解决环境问题就是一个合乎理性的选择；二是联邦政府获得环境管理权的直接后果就是可以管理原属于州或者地方的环境管理事务，进而可以发布命令要求州或者地方政府执行的权力。需要说明的是，联邦政府的这些权力不仅受到宪法的约束也受到环境保护法本身的限制，例如《美国水污染控制法》（1251 条）第二款规定："国会认可、保留和保护各州的基本责任与权利。国会认可、保留和保护各州的以下基本责任与权利，即预防、减少和消除污染，制定土地和水资源的开发和利用（包括恢复、保持和改善）规划，在联邦环境保护局局长行使其依本章规定取得的职权之时与其进行协商。根据国会的政策，各州管理本章规定的建设许可制度，并实施本卷第 1342 条和第 1344 条规定的许可证制度。国会还支持和帮助有关预防、减少和消除污染的研究，并向与预防、减少和消除污染有关的各州和州际机构以及市政当局提供联邦技术服务和财政援助。"在单一制国家，地方政府是国家法律法令的执行者，例如，有关水资源的管理体制权限均来自环境法律规定，也就是说，环境法律可以设定地方政府的环境管理权限。我国《水法》第 12 条规定："国家对水资源实行流域管理与行政区域管理相结合的管理体制。国务院水行政主管部门负责全国水资源的统一管理和监督工作。国务院水行政主管部门在国家确定的重要江河、湖泊设立的流域管理机构（以下简称流域管理机构），在所管辖的范围内行使法律、行政法规规定的和国务院水行政主管部门授予的水资源管理和监督职责。县级以上地方人民政府水行政主管部门按照规定的权限，负责本行政区域内水资源的统一管理和监督工作。"地方政府管理水资源的权限与《环境保护法》第 16 条规定是一致的："地方各级人民政府，应当对本辖区的环境质量负责，采取措施改善环境质量。"单一制体制下的地方政府是以执行环境法律为主要任务，而且这种执行在环境法律层面上是没有差异性的、无条件的执行。第二，区域环境问题的差异性是中央与地方在环境管理方面的矛盾的主要根源。环境问题最早是以区域的形式表现出来，与之相一致的环境管理体制就是地方政府管理环境事务，环境管理是地方政府的主要职责之一，一般而言，地方政府在解决区域环境问题时充分考虑到差异性的问题，但是，解决这种差异性也许是以牺牲区域环境为代价的，这是招致人民不满意地方政府治理环境问题的主要原因。这种情形一直持续到 20 世纪 70 年代，《美国环境政策法》的出台标志着联邦主义在环境保护方面暂时占据主导地位。

联邦制主义在环境法律方面并不是十全十美的。美国环境法律学者最近总结美国环境法律的经验和教训时认为，应该将联邦环境管理权交给州或者地方政府来行使，原因是只有将环境管理权交由地方政府行使才能使环境法律更具针对性。根据笔者掌握的资料，我国较早讨论地方政府环境保护问题的是蔡守秋教授主编的《可持续发展与环境资源法制建设》一书的"可持续发展与地方环境立法"一章，不过讨论的视野是从地方环境立法出发的。另外，汪劲教授也在其著作中讨论地方政府治理环境的问题。根据我国《宪法》、《立法法》赋予地方立法的权限的规定，地方性环境立法的目的是在不与宪法、法律冲突的情况下，根据本地区环境管理的实际需要和国家环境法律的规定所进行的环境立法活动。直白一点说就是对中央环境法律法规的"拾缺补遗"。蔡守秋教授认为："环境立法的地方性是环境问题区域性的内在要求。环境问题从大的方面讲是全人类共同面对的问题，有些问题如气候变暖、臭氧层破坏具有全球性，因此环境立法具有共同性，或叫国际化。但另一个方面，在人类环境问题的大背景下，世界上不同的地区、一个区域不同的国家、一个国家内部的区域内的环境问题又存在多样性、特殊性。因此，环境立法必须具有地方特点。这种地方性并不是对共同性的否认，而是普遍性基础上的特殊性。用一句哲学的语言来说，就叫做矛盾的普遍性中的特殊性。"① 本文的一个理论支点就是区域差异性，区域之间都存在着地理、环境、社会、文化、经济上的差异，统一环境法律规范和环境标准不仅不能应对区域的不同环境问题，而且会造成区域社会经济发展的不平衡。但是，我国环境法律法规很少能够反映出这种差别，反映在地方立法方面就如同蔡守秋教授所归纳的4点：（1）地方特色不明显；（2）可操作性差；（3）部门利益与行政痕迹；（4）缺乏可持续发展思想和理论研究。环境管理的混乱、中央与地方各级政府环境管理权限不明确等问题再一次让人们把目光返回到中央和地方、分权与集权的老问题上来。

实践证明，无论是联邦制、单一制都不是解决区域环境问题差异性的最佳制度。日本学者岸根卓郎对此有过这样的剖析："然而，传统的中央行政完全无视这些地域间的异质性（地域性），始终孤行于'单方的并且全国划一的实施政策'，（缺乏行政信息网络系统）。为此，不仅地域行政处于混迷，更糟的是，中央行政的指针（行政系统）中新产业城市计划、列岛改造计划、田园城市构想等所标示的那样，不断地发生着质的变化。为此，中央行政与地域行

---

① 蔡守秋等：《可持续发展与环境资源法制建设》，中国法制出版社，2003年，第395页。

政互相背离（行政间相克），结果加剧日本社会过疏和过密，形成了物质上尽管丰富但精神上却很贫乏的'扭曲的社会'。不仅如此，近年来的地域社会，也与以往不同。由于社会机能分化（社会分工化），即使在同样地域内，如专业农户、兼业农户、非农户等，所表现出的那种由于'职能分化'带来的'混迷化'不断发展，地域间也包括地域内部，向着'异质的社会'极大变质，缘自'自上而下地、单方地并且全国划一的实施政策'。为此，地方行政日益混乱，从而日本社会全体也进一步混迷，形成现状所示的环境负荷大的'扭曲社会'，可以说，'酿成中央行政不力，唯有地方行政这一地方至上主义。'但是，正如上述详细讨论的那样，'无论仅仅地方分权主义，还是仅仅中央集权主义，都不可能建造达到均衡完整的国家。'"① 可以看出，就环境问题而言，区域的差异性客观现实与追求环境法律统一性是造成中央与地方在环境管理上职责不清的主要原因。因而，强调区域环境的差异性、强调环境法律的灵活性是解决中央与地方环境管理界限不清的主要方法，地方政府与中央政府的职责划分观点同样可供参考，这种观点认为将共同性的问题交由中央政府管理，而将个别性问题交由地方政府管理。笔者认为这种方法过于笼统而且缺乏对具体时间空间背景的考虑，本文介绍的尺度理论、等级理论可以应用于划分中央与地方环境管理职责，中央与地方环境管理权责的划分依然是一个较为复杂的议题，值得进一步研究和探讨。

三、地方政府是实现环境管理多元化和综合管理的机构

1. 地方政府与环境综合管理

实施环境综合管理是应对环境问题的有效方式，无论在国际环境法领域、国内环境法律和政策领域，综合管理被普遍地应用于环境法律之中，综合管理已经成为环境法律与环境管理的基本原则，联合国《21世纪议程》也将综合管理作为一项重要的制度。本文曾经提出这样的一个问题，这个问题也是环境法律学者孜孜以求的目标，即什么样的环境法律是最好的法律模式？答案是：在特定的区域实施特定的综合性环境法律模式是最好的环境法律模式。从这个意义上讲，地方性政府作为一个国家内一个具体行政区域的管理者无疑就是最好的环境法律模式的执行者和制定者，这也是由地方性政府双重职能和角色所决定的。《21世纪议程》认为：虽然各国都需要不断进行法律改革，不过许多

---

① ［日］岸根卓郎：《环境论》，何鉴译，南京大学出版社，1999年，第442页。

发展中国家受到法律和条例的缺点的影响。为了有效地将环境和发展纳入每个国家的政策和业务中，必须发展和执行综合的、有制裁力的和有效的新法律和条例，而这些法律和条例必须根据周全的社会、生态、经济和科学原则。同样重要的是发展可行的方案，以审查这些被通过的法律、条例和标准的遵守情况和落实它们的执行。《21 世纪议程》对于地方当局在区域环境管理中的作用有过准确的定位。《21 世纪议程》认为：《21 世纪议程》探讨的问题和解决办法之中有许多都起源于地方活动，因为地方当局的参加和合作将是实现其目标的决定因素。地方当局建造、操作和维修经济、社会及环境基本设施，监督规划进程，制定当地环境政策和规章，并协助执行国家和次国家环境政策。由于它是最接近人民的政府一级，因此它们在教育、调动和响应群众推动可持续发展方面起着重要的作用。

联合国《21 世纪议程》认为，地方政府在环境管理方面的主要特点在于：一是地方政府是实现公众参与的捷径，公众参与已经成为环境法律的基本制度，地方性政府更接近当地民众，是当地民众的代言人；二是地方政府是当地环境政策规划的制定者和执行者。需要特别指出的是，综合管理必须在一定区域中实行，这个区域可以是生态区域、地理区域、经济区域或者其他区域，地方性政府将是实施综合管理的主要机构，在一定区域内实施特定的环境法律解决特定的环境问题是区域环境法律追求的目的。虽然，在一个区域实施综合管理存在众多的困难，综合管理一般是指经济与环境保护等方面的综合，就目前而言，综合应该或者说首先在环境管理与保护领域中实施，美国加利福尼亚州的做法值得思考和借鉴。1991 年，加利福尼亚州成立了统一的环境管理机构即加利福尼亚环境保护局，将该州的空气资源委员会、州水资源控制委员会、区域水质控制委员会、综合废物管理委员会合并与新成立的有毒物质管理局、环境健康危害评价办公室和杀虫剂管理局形成伞状形式隶属于新设立的环保局。笔者认为，综合管理有狭义和广义之分，狭义的综合管理就是在环境资源管理、保护领域实施，如同加利福尼亚州一样，首先在环境资源管理领域实施，在加利福尼亚州的环境管理部门和委员会合并后，水资源管理与水污染控制不再像我国水资源管理和水污染防治分属不同部门管理从而实现了环境资源的综合管理，客观地说这个综合管理是在区域性范围完成的。我国自然环境种类众多、差异性较大，在全国范围实现环境资源经济的综合管理是困难的，但是，在不同层级的行政区域、生态区域、经济区域实行综合管理的可能性是存在的，尤其是在环境资源管理领域实现。需要区别的是，作为联邦体制下的州政府是可以自行设立行政管理的部门和权限，而在单一制国家体制中则需要国家法律的授权，我国环境保护法中虽然也有关于地方政府环境管理的规定，如第12条就规定地方政府应该对当地环境质量负责，但是，没有相应的措施和政策作为保障不能不说这个规定形同虚设。

2. 地方政府与环境管理的多元化

地方政府是实现环境多元化管理的主要机构，无论在联邦制体制下还是在单一制体制下，地方政府都承担着管理地方环境事务的职责，应对区域的差异性问题和共同性问题是地方政府的主要管理职责，相对于单一制来说联邦制在应对区域的差异性方面具有更多优势。万鹏飞教授对美国联邦制度所做的描述："美国是一个联邦制国家，多样性和差异性不仅表现在各地自然、社会和历史传统上，更表现在政治方面。说美国是一个国家50种制度，一点也不夸张。其实，即使在一个州内部甚至在一个城市地区，地方政府制度的多样性和差异性也很明显。"① 我们在美国各种环境法律制度中都可以发现这种多元化的规定，联邦体制下的地方政府拥有许多自主权包括环境管理权，就州所享有的环境管理权而言，采用多元化环境管理有法律上的保障和制度上的支持。而在单一制国家采取什么样的方法应对地方环境差异性问题仍然是一个让人十分困惑的事情，人们面对环境管理混乱局面的第一个反应就是统一管理或者一元化管理，这种观点在学术界、立法者和一般民意中都有体现。如何划分地方政府与中央政府在环境管理上职责就成了一个讨论的热点，其中一个流行的观点认为，用共同性和个别性来划分地方政府与中央政府环境管理的职责，因为共同问题对一个国家的所有人都有影响，共同性问题影响到每一个国民的利益，因而是一个全国性的问题，共同问题的解决需要运用宏观的、统一的办法加以处理；而个别性则需要通过具体性的、适合地区的、个案的方式加以处理。用问题的性质属性划分管理范围和层级是一种常用的方法，正确地应用这种方法应该将问题与具体的时间空间结合起来。

多元化是环境法律创新的机制保障。环境法律制度的发展与进步离不开环境法律的创新，环境法律的创新必须有制度和机制作为保障，立法和法律的历史已经证明了这一论点。在我国实施高度计划经济的时代，地方性立法几乎为零，随着改革开放，尤其是市场经济体制的确立，我国地方性立法才开始步入

① ［美］文森特·奥斯特罗姆等：《美国地方政府》，井敏译，北京大学出版社，2004年，第2页。

正轨；在环境法律领域，很多先进的环境管理经验来源于区域性的环境法律或政策。为人熟知的"泡泡政策"就是一个典范，"泡泡政策"的基本思路是将一个区域的空气污染物总量比作一个"泡泡"，在污染物总量不超过标准的情况下，给予区域内的企业发展生产的活动余地，"泡泡政策"使企业通过交易把从治理成本高的排放设施上节约下来的资金用于扩大再生产，而且不增加空气污染，现在，这种方法已经被广泛地用于全球范围的各个领域，如生态保护、二氧化碳排放等方面。如果地方性政府仅仅扮演一个中央政府法律执行者的身份，而不赋予其处理差异性的权利这个前提，也就无所谓环境法律的创新。

结束语

到此，这篇文章论文算是写完了，按照最初的研究计划和内容，应该说还有几个问题没有时间和精力来继续研究，但是，这些与区域环境法律有着密切关系的问题，以下将研究的初步内容介绍如下：

一、人口与区域环境法律

将人口纳入区域环境法律的研究一直是本文拟研究的内容。地理学、环境科学均将人口问题与地理、环境结合起来研究。将人口与资源环境一起研究，并取得一定的成就，著名的胡焕庸人口曲线，就是我国著名人口地理学家胡焕庸提出的。该理论提出了自黑龙江的瑷珲（黑河市）到云南腾冲为止的我国人口地理分界线，这一人口曲线理论提出已经有 80 年的历史，但是仍然是我国人口分布区域差异的一条基本的分界线。此外，人口与环境资源经济学已经成为一门独立的学科，人口与环境资源经济学已经开始招收硕士研究生。然而，在环境法律领域，人口与环境法律方面的研究和探讨还是个空白，蔡守秋教授曾经在环境法律的一体化研究一文中谈到要研究人口与环境法律的问题，但是这仅仅是个开始，在我国研究人口与环境法律问题的文章少之又少。从环境科学发展的历史角度来看，几乎所有环境科学的重要文献都毫无例外地讨论人口在环境保护中的地位与作用，我们熟知的罗马俱乐部《增长的极限》将人口增长作为主要讨论的内容，人口与环境资源的关系没有被描述的像马尔萨斯那样直观地将人口与经济增长联系起来，但是人口与环境问题的关系式还是明确地表达出来；布伦特兰夫人的《我们共同的未来》也将人口问题列入讨论的内容之一，联合国《21 世纪议程》将人口与环境动态关系联系起来，讨论人口与环境保护的关系；联合国环境规划署 2007 年发表的《全球环境展望》（第 4 版）中也将人口作为产生环境问题的"driver"分地区地探讨了人口与环境问题关系，可以说，人口是环境法律的主要内容，是研究实现可持续发展不可或缺的部分；根据新闻资料，韩国开始以法令的形式限制首尔地区的人口增长数量，将首尔地区的人口限制在 850 万 ~ 900 万。人口与区域环境法律更是有着不解之缘，我们可以从人口的概念中得到这个结论，"人口是生活在特定社会、特定地域、具有一定数量和质量，并在自然环境和社会环境中同各种自然因素和社会因素组成复杂关系的人的总称。"人口与特定的区域的关系应该是区域环境法律的研究领域，我国人口众多，可以认为世界上没有哪一个国家的人口压力比我国更大一些，如果不是 20 世纪 70 年代采取有效的计划生育政策，我国将多生 3 亿多人，那样的话，我国目前的环境状况就更加严峻，我们甚至不知道一旦如此，现在的情况会是如何？关于我国国土到底能够维持多少人的生存，人口专家的见解不一致，大部分人认为 7 亿为宜。但是，到了具体的区域这个问题就显得更加突出，从我国传统节日的人口大流动不难看出人口对环境交通等方方面面的冲击。到目前为止，我国没有区域性的人口政策，近来解禁我国人口计划生育政策的呼声已经越来越响，本文不想对人口政策及其有关的呼声进行评价，有一点是无疑的，无论对人口，还是对区域环境而言，建立动态的人口与区域环境关系是实现可持续发展的途径之一。钱易教授在他们主编的《环境保护与可持续发展》中指出："人口过程是人口在时空上的发展和演变过程，它大致包括自然变动、机械变动和社会变动。人口自然变动是指人口的出生和死亡，变动的结果是人口的增加和减少。人口的机械变动是指人口在空间上的变化，即人口的迁入和迁出，变化的结果是人口数量在空间上发生人口分布和人口密度的改变。社会变动指人口社会结构的改变（如职业结构、民族结构、文化结构和行业结构等）。人口过程反映了人口与社会、人口与环境的相互关系。"① 对于区域环境法律来讲，主要研究的是区域与人口和社会变动的关系。

与人口在地理学、经济学中的地位相比，我国环境法律在人口与环境的研究方面几乎处在起步阶段，从国家宏观角度研究人口问题显然不是环境法律的职责，但是，按照环境科学理论从保护环境、保护区域性环境、生态系统的理论研究人口问题还是有可能的。《我们共同的未来》引用奥乔博士的观点指出："自 1970 年以来，人们流行的做法是将人口问题与环境问题区分开来，视为两种危机。但是，我们往往忘记，人口问题事实上就是环境问题不可分割的一个组成部分。因此，我们如果要讲述有关人口问题，就不仅要考虑物理、生物和化学环境，还要考虑到社会文化或社会经济环境，而发展计划就是在这种

---

① 钱　易等：《环境保护与可持续发展》，高等教育出版社，2000 年，第 25 页。

环境中制定的。如果人们是根据一定的范围来讲述人口问题，那么，人口问题的道理会讲得较为充分。"① 我们知道，生态足迹、环境容量等可以作为研究区域环境法律的基本理论，也可以用来研究区域人口问题，研究区域环境与人口的关系应该成为区域环境法律的重点问题。近来，修正我国实施了几十年的人口政策的呼声和文章已不鲜见，有的地方甚至已经出台微调性的人口政策，有的地方为了保持廉价的劳动力供求态势，呼吁解禁严格的人口政策。不论各种观点的依据和诉求是什么，我国人口对我国环境资源的压力太大的事实客观存在，本文认为应用区域人口政策对我国宏观人口政策进行完善是可能的。但是，绝不应该否定我国的人口政策，绝不应该忘记我国日益紧张的人与环境资源的关系的现实。

二、土地问题

本文最初将土地作为区域环境法律的内容加以研究，在景观生态学、区域和很多学科中将土地视为区域或者景观，土地可能是古代法律最早的内容之一，这时的土地主要作为财产来加以保护。到了今天，土地法基本上成为一个独立的法律系统，俄罗斯的土地与环境保护分别属于环境保护法和土地法两个部门法律；美国没有联邦一级的土地法律和政策，土地主要有各个州管辖，信托理论就是指州政府对其管辖土地的责任。这并不意味着美国没有土地法律与政策，正如美国环境法教授罗伯特·V帕西瓦尔指出的："尽管许多人不认为存在有联邦土地使用政策，但是现实是联邦政府确实制定这样的政策，尽管这样的政策不是设计出来而是出于不履行职责或由于不协调相互重叠的命令和计划的相互冲突而产生。事实上的国家土地使用计划是由交通政策、农村计划、防灾减灾、水和垃圾处理的支持计划，以及保护湿地和保护濒危物种法律、公共住房和财政补助租房项目结合而成。"② 在他主编的《环境管理、法律、科学与政策》一书中将土地作为专门一章来讨论，而在美国环境法学者史蒂文·费里所著的《环境法》中却没有讨论土地问题，美国法律教科书中有专门论述土地法律的书籍，一般而言，土地法包含在财产法之中。

我国的土地法律体系较为零乱，按照国际粮农组织的土地定义，我国现在

---

① 世界环境与发展委员会：《我们共同的未来》，王之佳译，吉林人民出版社，2005 年，第 120 页。

② RobertV. Percival, Environmental regulation：law，science，and policy，5th ed，（aspen，2006）.p. 711.

的农业法、林业法、草原法、森林法、水土保持法等都属于土地法的范畴。应该说，土地政策与法律对一个区域的环境影响是巨大的。目前我国城市和经济建设用地很大，为遏制耕地面积不断萎缩的不利局面，国家提出了确保18亿亩耕地的红线，客观地说，国家这个政策仅仅是从数量上划定了耕地的最低线。按照区域环境法律理论，更为科学的做法是，应该将18亿亩的数量关系转化为区域关系和空间关系，将那些土地位置好、气候条件优越的土地充分保护起来，不仅要求数量上的最低线，也要求空间上的最佳生态位，按照区域保护起来不失为一个好的办法。借鉴日本区域制保护农业耕地及其土地，日本环境法学者原田尚彦指出："在人口密集，国土尤其是可居住面积狭窄的日本，要谋求维持高度的产业化同时又保全舒适的生活环境，实现国土利用的合理化，明确地区应高效率低推进其产业利用的区域、应保存自然的区域、人的居住区，各自推进其空间利用，按照各区域的利用目的进行环境的整顿是关键。为此，必须从合理的空间利用的视点出发有计划地分区域特色明确各自的利用目的，在限制不适合该区域的土地利用行为的同时，集中实施公共投资以健全适合该区域的环境，从而发挥按照各区域的目的建设环境的作用。在现在的国土政策尤其是环境对策中，分别土地利用的目的指定区域，限制土地利用行为的所谓区域制（zoning）的方式，作为重要的法律手段得到了广泛的运用。"①从区域的尺度上看，这种区域制度有些像美国城市建设中的分区制，但是与城市分区不同的是，日本的区域制面积更大一些，我国应该将其扩展到更大的空间尺度上，如农业区、生态区、渔业区等，如果说我国的"十一五"规划只对国土进行宏观的划分，那么接下来应该对国土进行微观和中观划分，制定区域环境法律保护特殊区域的功能。

三、城市区域

本文将城市归为经济区域范畴，而且城市代表着我国经济区域发展的新趋势。我国最为发达的经济区（长三角经济区的上海、南京等、珠江经济区的广州、深圳、环渤海经济区的北京、天津、大连等）经济区域都是以城市为依托而建设的。按照时髦的说法，目前经济区域已经开始是城市群建设，根据新闻资料，我国先后有183个城市提出将本市建成世界性大都市的计划，可以看出城市在我国未来的区域环境中将起更大的作用。我国科学院院士、地理学

---

① ［日］原田尚彦：《环境法》，于敏译，法律出版社，1999年，第155页。

家陆大道认为我国城市建设进入了前所未有的建设高峰，称为城市建设的"大跃进"时代，并对我国大规模的城市建设提出批评，但是这种呼吁丝毫没有撼动城市建设风潮，城市对于区域环境的影响是巨大的，将成为我国将来环境问题的主要根源，是我国未来环境法律要应对的主要问题，因为，这是城市所具有以下的特点决定的①："（1）城市是具有一定人口规模、以非农业人口为主的居民集聚地；（2）城市的产生演化受到自然、经济、社会和人口等诸多因素的制约，不同的时期、不同的地区、不同的社会经济发展水平对城市的发展速度、性质、规模等产生不同的影响；（3）城市是一种区域现象。它在地球表面占据着一部分土地，虽然面积不大，但它是人类活动的中心，同周围广大区域保持着密切的联系，具有控制、调整和服务机能。同时，城市的出现给人类带来了严重的挑战，主要体现在：（1）城市人口爆炸式增长；（2）交通拥挤、居住环境恶劣；（3）城市超负荷运转；（4）水资源短缺、供水紧张；（5）城市环境污染严重"。记得我国一位草原生态学者认为，沙漠上的绿洲的存在需要远远大于它自身空间的生态容量来支撑，城市的生态环境需要比之有过之而无不及，这样的比较完全可以用来表示城市与周边的区域关系上，可以这样表述，一个城市需要比其自身大许多的周边空间来支撑城市的需要，反过来说，一个城市对环境的影响不仅仅是城市本身而且波及很大的区域范围。一位法国环境生态学家认为，用生态学衡量，北京市是一座建立在沙漠上的绿洲。这样的结论并不是危言耸听，北京从解放后的人口约百万人的城市到目前已经上升到一千七百万人的规模，调水到北京已经成为维持该城市正常生活的常态，甚至俄罗斯的贝加尔湖的淡水都已经进入一些学者的视野。对环境科学、生态学而言，这种情况无论如何不能算是一个正常的生态状况。

在生态学看来，城市是一个以人为中心的城市环境系统，包括生物因素、非生物因素，城市生态环境系统有其自己的特征。杨士弘教授对城市生态系统的特征做了以下描述：②（1）人居主导地位，城市是以人为主体的生态环境系统；（2）人工物质系统极度发达，城市是建立在自然环境的基础上，按人的意志，经人类加工改造形成的适宜于人类生存和发展的人工环境，能流、物流、人流、信息流高度集中；（3）城市生态环境系统具有不完全性，城市生

① 参见徐学强等：《城市地理学》，高等教育出版社，1997年，第1~10页。
② 杨士弘等：《城市生态环境学》（第二版），科学出版社，1995年，第32页。

态环境系统以人为主体，缺乏各种植物、动物、微生物；（4）城市生态环境系统具有整体性和综合性，城市生态环境系统由自然、经济、社会三个部分交织而成，组成城市生态环境生态各要素、各部分相互关系，相互制约，形成一个不可分割的有机整体；（5）城市生态环境系统具有开放性，城市生态环境系统是一个容量大、流量大、密度高、运转快的开放性的系统，其物质能量的恒定需要与系统以外的环境进行广泛的交换；（6）城市生态环境系统具有脆弱性和非稳态平衡性，城市生态环境系统是在偏离自然平衡点处建立起来的非稳态平衡系统；（7）城市生态环境系统自我调节能力的有限性；（8）城市生态环境系统能量流动的单向性和低效性；（9）城市生态环境系统是人类自我驯化的系统。最后，杨士弘教授对城市生态系统的特征归纳到："人的双重性互相作用互相制约，组成一个复杂的以人类社会活动为中心的城市生态环境系统。随着人类经营管理水平的提高，一方面，人类充分认识到城市生态环境系统的结构、功能、动态及变化规律，合理开发利用自然资源，保证物质循环和能量流动的正常运转就可以提高生产效率，创造出更高的生物产量；另一方面，人类在利用改造生态环境的过程中，如果违背生态系统的规律，破坏了生态平衡，导致生态环境恶化，最终则危及人类自身的生存。"① 城市的可持续发展是可持续发展的议题之一，循环城市是较有代表性的观点。依照区域环境法律理论，城市的可持续发展基本前提应该是建立在区域可持续发展之上，目前北京市所影响的生态环境范围已经到达一千公里之外，因此只在有较大尺度的地理区域中研究一个大型城市的可持续发展才算得上真正的可持续发展。否则一个严重缺水缺电、占用大量耕地的城市还侈谈什么可持续发展？不过是城市扩张的托词而已。

　　以上三个问题可以算是区域环境法律的热点问题。区域环境法律与区域科学一样涉及的领域很多，环境保护从最初的以污染防治为主发展到今天，人们越来越意识到改变人类生存模式是实现可持续发展的唯一路径。区域环境法律的提出不仅是为了体现环境的物质性、空间性等特征，同时，本文强调区域是人类生存的基本方式，从区域或者生态系统的角度审视我国的环境法律缺失是十分必要的。莱斯特·布朗在《生态经济：有利于地球的经济构想》（2001年）一书中坦言："世界观察所在 27 年前成立时，我们担忧的是森林缩小、沙漠扩大、土壤侵蚀、牧场退化和物种消失。我们那时才刚刚担心渔船的衰

---

① 杨士弘等：《城市生态环境学》（第二版），科学出版社，1995 年，第 34 页。

落，而现在要担心的事更多了。这包括二氧化碳水平上升、地下水位下降、气温升高、河流干枯和珊瑚岛死亡。在过去大约四分之一世纪中，很多仗我们是打赢了。但是，为了制止地球环境的恶化，我们需要做的事和我们正在做的事之间的差距正在继续扩大。"① 也许，对于环境法律而言，区域环境法律正是我们需要做的，或者是应该做的。

---

① [美] 莱斯特·R·布朗：《B模式2.0》，林自新等译，东方出版社，2006年，第5页。

主要参考书

一、中文部分

1. 蔡守秋等：《国际环境法》，法律出版社，2004 年。

2. 蔡守秋等：《可持续发展与环境资源法制建设》，中国法制出版社，2003 年。

3. 蔡守秋：《调整论——对主流法理学的反思与补充》，高等教育出版社，2003 年。

4. 蔡守秋：《欧盟环境政策法律研究》，武汉大学出版社，2002 年。

5. 王　曦：《国际环境法》，法律出版社，2005 年。

6. 王　曦：《美国环境法概论》，武汉大学出版社，1992 年。

7. 联合国环境规划署：《环境法教程》，法律出版社，2002 年。

8. 王树义：《俄罗斯生态法》，武汉大学出版社，2001 年。

9. 林灿林等：《国际环境法的产生与发展》，人民法院出版社，2006 年。

10. 亚历山大·基思 著、张若思译：《国际环境法》，法律出版社，2000 年。

11. 吴殿廷主编：《区域经济学》，科学出版社，2003 年。

12. 杜肯堂等：《区域经济管理学》，高等教育出版社，2004 年。

13. 魏红英：《宪法架构下的地方政府模式研究》，中国社会科学出版社，2006 年。

14. 朱庚申等：《环境管理》（第二版），中国环境科学出版社，2007 年。

15. 杨士弘等：《城市生态环境学》（第二版），科学出版社，2003 年。

16. 孙久文等：《城市可持续发展》，中国人民大学出版社，2006 年。

17. 蔡晓明：《生态系统生态学》，科学出版社，2002 年。

18. 李　博主编：《生态学》，高等教育出版社，2000 年。

19. 朱颜明等：《环境地理学导论》，科学出版社，2002 年。

20. 傅伯杰等：《景观生态学原理及其应用》，科学出版社，2006 年。

21. 余新晓等：《景观生态学》，高等教育出版社，2006 年。

22. 李小建主编：《经济地理学》，高等教育出版社，1999 年。

23. ［日］宫本宪一：《环境经济学》，朴　玉译，生活·读书·新知三联书店，2004 年。

24. ［日］大须贺明：《生存权论》，林　浩译，法律出版社，2001 年。

25. ［美］霍尔姆斯·罗尔斯顿：《哲学走向荒野》，吉林人民出版社，2000 年。

26. 余谋昌等：《环境伦理学》，高等教育出版社，2004 年。

27. 崔功豪等：《区域分析与区域规划》（第二版），高等教育出版社，2006 年。

28. 沈荣华等：《地方政府治理》，科学社会文献出版社，2006 年。

29. 王名扬：《美国行政法》（上、下），中国法制出版社，2005 年。

30. ［法］孟德斯鸠：《论法的精神》（上下册），商务印书馆，2005 年。

31. ［奥］凯尔森：《法与国家的一般理论》，中国大百科全书出版社，2003 年。

32. 高　中：《后现代法学思潮》，法律出版社，2005 年。

33. 朱景文等：《当代后现代法学》，法律出版社，2002 年。

34. ［日］原田尚彦 于敏译：《环境法》，法律出版社，1999 年。

35. 陈慈阳：《环境法总论》，中国政法大学出版社，2003 年。

36. ［美］J·G 阿巴克儿 G·W·弗利克：《美国环境法手册》，1988 年。

37. ［美］保罗·R·波特尼等：《环境保护的公共政策》（第 2 版），穆贤清译，上海三联书店，2004 年。

38. ［美］巴里·菲尔德等：《环境经济学》，原毅军等译，中国财政经济出版社，2006 年。

39. ［法］托克维尔：《论美国的民主》，商务印书馆，2005 年。

40. 蔡守秋：《环境资源法教程》，高等教育出版社，2004 年。

41. 汪　劲：《环境法学》，北京大学出版社，2006 年。

42. 汪　劲：《中国环境法原理》，北京大学出版社，2001 年。

43. 汪　劲等：《环境正义：丧钟为谁而鸣》，北京大学出版社，2006 年。

44. 汪　劲：《环境法律的解释：问题与方法》，人民法院出版社，2006 年。

45. 汪　劲：《地方立法的可持续发展评估：原则、制度与方法》，北京大学出版社，2006 年。

46. 韩德培等：《环境保护法教程》（第四版），法律出版社，2003 年。

47. 吕忠梅：《环境法学》，法律出版社，2004 年。

48. 吕忠梅等：《长江流域水资源保护立法研究》，武汉大学出版社，2006 年。

49. 吕忠梅：《环境法新视野》，中国政法大学出版社，2000 年。

50. 周旺生：《立法学教程》，北京大学出版社，2006 年。

51. 张文显：《二十世纪西方法哲学思潮研究》，法律出版社，2006 年。

52. ［美］E·博登海默：《法理学——法律科学与法律方法》，邓正来译，中国政法大学出版社，1999 年。

53. 白光润：《地理科学导论》，高等教育出版社，2006 年。

54. 刘成武：《资源科学概论》，科学出版社，2004 年。

55. 方如康等：《环境学词典》，科学出版社，2003 年。

56. 欧阳志云等：《区域生态规划理论与方法》，化学工业出版社，2005 年。

57. 廖　红等：《美国环境管理的历史与发展》，中国环境科学出版社，2006 年。

58. ［美］文森特·奥斯特罗姆等 井敏等译：《美国地方政府》，北京大学出版社，2005 年。

59. 刘隆亨主编：《中国区域开发的法制理论与实践》，北京大学出版社，2006 年。

60. 李训贵等：《环境与可持续发展》，高等教育出版社，2004 年。

61. 徐学强等：《城市地理学》，高等教育出版社，1997 年。

62. 杨志峰等：《环境科学概论》，高等教育出版社，2004 年。

63. 莱斯利·里普森：《政治学的重大问题》（第 10 版），刘晓等译，华夏出版社，2001 年。

64. 钱　易等：《环境保护与可持续发展》，高等教育出版社，2000 年。

65. 贺　卫等：《制度经济学》，机械工业出版社，2003 年。

66. ［英］E·马尔比特等：《生态系统管理》，康乐等译，科学出版社，2003 年。

67. 叶俊荣：《环境政策与法律》，中国政法大学出版社，2003 年。

68. 左玉辉等：《环境社会学》，高等教育出版社，2003 年。

69. 封志明：《资源科学导论》，科学出版社，2004 年。

70. 朱　坦等：《战略环境评价》，南开大学出版社，2005 年。

71. 杨云彦等：《人口、资源与环境经济学》，中国经济出版社，2004 年。

72. 曲格平：《我们需要一场变革》，吉林人民出版社，1997 年。

73. 郭　强等：《大学社会学教程》，中国社会出版社，2001 年。

74. 胡显章等：《科学技术概论》，高等教育出版社，1998 年。

75. 赵　济等：《中国地理》，高等教育出版社，1999 年。

76. 张兰生等：《全球变化》，高等教育出版社，2000 年。

77. 蔡　禾等：《社区概论》，高等教育出版社，2005 年。

78. 伍光和等：《综合自然地理学》，高等教育出版社，1993 年。

79. 燕乃玲：《生态功能区划与生态系统管理：理论与实证》，上海社会科学院出版社，2007 年。

二、英文部分

1. Judith A. layzer. The Environmental Case. Washington DC：CQ Press. 2001

2. RobertV. Percival. Environmental Regulation Law, Science, and Policy. New York：Aspen. 2006

3. Charles. H. Koch, Jr. Adminstive law：Case and Materials. LexisNexis. 2006

4. Nancy K. Kubasek. Environmental Law. Pearson Education. 2003

5. Steven Ferrey. Environmental Law. CITIC 2003

6. Mark B. Bush. Ecology of a Change Planet. Pearson. 2003

7. Edith Brown Weiss. International Environmental Law and Polcy. CITIC Publishing House. 2003

8. Robert C. Ellickson. Land Use Controls. CITIC Publishing House. 2003

9. Manuel C. Molles Jr. Ecology Concepts and Applications. Higher Education Press. 2002

10. UnitedNationsEnvironmentalProgramme. JudicialhandbookonEnvironmental law . 2006

后　记

　　有这样的一种说法，好的题目就是博士论文成功的一半。应该说这个命题没有涉及博士论文写作的全部过程，博士论文是由选题、开题、写作到答辩、修改许多环节组成，这个过程中的每一个环节都凝结着辛苦的劳动。所以说，好的命题只是给文章设定了一个好的靶子和标向，它不能也不应该代替写作研究中的艰辛。

　　我的硕士论文题目就是区域环境法律的问题研究。记得在硕士论文的后记中，我写道：环境法律的学习和研究仅仅是开始，或者说是入门；博士学习阶段我将主要研究方向定位于区域环境法律。在博士学习阶段，河南大学李小建教授在他的《经济地理学》一书梳理20世纪经济地理学的发展脉络时认为：国外的经济地理学与区域经济学两个学科之间的成果相互转换很快，经济学家的相关成果，只要被经济地理学者所广泛采用，也同样体现出来。这样的思路使我很受启发，为什么不能将各个学科的区域理论转化为环境法律呢？我就用这样的想法和思路确定了我的博士学习研究方向，在学习过程中我发现这种思路并不是一个捷径，因为，区域理论在地理学、区域经济学、景观生态学、区域科学等学科对区域都有相当深入的研究和成果，并且已经形成较为完整的学科体系和方法，这时摆在我面前的任务首先不是转化区域理论成果为环境法律，而是如何掌握和理解这些理论；其次，区域这个领域变成各个科学的研究热点，区域成为名副其实的交叉学科，各种新的研究方法和理论都被运用于区域科学之中。面对如此精彩纷呈的领域、横断学科，我感到有些手足无措，如何确定区域环境法律研究的出发点是我要首先面对的问题；再则，区域科学一般将自己的学科地位定位于中观层面，强调区域的格局、结构、层次、过程和尺度的研究，而环境法律的内容则以行为、权利、义务、责任为主，如何实现两者的结合一直是我理论研究的瓶颈。"理论是灰色的，生命之树才是长青的"，在社会主义建设中，我国历来重视区域理论的应用以及在社会经济建设中的指导作用，积累了丰富的实践经验，尤其是近期国家环境保护总局实施的区域限批和"十一五"规划中的主体功能区划分等给我以非常有益的启发。

虽然底气不足，但是我还是庆幸自己的选择方向，面对区域科学研究来说，我仍然是个新手，我试着用区域理论来思考环境法律的问题，或者说用区域环境法律理论思考区域环境问题，尝试将区域科学的相关原理转化为环境法律，似乎研究的结果就在眼前，剩下的事情只是拾缺补遗。刘大椿教授也肯定了这样的研究方法，他认为："当代科学哲学家发现，思辨方法——或者说非实证原则——在科学活动中所起的作用，集中表现在科学家于从事研究之先即已具备某种思维框架这件事。这种框架，康德称之为先验范畴，皮亚杰曾称之为格局，库恩称之为规范。对大部分科学家来说，不管他的工作室偏重理论还是实验，甚至在他很好地贯彻研究方案之前，他常常好像已经知道了全部结果，而研究方案所要得到的只是这种结果的最奥妙细节。他倾向于尽一切努力使最终的结果和最初预期的模式相吻合。"①

然而，我在研究的过程中，却常常在修正自己的结论，甚至有与当初的想法相悖之处。博士论文的写作如同收获研究的成果一样，需要辛苦的劳作将自己粗浅的成果加工成一个"成品"，而且，博士论文不是一个有着制造规范的产品，因而，去伪存真、去粗取精和不断地矫正自己的研究思路是产出"成品"的必经程序。只有在"成品"完成后加工程序才算告一段落。

资料的收集和引用，写论文离不开这两个基本的工作。张文显教授在他的《二十世纪西方法哲学思潮研究》一书的序言部分中谈到他的研究方法和研究态度时谈到："第一，科学的态度，即尽可能地占有充分的第一手资料，实事求是地确定西方法哲学流派的'本真'意义，不随意取舍和解释资料；既不'六经注我'，也不'我注六经'，反对实用主义；不简单地肯定一切，也不简单地否定一切。"在我的研究过程中，我在努力避免这种情况的发生，与此同时，想做到这一点也深感困难，因为环境科学是一个横断科学，涉及许多学科，而区域科学又是许多科学的研究对象，像地理学、经济学、法学和政治学等本身就是一座座高山，要想全面地把握并应用本身就是非常困难的事情；其次，许多学科都有悠久的历史积淀，对待同一个问题可能存在多种认识或者观点相反的看法，这样一来为资料的取舍带来很大的困惑。

以上是我博士论文的后记，本来想删去了之，我还是留下了，我寄希望于

---

①　刘大椿：《科学哲学通论》，中国人民大学出版社，1998年，第26页。

读者能够通过后记，看出文章思路发展与演化的一些轨迹。

工作以后的闲暇之余，一直在思考区域环境的有关问题，原来一些不甚明了的观点变得明朗起来，在论文的修改过程中，康德的哲学思想对我触动很大，从某种意义上说这个描述是对论文研究方法的否定，"数学和物理学领域的革命的共同点是这样一个变化，即把从客观到主观的思想路线转变为从主观到客观的。客观即科学研究的对象，主观即科学研究的原则和概念。过去根深蒂固的观念是：科学的性质是因为它所研究的对象决定的，科学的原则、概念的普遍性和必然性是对象固有的客观性。"① 在论文写作、研究过程，我始终遵循这样的研究方式，为此，有关区域科学的区域经济学、地理学、生态学、地质学、行政区划、区域公共政策等方面的书籍都是我研究的对象和资料，我希望从众多的研究对象中找出区域环境法律的属性。康德的原话是："到现在为止，大家都是认为我们的知识必须依靠对象，在这个前提下进行了多次试验，可是这些试验统统失败了。那么我们不妨换一个前提试一试，看看是不是把形而上学的问题解决得好一些。这就是假定对象必须依照我们的知识。这个假定就比较符合我们的期望，我们正是盼望能有一种关于对象的先天知识。对象向我们呈现之前，就确定了某种关于对象的东西。这个设想同哥白尼当初的想法非常相似，他原来认为整个星群围绕着观察着旋转，可是这样解释天体总是不能令人满意，于是他就想到换一个法子试一试，假定观察着旋转而群星不动，看看是不是可以得到比较满意的解释。现在，我们在形而上学里也可以用类似的方式在对象的直观问题上试一试。"②但是，论文却依旧按照传统的研究模式，将区域的属性作为主要研究方面，仅从研究的方法论或者说范式方面就是一个失策；从环境科学和生态学发展来看，对于环境要素立法的片面性很早就有批评，人类对环境的认识水平完全可以让我们避免犯简单的错误，生态学的产生与发展同样向我们展示了环境的另外一个方面，人类与环境是一个互相联系、相互影响的系统。我国环境法学者蔡守秋、吕忠梅、汪劲教授都对环境要素立法有过入木三分的评价。然而，这样的认识并没有改变我的研究方法。最终的研究结果是性质论述多，而区域环境法律探讨得少，区域根本特征与区域环境法律的关系联系少。

值得庆幸的是，通过蜿蜒曲折的行路，我对区域环境法律有了比较清楚的

---

① 赵敦华：《西方哲学简史》，北京大学出版社，2001年，第261页。
② 北京大学哲学系编译：《西方哲学原著选读》，下册，商务印书馆，2005年，第243页。

认识与理解。

如果有人让我用几个字描述我的文章的核心，我的回答是：差异性。

或者对于别人，从大学生到硕士、博士并不是一条艰辛的路，相反，是通向自己理想的桥梁。而对于我，曾经记得有这样一个描述，一只老鹰，在它想要获得新生的时候，必须在坚硬的岩石磕碎它衰老的喙，长出新的，才能获得重生。现在我依然在不断地磕着，我还没有看到长出的新喙，一句话，我还处在期盼重生的过程中。

六年来，我基本上过着靠亲戚朋友接济而体面地生活。这里要感谢我的母亲、妹妹、妹夫等亲属。格外要感谢舅舅周海先生的资助和亲情。

最后，我要感谢我的女儿赵辰新和我一起在武汉度过我的博士生生活。